Secretos de Mujer Fascinante

David Coory

Para mostrarte cómo liberar todo el amor y la ternura de tu esposo.
Un libro que nunca olvidarás.

Dentro, encuentra cómo puedes:

- Salvar tu débil matrimonio
- Hacer de tu buen matrimonio uno mejor
- Desatar todo el amor y la ternura en tu hombre
- Desarrollar tu pleno potencial como mujer
- Incrementar tu seguridad en ti misma
- Sentirte más feliz, más encantadora, más femenina

Descubre con Ángela las bellas enseñanzas del mundialmente conocido curso "Mujer Fascinante" que ha salvado a miles de matrimonios.

–Este es uno de los mejores libros que he leído acerca del matrimonio y de las mujeres– no pude parar de leerlo.

Nancy Campbell
Editora de la revista "Above Rubies"
Edicion en linea 2009

Dedicado a Helen Andelin, quien ha revelado las estupendas verdades de Mujer Fascinante a tantas mujeres.		Helen Andelin 87 Fundadora de Mujer Fascinante
Dedicado también a mi madre, Bonnie Coory, una gentil y cariñosa mujer quien por instinto conocía la mayoría de los secretos de Mujer Fascinante.		Mi maravillosa Madre Bonnie Coory de 90 años de edad
Y a Marie, mi esposa y amor de 43 años, quien es fascinante en su propia manera excepcional.		Mi amor cuando era joven y ahora mi esposa de 43 años Marie Coory,

Primera publicación en 1989 por Zealand Publishing House.
Segunda edición en 1990.
Tercera edición (revisada) en 1991.
Cuarta edición (actualizada) en el 2007. Solo en formato pdf.
Quinta edición (actualizada) en el 2009. Solo en formato pdf.
Sexta edición edición española en el 2017

Autor
David Coory

Autor: David Coory, Nueva Zealandia
Traducido por: Ann Yelayne, Cuba
Traducida verificada por: Carolina Seymour, Chile & Nueva Zelandia

Bethlehem Publicación
Bolsa Privada 12029,
Tauranga, Nueva Zelandia.
Internacional: teléfono   +64 7 543–0491
Fax   +64 7 543–0493
E–mail: enquiry@bethlehempublishing.co.nz
Sitio Web: www.bethlehempublishing.com

Este libro ha sido inspirado en el muy exitoso curso para matrimonios llamado Mujer Fascinante, fundado por Helen B. Andelin, Pierce City, Missouri, EUA. Este curso para matrimonios ha salvado y mejorado a miles de ellos. El autor está agradecido por su bondadoso permiso para usar las historias reales contenidas en este libro.

LA PROMESA DE MUJER FASCINANTE

Cuando sinceramente apliques y consecuentemente vivas todos los diez secretos revelados en este libro, despertarás profundos sentimientos de amor afectuoso y tierno en tu esposo. Te respetará y fieramente te protegerá. Incluso te adorará, y te tratará como a una reina.

LA ADVERTENCIA DE MUJER FASCINANTE

Cuando comiences a vivir Mujer Fascinante, iniciarás un camino de no retorno. Tu hombre nunca más estará satisfecho con tu viejo yo.

ÍNDICES

RECURRIR A MEDIDAS RESTRICTIVAS

Aplica Mujer Fascinante con dominio propio primeramente, y con pureza y sinceridad, especialmente el Secreto Número Dos. Deja que tu feminidad se revele y florezca de manera natural, así como un árbol de frutas florece en la primavera.

Si tu esposo llegara a sospechar en algún momento que eres poco sincera, o que solo estás desempeñando un papel, no será capaz de responder completamente. El maravilloso fruto de Mujer Fascinante no será otorgado a tu relación.

Mujer Fascinante es una fuerza inmensamente poderosa para bien en tu matrimonio. Sin embargo, también te brinda el conocimiento para manipular a los hombres. Por favor, resiste cualquier tentación de abusar en este sentido.

PERDÓNATE POR TUS ERRORES PASADOS.

Casi con certeza te darás cuenta que has cometido algunos errores en tu matrimonio. Pero no hay nada que ganar si continúas culpándote a ti misma. Los errores son experiencias de aprendizaje y piedras de tropiezo para un futuro exitoso.

El verdadero gozo en la vida solo podemos experimentarlo cuando pasamos primeramente a través de la aflicción.

El poeta Kahlil Gibran escribió:

Cuando estés jubiloso, mira en lo profundo de tu corazón y encontrarás que es solamente eso que te había estado causando tristeza, es lo que ahora te está dando gozo. Mientras más profundo cava la aflicción, más gozo puedes almacenar.

EL PROFETA

Las numerosas **Historias Reales** citadas en este libro son fragmentos de cientos de cartas de los archivos de Helen Andelin, fundadora del curso Mujer Fascinante. Solamente los nombres han sido sustituidos.

La historia de Ángela está basada en hechos reales pero los nombres y los detalles han sido cambiados.

Ella y su profesora son cristianas y este relato refleja sus convicciones. Sin embargo, Mujer Fascinante funciona para mujeres de todo tipo de creencia o cultura. Todo lo que se necesita es confianza en el sabio plan de un Dios amoroso, y humildad.

Ningún punto de vista religioso en particular está destinado a expresarse en este libro

CAPÍTULO UNO

ÁNGELA

ÁNGELA cogió el control remoto y apagó su televisor.

Se frotó sus cansados ojos y pasó sus dedos a través de su corto cabello castaño. Echándole un vistazo al reloj del salón vio que faltaban seis minutos para la medianoche.

Ángela suspiró. No había pretendido quedarse despierta hasta tan tarde. –Bueno, al menos estoy soñolienta–, pensó.

El sueño no le había llegado fácilmente la pasada semana.

Apagó su calentador eléctrico, luego se inclinó y recogió su vacío tazón de chocolate de la alfombra. Levantando su pesado cuerpo del sofá se dirigió a la cocina.

Su ira reapareció por breve tiempo cuando vio el desorden dejado por sus dos hijos. Sin embargo, estaba demasiado vencida por el sueño como para ordenar en ese momento. ¿Cuántas veces se había quejado antes?

Apagó las luces del salón y se fue a tientas en la oscuridad buscando la puerta del pasillo que da a las habitaciones. Abriéndola, tanteó tratando de encontrar el interruptor y encendió la luz del pasillo.

Al pasar enfrente de la habitación de su hijo, escuchó lo que parecía ser un sollozo. Se detuvo y escuchó. Sí, eran sollozos. Su hijo David, de doce años, estaba sollozando.

Ángela sintió dentro la sensación de que todo se iba a pique y se puso tensa. Su soñolencia se desvaneció.

La voz amortiguada y temblorosa de David confirmaba su peor temor. –Quiero que papá regrese a casa–. Entonces, se escucharon más sollozos.

–Oh, no–, pensó Ángela. –Por favor Dios, esto no.

Se apresuró y se agachó al lado de la cabecera de la cama de su hijo. En la tenue luz pudo ver su rubia cabellera en la almohada. El cuerpo de su hijo sollozaba convulsivamente bajo la cobija. Su rostro estaba empapado de lágrimas.

Ansiosamente deslizó sus manos bajo la cobija y acunó su larguirucho cuerpo.

–David, todo está bien. Mamá siempre cuidará de ti cariño.

–Quiero a papá. ¿Por qué no puede regresar a la casa?– David parecía estar solo medio despierto.

–Mamá te ama David –dijo Ángela poniendo su rostro junto al del chico, sus propias lágrimas se confundieron con las de su hijo. –Oh Dios, ¿qué puedo hacer?–, pensó. Sintió cómo su cordura se le escabullía.

Ella había confiado mucho en la fortaleza de David desde que Ted se había ido. Él era un chico muy alto y confiado para su edad, y ahora esto.

Con todo, las señales habían estado apareciendo, especialmente durante el pasado mes. Ya David no traía amigos de la escuela a la casa. No parecía que los tuviera más. Se la pasaba mirando la tele la mayoría del tiempo, incluso los fines de semana.

Su profesora había llamado a Ángela la semana anterior concerniente a lo que ella más temía, la falta de cooperación de David en clases.

Ángela acunó a su hijo gentilmente por varios minutos más, hasta que pareció haberse quedado dormido. Luego cubrió sus hombros con la cobija. Por un poco más de tiempo suavemente acarició su cabello como pinchos. Lo besó y se fue a su propia habitación.

Dejó la luz de la habitación apagada para no despertar a Thiphony, su hija de 9 años. Thip dormía con ella en la cama matrimonial.

Después de la partida de Ted, Thip temía dormir sola en su propio cuarto. Ahora, cada noche dormía con su

madre. Ángela estaba agradecida secretamente por el consuelo.

Sintiéndose conmocionada y extrañamente solitaria después de la experiencia con su hijo, se desvistió mecánicamente en la oscuridad y se puso su camisón.

–Nunca conciliaré el sueño esta noche–, pensó. –Si tan solo alguien se preocupara por mí. Si tan solo papá estuviese vivo aún. Él siempre se preocupó de mí.

Ángela se sintió un poco mejor pensando en su padre y en su jovial y tranquilizadora manera de ser. Ella llevaba sus problemas a él cuando era niña y sus vigorosos brazos la abrazaban fuerte mientras ella derramaba su corazón delante de él.

Entonces él acariciaba su cabello largo y decía: –Todo está bien cariño. Todo saldrá bien. Ya lo verás–.

Y siempre sucedía así. El solo hecho de confiar en papá parecía mejorar las cosas. ¿Por qué no podía Ted ser más como su papá?.

Recordó nuevamente cuán frío y distante Ted se había vuelto en los últimos años. Cómo raras veces le hablaba y cuando lo hacía era mayormente para criticarla.

No veía amor en sus ojos, solo ira. Recordó nuevamente con consternación, su fea y torcida mirada la noche en que le pegó. Nunca olvidaría esa noche.

La desesperación sobrecogió a Ángela. Se fue a la habitación vacía de Tiph, se sentó en la cama y lloró amargamente.

Después de un rato comenzó a sentirse un poco mejor. El reloj de cabecera de Thiphony alumbraba rojo en la oscuridad, 12.25 am.

Ángela comenzó a sentir frío. Regresó a su propia habitación y se puso su bata. Entonces recogió sus cigarros y el cenicero de la sala, regresó a la habitación de Thip y encendió la luz. Se sentó nuevamente en la cama, encendió un cigarro y trató de calmar sus nervios.

Ted le tenía aversión a que fumara. Ella solo había comenzado nuevamente el año pasado. Parecía calmarla temporalmente y hacer la vida más manejable. Se había sorprendido cuando le dijeron unos días atrás que Ted había sido visto fumando desde que se fue. –Hipócrita–, murmuró.

Ángela recordó la primera semana después de la partida de Ted. Comparado con los estresantes meses que precedieron a la separación, el sentimiento de alivio era maravilloso. Incluso David y Thip parecían más relajados.

Pero entonces la presión y el estrés habían comenzado a incrementarse. Ángela había retomado el trabajo de tiempo completo en la escuela como maestra. Ted le había dejado la casa y el carro, y pagaba la manutención de los chicos, pero con enojo se negó a continuar manteniéndola económicamente a ella.

Parecía que ya nunca tenía tiempo para sí misma. Enseñaba todo el día en la escuela. Trabajaba cada noche en las tareas del hogar y en la preparación de las lecciones. Trabajaba la mayoría de los fines de semana en el césped y el jardín. No era como se imaginaba que sería.

Otras cosas comenzaron a ir mal también. Dañó el carro, y ya estaba roto por dos semanas.

Entonces la cortadora de césped la cual siempre había dado problemas para encenderse, ya no encendía. La lavadora estaba haciendo un ruido extraño. La pila del baño goteaba. Las cuentas por pagar seguían llegando, la electricidad, los intereses, el agua, el seguro.

Para más, estaba la actitud de su madre. Ted y su madre siempre se habían llevado bien. Su mamá decía cosas como: *"¿Qué estás haciendo mal Ángela? Ted es un buen hombre"* ¿Qué sabe ella de vivir con alguien que raras veces te habla, quién solo te fulmina con la mirada y solo te ignora la mayoría del tiempo?

Apagó su cigarro con resentimiento.

Su papá sí que la entendería.

–¿Puedes verme ahora papá?– susurró alzando un poco la voz. –Me pregunto cómo es donde estás ahora. Oh, si tan solo pudiera estar contigo. Pero mis hijos me necesitan.

Ángela sintió sus cálidas lágrimas brotar otra vez. Inundaron sus ojos y gotearon de su rostro.

Recordó cómo su padre le leía historias antes de dormir cada noche cuando era una niña. Y cómo después se arrodillaba con ella al lado de la cama con sus fuertes brazos alrededor de ella y la ayudaba a decir sus oraciones.

–Recuerda siempre decir tus oraciones, cariño –decía –, tu Padre Celestial te ama, incluso más de lo que yo te amo.

–Y no lo he hecho–, pensó Ángela tristemente mientras se sentó sola con sus lágrimas corriendo por sus mejillas.

–Lo siento papá –murmuró –, comenzaré a orar nuevamente, cada noche.

Entonces Ángela se puso de rodillas al lado de la cama de Tiphony, inclinó su cabeza y oró. Pronunció las palabras en voz alta, tal como su padre le había enseñado.

–*Querido Dios, mi Padre Celestial, soy tan infeliz. Si en realidad me amas como mi padre ha dicho, por favor ayúdame. Por favor, encuentra para mí un hombre que me ama y se preocupe por mí. Alguien que me abrace y hable conmigo, que no esté enojado conmigo todo el tiempo. Por favor, ayúdame.*

Mientras decía estas palabras, sus lágrimas comenzaron a fluir libremente y corrieron por sus manos. Pero comenzó a sentirse muy diferente en su interior. Una grata sensación de consuelo y paz la envolvía. Su tristeza y tensión estaban desvaneciéndose.

Por primera vez en meses, comenzó a sentirse tranquila.

Terminó su oración, pero continuó de rodillas junto a la cama. El sentimiento dentro de ella era maravilloso y reconfortante.

Recordó que sentimientos como este los tenía de pequeña cuando su papá se arrodillaba a su lado mientras ella decía sus oraciones.

En su interior, sintió que todo iba de alguna manera a salir bien. Decidió orar cada día de ese momento en adelante.

Ese sentimiento de paz gradualmente se convirtió en soñolencia. Se levantó de sus rodillas, regresó a su propia habitación y gentilmente se deslizó en la cama al lado de su dormida hija.

En unos pocos minutos ya estaba dormida.

***

La vida pareció ser un poco mejor por unos pocos días.

Era la primavera en sus primeros días, la estación favorita de Ángela. El jazmín que crecía en la cerca por fuera de su puerta trasera estaba ya florecida. La dulce fragancia elevaba su ánimo cada mañana al salir a la escuela.

Sin embargo, a pesar de su ajetreo y de las infinitas demandas de la educación de sus hijos como madre soltera, había un vacío invadiendo la vida de Ángela.

Sus amigos rara vez la llamaban o pasaban. A veces llamaba a una vieja amiga pero ya no era lo mismo como antes. Podía detectar frialdad en su respuesta que no había estado allí antes de la partida de Ted.

Ángela olvidó también su determinación de orar cada día.

En la noche del viernes un hombre tocó la puerta de su casa. A través del cristal Ángela reconoció a Rick, el esposo de Marge, un vecino cercano. Ella abrió la puerta con preocupación.

–Ángela, parece que estoy teniendo problemas con la recepción de mi TV. ¿Puedo entrar y chequear en la tuya?

–Oh, Hola Rick–, dijo Ángela. Ella se sintió extrañamente intranquila. Había algo raro en el comportamiento de Rick.

–Bueno, sí, supongo que puedes echar un vistazo–.

Rick entró al salón y le echó una mirada al equipo. –Ah, sí, hay definitivamente algo mal con la mía. Marge se ha ido por unos pocos días. Pensé que podía arreglarlo mientras ella no estuviese. Supongo que se siente un poco de soledad ahora que Ted no está, ¿cierto?

–Me las estoy arreglando–, respondió Ángela fríamente, parada aún al lado de la puerta. Podía sentir el olor a alcohol.

–Bueno, si necesitas alguna ayuda, solo dímelo,– dijo Rick. La miró de arriba abajo y le dio una sutil sonrisa, luego se fue.

Ángela sintió alivio cuando él se fue, pero al mismo tiempo se sintió enojada y degradada. –¿Quién se cree él que soy yo? Tengo una seria intención de decírselo a Marge cuando regrese–

La responsabilidad de ser una madre soltera se volvió casi insoportable durante la semana siguiente. David se había vuelto cada vez más difícil de controlar y desobediente en la casa.

Thiphony se había enfermado de gripe y no podía asistir a la escuela por unos dos días. Ángela tuvo que quedarse en casa y cuidarla.

Ángela se sintió culpable cuando llamó a la escuela donde impartía clases para decir que no podía ir ese día. El director fue quien respondió el teléfono y ella pudo sentir su molestia. Cuando él la contrató le recalcó varias veces de la necesidad de que fuera responsable, que no faltara.

***

El sábado por la noche el teléfono sonó. Tiph corrió a responderlo. –Es la abuela, mamá–, gritó.

Ángela cogió el teléfono. –Hola mamá, ¿cómo estás?

–Estoy muy preocupada por ti Ángela, ¿has oído hablar de Ted últimamente?

–No mamá, y no quiero escuchar de él. Todo se acabó. ¿No puedes verlo? Me encantaría que no insistieras. Yo no le importo, y yo no lo amo más. Se acabó.

–Ted es aún el padre de tus hijos, Ángela.

–Sí, mamá, lo sé. David fue a verlo ayer. Él llevará a pasear a los niños mañana. Por tanto, ellos aún lo ven. Él los vendrá a recoger a las 9:30 de la mañana.

–Esos niños necesitan un padre en la casa Ángela.

–Mira, mamá, les voy a encontrar un buen padre. Solo dame tiempo. Oré la semana pasada, y tuve la sensación de que todo va a salir bien. Fue una sensación tan agradable. Oh, pero extraño tanto a papá.

–Sí, yo también querida. –dijo su madre. –Me alegra tanto que hayas orado Ángela. ¿Por qué no vienes a la iglesia conmigo mañana en la mañana? Te paso a recoger alrededor de las 9:15. Ted va a quedarse con los niños.

–No, no quiero mamá. La gente solo va a preguntarme, ¿cómo está Ted? Ya sabes cómo son ellos. Me daría mucha vergüenza.

–Ellos no saben que él se fue Ángela. Todo lo que tienes que decir es "él está bien". Vamos Ángela. Hazlo por tu padre. Sabes que eso lo hubiese hecho feliz.

–Oh mamá....bueno...está bien entonces. Al menos no tendré que ver a Ted cuando venga a buscar a los niños

–Buena chica Ángela. Te veré mañana.

***

CAPÍTULO DOS

AMI

La madre de Ángela pasó a recogerla para ir a la iglesia la mañana siguiente como acordaron.

Tan pronto como entraron a la iglesia Ángela vio a Ami sentada al lado de su esposo Bill.

Ángela se sorprendió de verla. Habían sido amigas desde la niñez e incluso se casaron por el mismo tiempo, pero nueve años atrás Ami y su esposo Bill se mudaron a una ciudad distante.

Ami lucía tan bonita y delgada que Ángela se sintió sin atractivo en comparación con ella. Ambas eran de la misma edad.

Ángela sintió alivio cuando se percató de que Ami no la había visto, por lo que evitó cualquier contacto visual con ella y se sentó con su madre durante el servicio.

Al principio Ángela estuvo tímida y sentía que la gente la miraba fijamente, pero disfrutó cantando los animados himnos y para cuando el servicio había terminado se sentía relajada y tranquila.

Sin embargo, para evitar el encuentro con Ami y para no tener que responder preguntas embarazosas, le pidió a su madre las llaves del auto y salió rápidamente para el estacionamiento con la cabeza gacha. Se sentó y esperó en el carro de su madre y pronto quedó absorta en sus pensamientos.

Se asustó cuando de repente se abrió la puerta del carro y apareció la cara con apariencia de duende de Ami sonriéndole.

–Anyi! Aquí estás. Qué gusto verte. Te he estado buscando por todas partes.

Ángela le respondió con una sonrisa, profundamente avergonzada. Salió del auto y abrazó a Ami. Cuán delgada estaba. –¡Ay, Ami, que gusto verte a ti también! Luces tan linda. ¿Qué te trajo de regreso?

–Estamos viviendo aquí nuevamente. Bill ha sido transferido. Nos mudamos la semana pasada. Ay, estoy tan feliz. Me encanta este lugar. ¿Cómo está Ted? Oye, tenemos que juntarnos todos de nuevo.

–Ah, él está bien,– dijo Ángela forzando una sonrisa. – Ha llevado a los niños a pasear hoy todo el día.

–¡Qué bien! ¿A dónde?,– le preguntó Ami.

–Eh… no sé,– contestó Ángela, sintiéndose incómoda.

–Bueno mira Anyi, mejor no hago esperar más a Bill y a los niños. Iré a visitarte esta tarde y nos pondremos al día.

–Bueno…eh…yo…está bien, OK Ami. Eso sería bueno. Nos vemos luego.

***

Cuando su madre la dejó en la casa, Ángela se cambió de ropa y se puso sus pantalones negros y su cómodo poleron verde. La casa estaba vacía y quieta. Obviamente Ted había recogido a los niños.

Mientras estaba parada en la cocina preparando su almuerzo, decidió contarle a Ami la verdad acerca de su separación de Ted. Ella se enteraría de todos modos.

***

Un poco más tarde, Ángela estaba sentada ansiosamente en el sofá fumándose un cigarro y tratando de leer una revista cuando escuchó el carro de Ami subiendo por la rampa del garaje.

Su corazón comenzó a latir más rápido y sus manos comenzaron a sudar. Apagó el cigarro.

–Entra Ami,– le dijo cuando sintió sus pasos cerca de la puerta.

Ami entró por la puerta sonriendo. A Ángela le pareció una representación de salud y felicidad. Su brillante cabello negro caía sobre sus hombros y llevaba puesto un vestido rosado.

Ángela permaneció sentada en el sofá enrollando nerviosamente la revista. –Aquí vamos,– pensó.

–Ami, Ted y yo nos separamos– dijo rápidamente, evitando la mirada fija de Ami.

Ami pareció petrificada por un momento. Luego se sentó al lado de Ángela y puso un brazo alrededor de ella. –¡Ay Anyi, no!

Ángela trató de contener sus lágrimas pero no pudo. Sus hombros comenzaron a moverse arriba y abajo y rompió en sollozos. Ami la abrazó fuerte y la dejó sollozar. Luego sacó un pañuelo de su cartera y se lo dio.

–Quédate aquí. Déjame prepararte una taza de chocolate. Luego podrás contarme todo. Parecían una pareja tan feliz cuando se casaron.

–Voy contigo,– dijo Ángela limpiando su nariz y secando sus lágrimas mientras se ponía de pie.

Ambas entraron a la cocina y Ángela encendió el fuego para calentar un poco de leche, luego le dijo a Ami:

–Ted tiene ahora su propio negocio. Aún repara carros. Sólo él y su ayudante. Parece que tiene mucho trabajo pero trabaja hasta tarde. Yo solía llevarle las cuentas. Ya sabes cuán inútil es para las matemáticas. Ahora tiene que hacerlo todo él mismo. Va camino al fracaso.

–¿Hace qué tiempo se fue Anyi?

–Más de dos meses. Fue un alivio tan grande al principio pero ahora...no sé. Estoy más tensa que nunca. Él ha cambiado mucho desde la última vez que lo viste Ami.

No hacía nada en la casa. Difícilmente me hablaba y cuando lo hacía era solamente para quejarse por algo.

Honestamente, me criticaba todo el tiempo. Me corté el cabello y me lo ricé con la permanente y me dijo que me veía horrible. Y en realidad me quedaba bien. Todos mis amigos me lo dijeron.

Simplemente ya no me respeta. Nunca hablaba conmigo de sus cosas, sólo me miraba con la mirada fulminante. Todavía lo hace. Incluso me pegó.

–Ay, Anyi. No lo puedo creer. El alto y gentil Ted ¿te pegó? Ese hombre es tan manso como un cordero.

–Bueno me abofeteó,– dijo Ángela.

–¿Sí? ¿Y qué lo llevó a hacer eso?

–Nada. Sólo le dije que no tendría su negocio si no fuera porque yo llevaba sus cuentas. Lo cual es cierto.

–Ah, sí, y ¿qué más? Sé hasta dónde llega tu lengua y tu temperamento.

–Bueno, le despedacé algunas de sus facturas y se las arrojé al piso. Por la manera en que me estaba tratando no iba a hacer nada más por él.

Ami suspiró, –eso se parece a ti, pero él no debió pegarte. ¿Dónde guardas las tazas?

–Usa esos dos tazones de allí Ami.

No quería que regresara al trabajo de maestra. No puedo imaginar el por qué. Todas mis amigas están trabajando. Le dije que él no estaba trayendo suficiente dinero. Tuvo que pedir prestado un montón de dinero para comenzar su negocio. Y para colmo de males, fue y compró una furgoneta nueva. De todas formas yo volví a trabajar. Me cansé de estar encerrada en la casa todo el día.

Se tomaron el chocolate en la sala y se sentaron nuevamente en el sofá Ángela encendió otro cigarro.

–No pensé que volverías a fumar Anyi. ¿Recuerdas cómo lo dejamos al mismo tiempo al ver aquel documental acerca del cáncer en la escuela?

–Parece que me ayuda a relajarme Ami. Probablemente comenzarías nuevamente si estuvieses pasando por el infierno que estoy pasando.

–No lo creo, –dijo Ami. –No es muy femenino.

–Bueno, basta, ya has escuchado suficiente de mis problemas.

¿Cómo está todo contigo y con Bill?

–Ay Anyi, nunca habíamos sido más felices que ahora. Sólo me engríe hasta el cansancio últimamente. Lo amo tanto. Ya tenemos cuatro niños. Un varón y tres niñas. ¿Recuerdas a Becky, la mayor, la que nació aquí? Ya tiene 12 años.

–Sí, ella y David tienen la misma edad, –dijo Ángela.

–Tienes razón, fue tan lindo cuando quedamos embarazadas al mismo tiempo, –dijo Ami sonriendo.

–Sí que lo fue, –dijo Ángela.

–En realidad Anyi, para ser honesta contigo, el año pasado tuvimos problemas Bill y yo. Lo despidieron del trabajo y yo no lidié con eso muy bien en aquel momento. Ahí fue cuando tomé el curso Mujer Fascinante.

–¿Qué quieres decir con el curso Mujer Fascinante?– dijo Ángela.

–Ay, esa es la mejor cosa que he hecho Anyi– dijo Ami, sonriendo ampliamente. –Pensé que nuestro matrimonio era bastante bueno, pero ahora es maravilloso. De verdad. Nunca había sido tan feliz en toda mi vida. Bill parece estar feliz también y disfruta su nuevo trabajo.

Ángela sintió una sensación de paz viniendo sobre ella mientras Ami hablaba. Extrañamente también le pareció sentir la presencia de su padre en la habitación. Inmediatamente apagó el cigarro.

–Este es un curso acerca de cómo sacar lo mejor de nuestros esposos. Aprendes diez secretos acerca de los hombres. Ay Anyi, pienso que necesitas pasarlo, de verdad. Por lo que me has contado, creo que has cometido algunos errores garrafales con el pobre Ted.

El sentimiento de paz de Ángela se desvaneció de repente y sintió su ira despertarse. –¿Pobre Ted? ¿Que yo cometí errores? –dijo.– Fue él, no yo. No he hecho nada malo. ¡Él no me hablaba, no me sacaba a pasear! Traté de que fuéramos a consejería matrimonial. ¿Lo hizo? ¡No, él no!

Hice lo mejor que pude para cambiarlo por su propio bien, pero todo lo que hacía era pensar en su estúpido negocio. Lo puso delante de mí y delante de los niños. Y se compra una nueva furgoneta la cual no puede pagar. El negocio no le está yendo tan bien como para eso. Solo está pretendiendo. Nunca está en la casa. ¡Trabajo, trabajo, trabajo! Eso es en lo único que piensa. Yo también tengo sentimientos. Si me hubiese dado una sonrisa se le hubiese quebrado el rostro.

–Vamos Anyi, él solía sonreírte todo el tiempo cuando estaban de novios.

–Bueno, ya no lo hace más. Te lo digo Anyi, él ha cambiado. Siempre está molesto, incluso con los niños, excepto cuando ha estado de juerga. De todas formas ¡se acabó! Ya no lo quiero más. Se lo dije. No lo amo y voy a encontrar a algún otro que de verdad se interese por nosotros.

–Anyi, no vas a encontrar a nadie mejor que a Ted. ¿Quién más va a amar a tus hijos como él? Él es su verdadero padre. No puedes cambiar eso. ¿De verdad piensas que los niños van a aceptar a otro padre? ¿Y qué si encuentras a otro hombre y él tiene hijos también? Sabes que serás su madrastra. ¿Los amarías como a los tuyos? ¿Te amarán ellos a ti?

Ángela se sintió deprimida por las palabras de Ami. –Quizás tengas razón Ami, no sé. ¿Quién me querría de todas formas? Mira lo gorda que estoy.

–Tú tienes la llave para todo eso Anyi. Nosotras las mujeres tenemos la solución de nuestros matrimonios. Tú puedes traer de regreso al viejo Ted. Aquel que te amaba, aquel que se casó contigo.

Una mujer puede ayudar o destruir un hombre

–Es demasiado tarde. No funcionará. Ted no va a cambiar. He tratado y tratado y tratado.

Ami sonrió. –No es demasiado tarde Anyi. Mira, voy a averiguar si hay clases de ese curso por aquí. Si lo hay, ¿tomarías el curso?

–No me parece Ami. Estoy tan ocupada desde que Ted se fue. Iré contigo si quieres. Bueno... podría... si tú vienes conmigo Ami.

Los ojos de Ami brillaron. –Bien de tu parte Anyi. Estarás tan feliz de haberlo hecho. Espero que lo impartan por aquí.

Después de una hora de charlar acerca de los viejos tiempos, Ami se despidió de Ángela y se fue. Sólo había sacado su carro de la rampa a la calle cuando Ted se acercó a la acera en su furgoneta. David y Tiphony saltaron fuera emocionados y corrieron al interior de la casa a ver a su madre.

–Hola Ted,– gritó Ami ondeando su mano y sonriendo a través de su ventanilla abierta. Ted miró pasmado al principio pero luego le sonrió de oreja a oreja cuando la reconoció. Él inmediatamente salió de su furgoneta a su encuentro, todavía con la misma sonrisa.

–Ami, qué gusto verte.

–Qué bueno verte a ti también Ted. No nos veíamos desde hace mucho tiempo. Lamento escuchar lo tuyo y de lo de Anyi.

–Sí–, dijo Ted, poniéndose serio de repente y bajando su cabeza.

–¿Cómo está Bill?– preguntó él.

–Bien, bien. Lo han transferido de regreso a aquí. Nos mudamos la semana pasada.

–Oye, eso es una buena noticia.– dijo Ted sonriendo nuevamente. –Luces muy bien Ami.

–Gracias Ted.– sonrió Ami. –Bueno, debo irme.

–Adiós Ami, dale mis saludos a Bill.

***

Dos semanas más tarde, en la tarde del lunes, mientras Ángela estaba sirviendo la cena, el teléfono sonó. Respondió lacónicamente, pasmada por la interrupción.

–Hola Anyi, soy yo, Ami. ¡Adivina! El curso de Mujer Fascinante se está impartiendo aquí en un local en la planta baja del Teatro Civil. Y lo hemos encontrado a tiempo. Un nuevo curso comenzará pronto. Darán una introducción este miércoles a las 7:30 pm. ¿Vendrás conmigo? Por favor Anyi. Me lo prometiste.

Ángela no pudo evitar sonreír ante el entusiasmo de Ami.

–Ok Ami. He estado pensando acerca de eso. Sí, iré contigo. Y si es la mitad de lo bueno que dices lo tomaré.

–¡Qué bien! Recuerda que comienza a las 7:30. Nos vemos fuera diez minutos antes o ¿quieres que te recoja?

–No, estaré allí Ami.

–Muy bien. Nos vemos allí. Hasta pronto Anyi.

***

CAPÍTULO TRES

HARMONY

La mujer es la clave
para la felicidad en
el matrimonio

El miércoles en la tarde, Ángela condujo hasta el Teatro Cívico y parqueó su carro. Miró por todos lados buscando señales de Ami, pero no había señales de ella. Se paró en el sendero fuera del edificio y esperó.

Estaba oscuro y un viento frío soplaba.

Mientras esperaba, un número de mujeres entraron al edificio. Pasaron veinte minutos. Ángela miró su reloj. Eran ya las 7:30. Sentía frío y estaba nerviosa.

–Creo que me voy a casa– se dijo a sí misma. Había trabajo que hacer en la casa y David había estado mortificando demasiado a Tiph últimamente. No tenía ganas de dejarlos solos.

–¿Es aquí donde va a tener lugar la reunión de Mujer Fascinante?

Ángela se volteó sobresaltada. Una señora mayor de unos 70 años, con cabello gris y un rostro bondadoso le había hablado.

–Me parece que sí,– contestó Ángela. –Estoy aquí solo esperando por mi amiga. Vamos a entrar juntas.

–Bueno, comenzará a las 7:30 y ya es la hora,– dijo la mujer.

–¿Por qué no entras conmigo? Soy Elsy,– y diciendo esto le dio una sonrisa a Ángela.

–Sí, creo que será mejor. Hace tanto frío aquí afuera.

Entraron por la puerta principal y vieron un cartel cuidadosamente escrito a mano que decía *"MUJER FASCINANTE EN LA SALA UNO"* y una flecha apuntando escalera abajo.

Bajaron las escaleras y entraron en una sala cubierto el piso con una alfombra roja. Estaba agradablemente cálida y llena con mujeres de todas las edades sentadas en sillas plásticas color crema. Algunas de ellas estaban charlando pero la mayoría parecían un poquito nerviosas.

Al frente, detrás de una mesa rectangular estaban sentadas tres mujeres bien acicaladas. La mujer del medio parecía estar en sus 60, la de la izquierda parecía tener más o menos la edad de Ángela, 35, y la de la derecha parecía estar en los 40. Detrás de ellas había una pizarra blanca.

Ángela albergaba la esperanza de ver a Ami entre las mujeres allí sentadas pero no reconoció a ninguna.

Elsy, la señora mayor con la Ángela había entrado, se sentó en una de las pocas sillas restantes. Ángela solo pudo ver 2 sillas vacías una al lado de la otra. Estaban en la fila de adelante. Sintiéndose incómoda se dirigió a la primera fila y se sentó en una de las sillas. Colocó su cartera encima de la otra para reservarla por si Ami llegaba.

El calor y la comodidad de la habitación comenzaron a calmar un poquito los nervios de Ángela.

Observó a las tres mujeres que estaban sentadas detrás de la mesa enfrente de ella. De alguna manera se veían diferentes, más bonitas de lo normal.

Las tres estaban vestidas con ropas femeninas de muchos colores. La señora del medio de apariencia calmada y la más joven que estaba a la izquierda, tenían las dos el pelo largo.

La tercera mujer, la de la derecha, de apariencia confiada, figura fuerte y pequeña, con su cabello corto, se puso de pie e hizo señas para que se hiciese silencio.

Sonrió amablemente y dijo: –Señoras, mi nombre es Kitty. Gracias por venir esta noche a escuchar acerca de Mujer Fascinante. Como ya probablemente saben, estamos a punto de comenzar un nuevo curso, lo cual será el próximo miércoles en la tarde noche. Permítanme explicarles un poquito de qué se trata todo esto.–

–Mujer Fascinante les enseña el arte, los secretos, las leyes, llámenlo como quieran, de ganar el amor más profundo y tierno de un hombre. Lo logra capacitándote para convertirte en el tipo de mujer que él puede amar y respetar profundamente e incluso adorar.

17

–Tu hombre no necesita saber nada acerca de esto. De hecho, es mucho mejor que no lo sepa. Esto te hace mucho más misteriosa a sus ojos, más fascinante, más encantadora. No se permite la entrada de hombres en este curso,– sonrió nuevamente

–Ahora, ¿por qué es que un hombre con frecuencia deja de amar y apreciar a su esposa después de casados? ¿Por qué? Es porque ella deja de hacer las cosas que provocaron su amor cuando él la estaba cortejando.–

–Entonces, ¿cómo es que ella puede re despertar el amor y la ternura de su esposo.? Simplemente por obedecer las inmutables leyes femeninas por las cuales nacen y se mantienen el amor y la ternura de un hombre. Los diez secretos de Mujer Fascinante son esas leyes imperecederas.–

–Sí, están pasadas de moda pero funcionan. La verdad siempre está pasada de moda.–

Ángela estaba tan absorta en lo que Kitty estaba diciendo, que no notó cuando Ami se deslizó en la silla al lado de la suya.

–Lamento haber llegado tarde Anyi– susurró Ami en el oído de Ángela haciéndola saltar. –Bill tuvo que trabajar hasta tarde esta noche.–

Ángela estaba encantada de ver a su amiga así que le susurró –Oh Ami, estoy tan contenta de que estés aquí. –

Ángela se sintió totalmente relajada ahora que Ami estaba a su lado.

Kitty continuó,–Bien, yo no estoy diciendo que nuestros esposos no tienen faltas o que nunca cometen errores. Por supuesto que sí las tienen, y cometen errores, pero cuando nosotras las mujeres corregimos nuestros propios errores y vivimos las leyes de Mujer Fascinante, provocamos una maravillosa respuesta de parte de nuestro hombre. Aún los más desabridos y fríos responden más de lo que creamos posible.–

Sí, es cierto, puedes experimentar más felicidad que la que has experimentado jamás. Más amor, más ternura, más cuidado y como mujer serás más respetada.

–Si vives estas diez leyes, puedo prometerte esto: tu vida será más abundante, más satisfactoria y estará llena de sorpresas. Lo sé, en la mía ha sucedido.–

Cuando vivimos las diez leyes de Mujer Fascinante, despertamos instintos masculinos en nuestros esposos e instintos femeninos en nosotras mismas.

La mayoría de nosotras tuvimos estos instintos naturales cuando éramos niñas, pero parece que los fuimos perdiendo a medida que crecíamos; o los moldeamos a las ideas modernas del rol de la mujer. Pero como podemos observar alrededor de nosotras, estas ideas modernas no están funcionando. Por todas partes vemos matrimonios fracasados.

Mujer Fascinante te enseña verdades antiguas. Verdades sobre cómo vivir para llegar a ser fascinantes y encantadoras a los ojos de tu hombre. Su mujer ideal. El tipo de mujer con el que él sueña. El tipo de mujer que despierta sus más profundos sentimientos de amor. Sentimientos de ternura y, lo más importante, de respeto.

–Aprenderán también a entender a los hombres. Ellos son totalmente diferentes de nosotras. Aprenderán a cómo cimentar su confianza y respeto a sí mismos. Aprenderán a sacar de ellos su verdadero potencial.–

Ustedes han escuchado el viejo refrán que dice: *Detrás de cada de cada gran hombre existe una gran mujer*–. Bueno, aprenderán el secreto para esto. Sabrán como ustedes dos se pueden convertir en un equipo poderoso y ayudarse mutuamente para sacar lo mejor uno del otro.

Sabrán también cómo sacar lo mejor de sus hijos y de los otros hombres con los que entren en contacto.

Hay diez lecciones en este curso, una para cada secreto.

–El Secreto Número Uno nos enseña cómo minimizar las faltas y debilidades de nuestro esposo.

–El Secreto Número Dos nos muestra cómo incrementar su seguridad en sí mismo a un nivel muy superior y, al mismo tiempo suscitar su amor por nosotras. Este secreto es inmensamente poderoso y, cuando es aplicado, trae resultados espectaculares. Pero no funciona a menos que hayamos aplicado el Secreto Número Uno primero.–

–El Secreto Número Tres nos enseña cómo consolar a nuestro hombre cuando esté desanimado y a hacerlo de tal forma que profundice su amor por nosotras; el tipo de amor que dura para siempre.–

–Este secreto también nos muestra cómo ayudarlos a ser más exitosos en su carrera y a ser mejores proveedores. Muchas mujeres notan que los ingresos de sus esposos aumentan significativamente, dentro de los dos primeros años de vivir los principios de Mujer Fascinante.–

–El Secreto Número Cuatro nos enseña a dejar de preocuparnos acerca de las finanzas, a sentirnos seguras en la habilidad de nuestros esposos de proveer para nosotras y, a asegurarnos de que aceptan completamente su responsabilidad masculina para hacerlo.–

–El Secreto Número Cinco nos enseña cómo incrementar la confianza en nosotras mismas, a desarrollar serenidad y bondad en nuestra personalidad. La serenidad y la bondad son cualidades que los hombres encuentran altamente atractivas en sus esposas. A ellos les gusta poder ponernos en un pedestal y alabarnos delante de los otros hombres. Mientras más desarrollemos estas cualidades, más nos tratarán nuestros esposos como a reinas.–

–El Secreto Número Seis nos ayuda a disfrutar ser madre y ama de casa, a sentirnos plenamente satisfechas y respetadas por el importante trabajo que realizamos, de cuidar nuestros niños y crear un ambiente celestial en nuestras casas. Este secreto trae paz y armonía a nuestros hogares.–

–El Secreto Número Siete nos alienta a preocuparnos por nuestra salud, nuestro cabello, figura, sonrisa, y realzar nuestra apariencia para que luzcamos radiantes y atractivas para nuestros esposos.

–El Secreto Número Ocho nos revela los secretos de la ropa femenina, el encanto y los amaneramientos que son fascinantes, encantadores y atractivos a los hombres.

–El Secreto Número Nueve nos muestra cómo obtener nuestras necesidades y deseos de tal manera que nuestros esposos disfruten proveyéndolos para nosotras y amándonos con ira más profundidad luego. Se sorprenderán de lo sencillo que es.–

–La última ley, el Secreto Número Diez, nos enseña a manejar la ira, tanto la nuestra como la de nuestros esposos, provocando un aumento de su amor por nosotras.–

–Ahora, permítanme presentarles a nuestra profesora de Mujer Fascinante, Harmony.–

La delgada y serena mujer de alrededor de 65 años, quien había estado sentada entre las dos mujeres, se puso de pie. Era bastante alta y su cabello plateado a la altura de los hombros estaba parcialmente recogido y atado con un lazo blanco. Llevaba puesto un atractivo vestido amarillo a la altura de las rodillas.

Ángela quedó fascinada con su apariencia, tan distinta a la apariencia de matrona de la mayoría de las mujeres adultas.

Harmony les dio una radiante sonrisa lo cual la hizo lucir años más joven, y comenzó a hablar con una voz compasiva y sonriente. Ángela le tomó cariño al instante.

–¿Te ama tu esposo con todo su corazón? ¿Siente él un deseo tierno de protegerte y refugiarte de todo daño, de todas las preocupaciones y todas las dificultades?–

–¿Tu esposo te adora y te realza en frente de otros hombres y mujeres? ¿Quiere el satifascer todas tus necesidades y deseos?–

–La mayoría de las mujeres no creen que los hombres son capaces de sentir tal amor, pero créanme, ellos pueden. Casi cada hombre puede ser tierno, romántico y cariñoso, si esas pasiones son despertadas en él por una mujer.–

–Con frecuencia despertamos estas pasiones en los hombres durante la etapa de noviazgo, pero éstas mueren después de casados. ¿Por qué sucede esto? Sucede porque, tal como dijo Kitty, dejamos de provocarlas.–

–Mujer Fascinante les enseña cómo despertar nuevamente esas pasiones en sus hombres y avivarlas hasta convertirlas en un fuego que quemará con una llama ardiente para siempre.–

–¿Estamos siendo egoístas cuando aspiramos a este tipo de amor?. No. Mostrar amor tierno y romántico por su esposa es una fuente de gran gozo para un hombre. Se siente más masculino, más hombre, más varonil. Aprenderán en Feminidad Fascinante que sentirse masculino deleita a un hombre.–

–Él también tendrá un deseo fuerte de ser exitoso en su carrera, sin importar el tipo de trabajo que haga. ¿Por qué? Porque tiene a alguien a quien ama profundamente y por quien trabajar, por quien morir si es necesario. Se sentirá realizado y satisfecho como hombre.–

–Mujer Fascinante se trata de hacer nuestro matrimonio maravilloso. Estamos apuntando a las estrellas, esto tiene un alto premio y existe un precio. Ese precio es la humildad (hacer las cosas sin orgullo y reconociendo las debilidades propias).

–Necesitamos dejar de lado nuestro fariseísmo o supuesta superioridad moral y nuestro orgullo. Necesitamos darnos cuenta que muchas ideas modernas, aunque suenan bien en teoría, sencillamente no funcionan en la práctica. El comunismo es una de esas.–

–En Mujer Fascinante aprenderán verdades antiguas y, puesto que son verídicas, funcionan cuando son aplicadas.–

Elsy, la señora adulta que había entrado con Ángela, levantó su mano con indecisión y preguntó: –Yo ya tengo un buen matrimonio.¿ Me ayudará este curso?–

–Sí lo hará. POR SUPUESTO que lo hará. Muchas mujeres creen que ya tienen un matrimonio feliz, pero, después de tomar este curso y de vivir los diez secretos, llega a sus relaciones un amor profundo y romántico que nunca habían creído posible. Yo fui una de esas mujeres.–

–Otras mujeres, las cuales se sintieron rechazadas y no amadas por sus esposos antes de Mujer Fascinante, están emocionadas de ver sus relaciones florecer y

madurar. Ellas ven cómo esposos fríos e irresponsables se vuelven afectuosos y cariñosos.–

–Incluso mujeres que han estado divorciadas y solas por años, se han reconciliado con sus esposos y se han vuelto a casar con ellos. Ahora disfrutan un amor tierno y un compañerismo que no experimentaron nunca antes. Personalmente le he enseñado a mujeres que han pasado por esto, mujeres que se sentaron en las mismas sillas en que están sentadas ustedes ahora.–

Ángela pudo sentir un estremecimiento de emoción creciendo dentro de ella. Quizás no era demasiado tarde para ella después de todo, pero entonces, una imagen mental de la fría mirada de Ted y su rostro sin sonrisa, disiparon su emoción.

–Nosotras las mujeres podemos edificar o destruir a un hombre. En realidad podemos. Pongan arena en una máquina y se arruinará; pongan combustible y funcionará de maravillas. Mujer Fascinante nos proporciona el combustible.–

–Si nuestros esposos no nos aman, nos sentimos vacías por dentro. Sencillamente, así somos las mujeres. Podría comprarnos una bella casa. Podría darnos muchísimo dinero. Pero si no nos ama, no hay nada que haga a la vida valer la pena.–

–Años de experiencia me han probado más allá de toda duda que las leyes de Mujer Fascinante funcionan. Son ciertas. Ven y descúbrelas. Pónlas en práctica. Entonces, lentamente, pero con toda certeza, verás ocurrir un milagro en tu matrimonio.–

–Pero DEBERÁS SER HUMILDE. Tienes que poner a un lado ideas modernas. Tienes que poner a un lado tu orgullo femenino y volver a despertar tu feminidad natural.–

–Estas son leyes naturales las que aprenderás, leyes de Dios si quieres llamarlo así. Por eso es que funcionan. Son bastante diferentes a lo que enseña el mundo. Por tanto, tienes que ser humilde y enseñable. Tienes que desear cambiar maneras viejas y erróneas de pensar y de hacer las cosas.–

–Cámbiate a ti misma y podrás tener un matrimonio maravilloso. Yo apoyo esta declaración con mi vida, nosotras las mujeres tenemos la clave, tenemos un tremendo poder para influenciar a los hombres para bien.–

–No siempre es fácil, pero yo les testifico que FUNCIONA.–

Mientras Harmony decía estas palabras, las esperanzas de Ángela comenzaron a crecer. El sentimiento de paz que había venido sobre ella cuando oró en la habitación de Tiph la pasada semana, estaba regresando.

–Ahora, sentada aquí a mi derecha está Misty. Ella ha pasado este curso y está aplicando estos secretos a su vida. Ella accedió a compartir brevemente su experiencia con nosotras.–

–Después que Misty hable, Kitty y yo responderemos cualquier pregunta que tengan y haremos la matrícula para nuestro próximo curso.–

Misty (Historia Real)

–Creo que una mujer o quiere que su matrimonio funcione o no. Después de diez años aún quiero que el mío funcione, por eso he tratado con ahínco de vivir Mujer Fascinante.–

–Mi esposo no me ha dicho una palabra con enfado en meses. Llega a casa más temprano de lo que lo había hecho en años.–

–En los últimos seis meses, sus ingresos han aumentado cada mes. No cree haber hecho suficiente por mí y podría seguir y seguir contándoles.–

–Nunca había sido más feliz , o había tenido una familia más feliz que ahora.–

***

–Y bien Ángela, ¿qué piensas de esto?– susurró Ami, mirando fijamente a Ángela.

–Suena demasiado bien para ser verdad, pero estoy emocionada,– dijo Ángela.

–Es cierto y funciona–, dijo Ami. –Como la profesora dijo, no siempre es fácil, algunas veces tendrás que morderte la lengua de verdad y a veces revientas, pero llegas a la meta. Yo sé que puedes lograrlo Anyi.

–Oh Ami, tú eres una amiga de verdad, de veras,– dijo Ángela abrazándola. –Me alegra tanto que hayas

24

regresado a vivir aquí. Me voy a matricular y no tienes que venir conmigo cada semana. Estaré bien. En serio.–

Los ojos de Ami se le humedecieron y le dio un pequeño apretón a la mano de Ángela.

***

CAPÍTULO CUATRO

Secreto Número Uno
Acéptalo

Durante la semana siguiente, los pensamientos de Ángela acerca de Mujer Fascinante se debatían entre serias dudas, esperanza y emoción.

Su madre la había animado grandemente cuando ella le contó acerca del curso. Le prometió venir a su casa y cuidar de David y Tiphony cada miércoles por la noche mientras Ángela estuviese asistiendo al curso.

En la noche del miércoles de su primera clase, Ángela llegó temprano. El curso iba a tener lugar en el mismo salón en el que se habían encontrado la semana anterior.

Harmony, la profesora del curso lucía aún más bella que la semana en la que le había dado la calurosa bienvenida en la puerta. Llevaba puesto un vestido azul turquesa brillante hasta las rodillas, que contrastaba vivamente con su cabello plateado, arremolinado elegantemente en la coronilla de su cabeza y atado con una horquilla con una larga mariposa turquesa. Pero lo que más impresionaba a Ángela era su serenidad.

Elsy, la señora adulta que había entrado con Ángela en la semana precedente, se había matriculado también para el curso y estaba sentada en el salón.

Ángela se sentó nuevamente en la fila delantera. Se sentía emocionada y al mismo tiempo relajada. Su madre no solo estaba cuidando de los niños, sino que también estaba poniendo al día el trabajo de la casa por ella. Tarareó suavemente para sí misma mientras esperaba que comenzara la lección.

Ángela contó a otras 11 mujeres presentes cuando la profesora se puso de pie frente a ellos para comenzar la clase.

Harmony les dio una sonrisa radiante y les dio una calurosa bienvenida nuevamente. Luego les dijo,

–Vamos a conocernos todas por nuestros nombres. Mi nombre es Harmony. A medida que lea sus nombres, por favor, levanten la mano.

¿Ángela?, ¿Beth?, ¿Beverly? ¿Cherry? ¿Diane? ¿Elsy? ¿Helena? ¿Kathy?, ¿Marina? ¿Está Marina? ¿No? ¿Sonia? Todas están aquí excepto Marina. Ah, creo que ya está aquí.

Una mujer rolliza, con cabello negro y piel bronceada de alrededor de 50 años entró en la habitación y se sentó. –Lamento haber llegado tarde, profesora, –dijo con una dulce y suave voz.

–Bueno, ya estamos todas, –dijo la profesora mirando complacida–. Es muy importante que ustedes reciban todas las diez lecciones, para que Mujer Fascinante pueda traerles toda la felicidad que promete.

–Ahora, si quieren hacer alguna pregunta en cualquier momento de la clase, sencillamente levanten sus manos y, por favor, no se aceptan críticas a los hombres en la clase. Tendré que ser firme en eso – sonrió–. Bien, vamos a hacer una breve introducción personal de nosotras mismas. Joanne y Beverly, de un curso anterior, están también con nosotras solo por esta noche. Escucharemos de ellas un poco más adelante.

–Ángela, ¿podrías ser la primera en ponerte de pie y presentarte a ti misma? Luego las demás sigan en turno.

ÁNGELA

Ángela no había estado esperando esto, sin embargo, se puso de pie y poniéndose de frente a la clase dijo,

–Bueno, como ya saben, mi nombre es Ángela. Tengo dos niños, un chico de 12 años y una chica de 9 quienes viven conmigo. Soy maestra en una escuela primaria y estoy separada de mi esposo, su nombre es Ted, él tiene un negocio de reparación de autos.

BETH

La próxima fue Beth, una mujer delgada en los finales de los 20. Llevaba puesto un negro traje de negocios, tenía el cabello negro y lacio con un corte ovalado y usaba espejuelos de marco negro.

27

Habló con un estilo práctico como de negocios. –Soy Beth. Estoy en mi último año de la carrera de Derecho. Estoy casada y espero mi primer niño para marzo del próximo año. Quizás deba ser franca con todas ustedes y decirles que no ha sido mi idea enrolarme en este curso. Mi madre, quien es bastante anticuada, insistió en que lo hiciera, por lo que, para complacerla, acepté. Mi esposo es contador.

BEV

Entonces una mujer corpulenta, obesa, en la mitad de sus 40 años, se puso de pie. Tenía su rojizo rostro más rojo de lo normal por la vergüenza. Tenía el ceño fruncido y la boca abierta, aunque a Ángela le pareció que podía ser jovial. Tenía un corte de cabello algo pasado de moda, rizo y teñido de naranja y llevaba puesto un top floreado y unos vaqueros azules.

Ella habló en voz alta con un tono bastante grave. – Hola, soy Bev la gorda. No hago nada con negarlo ante ustedes, todas pueden verlo, me encanta comer. Estoy casada también, aunque él no es muy atlético, si no se espabila, nos dejamos. Ya contacté con un abogado. Pero, como me han dicho que no debemos criticar a nuestra media mitad en clase, mantendré el pico cerrado, aunque me sea difícil.

Ángela no pudo evitar sonreír ante la presentación de Bev. La profesora y las demás en la clase se sonrieron también. Ángela sintió simpatía hacia ella.

CHERRY

La próxima fue Cherry, una mujer joven a finales de sus 20. Tenía grandes ojos azules, y un ondulado cabello rubio natural. Ángela pensó que parecía una imagen de salud con su claro y radiante cutis y su bien proporcionada pero robusta figura, la cual estaba acentuada por sus ajustados pantalones deportivos color crema y un colorido top. Movió su cabeza y dio una amplia sonrisa. Su voz era segura y alegre. A Ángela le agradó inmediatamente.

–Hola a todas, mi nombre es Cherry, no puedo esperar a escuchar estos secretos. Estoy casada con un contratista por cuenta propia y tenemos una niña de 7 años.

Diane

La próxima mujer en presentarse fue Diane, una delgada y poco agraciada mujer de unos 50 años, con los hombros un poco redondeados y llevaba puestos un suéter oscuro y pantalones. Su rostro estresado estaba marcado con arrugas, especialmente alrededor de sus ojos y de su boca. Su corto cabello rizado artificialmente estaba teñido de un tono rojo oscuro. Ángela no pudo evitar pensar cuánto se diferenciaba de la extrovertida Cherry.

Su voz tímida era débil e inexpresiva. –Mi nombre es Diane. Tengo tres hijos adultos de mi primer esposo, pero nos divorciamos. Me he casado nuevamente. Disfruto las manualidades. Así como me matriculé en este curso, estoy tomando también uno nocturno en arreglos florales.

Elsy

La próxima fue la adulta Elsy. Ella era bajita y tenía el cabello blanco y un rostro amable. Ángela se sorprendió de escuchar que estaba nerviosa mientras se presentaba. Parecía segura cuando había hablado la primera vez con ella la semana anterior.

–Hola, soy Elsy y en mi próximo cumpleaños cumpliré 76. Supongo que todas ustedes se estarán preguntando qué hace aquí una abuelita como yo, tomando un curso como este. Bueno, hay un viejo refrán que dice –*Nunca se es demasiado viejo para aprender*–. Mi esposo tiene casi 80 años y tenemos nueve hijos adultos. Todos están casados o viviendo con sus parejas, lo cual no aprobamos, pero ya hemos tenido tres divorcios entre nuestros hijos y no quiero más. Es mucho dolor y sufrimiento. Por eso estoy aquí. Mi esposo y yo tenemos un matrimonio maravilloso. Tenemos dieciocho nietos hasta ahora y seis biznietos.

Helena

La próxima en ponerse de pie fue Helena, una rolliza y vivaz mujer de unos 40 años. Tenía puesto un vestido largo medio verde y tenía varios anillos en sus dedos. Ángela juzgó por su cabello oscuro y su piel color aceituna, que era probablemente descendiente del mediterráneo. Helena habló con una voz fuerte y agradable y con un aire de confianza en sí misma.

–Hola, es bueno estar con todas ustedes aquí. Mi nombre es Helena. Tanto mi esposo Spiros como yo, tenemos padres griegos, por lo que la familia es muy importante para nosotros. Amo a mis padres y ellos viven con nosotros. Tenemos cuatro hijos, dos varones y dos hembras, todos adolescentes y queremos que todos se casen apropiadamente y sean felices. Y sí, Elsy, estoy de acuerdo contigo, nada de esa tontería moderna de 'vivir juntos'. Mi esposo Spiros tiene un restaurante particular y los niños, mis padres y yo le ayudamos. Él y yo tenemos un buen matrimonio–. Sonrió, miró a toda la clase y dijo,– Pero podría ser mejor. Tengo muchas ganas de aprender unos pocos secretos que intensifiquen nuestra relación.–

Si pudieras ver a través de los ojos de un hombre, descubrirías que su punto de vista de una mujer es bastante diferente al nuestro. Los hombres NO ven y piensan como las mujeres lo hacen

KATHY

Entonces Kathy se puso de pie y se presentó. Era una mujer delgada, viva y habladora en los principios de sus 40, con cabello oscuro y estaba vestida con lo que parecían ser ropas elegantes de marca. Tenía la piel clara, ojos expresivos y una radiante sonrisa. Le hizo a Ángela recordar a Ami. Kathy parecía carecer de un poco de confianza al principio pero pronto se relajó. Habló bastante rápido.

–Hola, soy Kathy y tengo tres adolescentes en casa y una hija casada. Soy ama de casa a tiempo completo porque, creo que donde tiene que estar una madre es con sus hijos en el hogar. Mi esposo tiene dos trabajos que me lo sacan de encima. ¡Ups, desobediente! No se me permite criticar.

Se dio un manotazo y sonrió alegremente a toda la clase, luego continuó. –Nuestro matrimonio no es tan malo. Mi esposo es muy paciente. Él necesita estar conmigo. Yo soy muy impaciente y me gusta estar al mando.

Kathy continuó charlando acerca de su familia hasta que la profesora le recordó que su tiempo era limitado.

MARINA

Entonces Marina, la rolliza mujer indígena de piel bronceada de unos 50 años, se puso de pie para hablar. Su voz era suave y graciosa. Tanía grandes ojos negros, cabello canoso natural y llevaba puesto un vestido largo y negro bordado con diseños indígenas.

Los hombres quedan impresionados con la simpatía, la alegría y la inocencia infantil y el encanto de una mujer

–Hola queridas, soy Marina. Mi familia ha vivido por aquí por muchas generaciones. Tengo seis hijos adultos. Tres de ellos están casados y tienen sus propias familias ahora. Tengo siete nietos. Mi esposo no está muy bien. No puede ir más a trabajar pero él es un buen jardinero, y un muy buen hombre. Pero créanme, sí que tiene un mal temperamento a veces, pero es por lo general por mi culpa. Ay queridas, no debí decir eso, ¿verdad? Lo siento profesora. Me encanta ir a la iglesia y enseño en la escuela dominical para niños pequeños cada semana, los amo. Los llamo mis pequeños corderos.

SONIA

La última mujer en ponerse de pie fue Sonia, obviamente una muchacha tímida en la mitad de sus 20 con un largo y poco agraciado cabello castaño. Llevaba puesto vaqueros azules desteñidos y una rebeca sencilla blanca. Se puso de pie y se quedó en silencio por un momento reuniendo valentía para hablar. Cuando lo hizo, su voz era tímida y difícilmente audible.

–Mi nombre es Sonia, y mi pequeña niña se llama Sheree. Ahora va al kínder y tiene tres años de edad. Mi compañero Andrew es un hortelano. No gana mucho dinero pero yo me las arreglo.

SI PUDIERAS VER A TRAVÉS DE LOS OJOS DE UN HOMBRE.

–Gracias chicas– dijo la profesora sonriendo y emocionada. Bien, comencemos.

–¿Han quedado desconcertadas alguna vez preguntándose lo que un hombre ve en cierta mujer? ¿Una mujer que, a nuestros ojos, no parece tener ni un solo atractivo? Aún así, el hombre parece totalmente cautivado por ella. Esto es un misterio, ¿verdad?

–Sin embargo, esto no sería ya un misterio si pudiéramos mirar a través de los ojos de un hombre. Descubrirán que su punto de vista de ella es muy diferente al nuestro. Los hombres NO ven ni piensan como lo hacemos las mujeres. Sus necesidades son totalmente diferentes a las nuestras.

–Las cosas que nosotras admiramos de otras, no son las cualidades que son atractivas a los hombres. De hecho, con bastante frecuencia son las cualidades que nosotras condenamos en otras mujeres, las que son más fascinantes y atractivas para los hombres.

–Ahora, comencemos por resolver este gran misterio.

–Primero, ¿qué tipo de mujer impresiona a otras mujeres?

–¿Sí Beth? La delgada estudiante de Derecho de cabello oscuro había levantado su mano.

–Creo que admiramos a una mujer serena y vestida a la moda. Una que parezca ser inteligente y talentosa y tenga una posición importante.

–Buena respuesta Beth. Sí, creo que eso es cierto para la mayoría de todas las mujeres. Ahora, veamos al tipo de mujer que impresiona a un hombre. Vamos a mirar a través de los ojos de un hombre.

EL TIPO DE MUJER QUE IMPRESIONA A UN HOMBRE

–Los hombres quedan impresionados con la compasión, la alegría, la inocencia infantil y el encanto en una mujer. Mientras más femenina, tierna, pura y confiada parezca ser, más atractiva se vuelve para él. La vivacidad también realza estas cualidades.

–Ahora, recordemos que aquí estamos hablando de amor. Un hombre puede fácilmente sentirse atraído a un nivel sexual a una mujer promiscua que no tenga ninguna de estas cualidades, pero nunca podrá amarla. Es importante que entendamos esta diferencia.

–La sexualidad en una mujer puede estimular la lujuria, pero no provoca el amor en un hombre. El amor es despertado por cualidades femeninas sanas tales como la compasión, la pureza, la alegría, la confianza y la dependencia.

–Vivir los principios de Mujer Fascinante saca a relucir estas cualidades femeninas en nosotras, cualidades que conmocionan y ablandan el corazón de un hombre. Nosotras provocamos en ellos el deseo de apreciarnos, abrazarnos y adorarnos. Nos hacemos fascinantes y encantadoras para él.

–Y no solo para nuestros esposos, sino para casi todos los hombres, incluyendo nuestros hijos. Me llevo muy bien con mis cuatro hijos desde que comencé a vivir Mujer Fascinante. Es en realidad estremecedor. Todos están casados, pero me visitan con frecuencia y en realidad me engríen.

–Ahora, la cara con que naciste no importa tanto. Tu esposo ya ha aceptado eso. Además, cuando lo haces sentir maravilloso, te verás bella para él, no importa cómo luzcas. Aprenderás cómo hacerlo sentir maravilloso.

Cuando vives todos los diez secretos de Mujer Fascinante, los resultados son increíbles.

Ángela no pudo evitar sonreír ante el entusiasmo infantil de la profesora. –No puede ser tan bueno,- pensó. Aún así, el entusiasmo de la profesora era contagioso y Ángela se sintió emocionada también y ansiosa por conocer más. Harmony era en realidad una profesora inspiradora.

–Bien, ¿están listas para el primer secreto? El primer secreto necesita ser vivido antes de que puedan ver los resultados reales de poner en práctica los secretos Dos, Tres y Cuatro.

–Este primer secreto es muy importante. Probablemente sea el más desafiante de todos los diez.

Se volvió a la pizarra y tomando el rotulador escribió:

SECRETO NÚMERO UNO

Acéptalo como es
Mira su lado bueno

Entonces, dándose la media vuelta dijo, –Este secreto es la SEGUNDA necesidad más importante de tu hombre. Aprenderemos su necesidad más importante la próxima semana; pero su segunda necesidad más importante es que lo aceptes como es y que NO TRATES DE CAMBIARLO.

Les repito, la segunda necesidad más importante de sus esposos es que los acepten tales y como son y que no traten de cambiarlos.

Aceptarlo como es, significa que aceptas todos sus hábitos, sus debilidades, sus sueños, la falta de ellos y sus creencias u opiniones. Lo aceptas como otro ser humano, en parte bueno, en parte malo, sencillamente como tú.

Nosotras las mujeres tratamos de cambiar a nuestros esposos pero ellos no cambian. Este es un error común en todas nosotras.

Por qué no deberías tratar de cambiar a tu esposo

Cherry, la rubia y robusta mujer joven levantó su mano.

–Sí, Cherry?

–Usted dice que no debemos tratar de cambiar a nuestros esposos, pero yo amo a mi esposo y solo trato de cambiarlo por su propio bien, para su propia felicidad. Eso no puede estar mal, ¿o sí?

–Cherry, tratar de forzar a un hombre a cambiar siempre crea problemas– dijo la profesora–. Sencillamente eso no funciona con los hombres. Sí, un hombre puede ceder ante tu persistencia solo por mantener la paz, pero en realidad no ha cambiado, no dentro de sí. Por hacer esto pagamos un alto precio, por querer obtener las cosas a nuestra manera. Él se vuelve resentido y frío y retira la mayor parte de su amor.

–¿Por qué sucede esto? Porque cuando tratamos de cambiar o mejorar a nuestros esposos, les estamos diciendo que no estamos satisfechas con él tal y como él es. Su susceptible orgullo masculino es herido.

–Él conoce sus debilidades pero necesita que admires sus fortalezas, no que llames la atención a sus imperfecciones. Tu esposo necesita tu admiración así como tú necesitas su amor.

–Cuando tratas de cambiarlo, él se siente de la misma manera que te sentirías tú si te dijera en tu propia cara que ya no te ama más.

–Esa es la razón por la que un hombre se enoja tanto con algo que para ti no tiene esa gran importancia. Puede que salga y tire la puerta y no te hable por horas. Aún los más tranquilos no abren la boca. Como dijimos antes, los hombres son muy diferentes de las mujeres.

–No, tratar de cambiar a un hombre no funciona. Eso debilita su amor por ti. Eso socava su autoestima y su hombría. Puede sentirse indigno de ti. Eso también genera resentimiento.

Elsy, la señora adulta, levantó su mano y dijo, –Sí, eso es tan cierto. Hay un viejo refrán que dice, *"Si su madre no pudo cambiarlo, ¿qué te hace pensar que tú podrás?"*–

Mumtaz

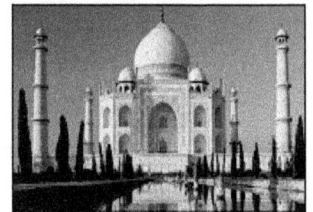

El bello Taj Maḥal, construido por el emperador en memoria de su esposa favorita Mumtaz

Shah Jahan, esposo de Mumtaz

–Sí Elsy, evidentemente NO FUNCIONA. Mientras más lo presionas, más se resiste a cambiar. Así son los hombres. Sencillamente tenemos que aceptarlo.

–Cuando tratamos de cambiar a nuestros esposos, tendrá la tendencia de pasar más tiempo fuera de la casa. Buscará la compañía de aquellos que lo aceptan. Quizás en su lugar de trabajo, o con sus amigos. A veces con otra mujer. O sencillamente se cerrará delante de la TV o de una computadora y no te hablará.

–Tendrá también la tendencia de criticarte, o de ser frío contigo, o difícilmente te hablará.

Ángela se retorció cuando trató de racionalizar la culpa que sentía brotar dentro de ella. Nunca había aceptado la falta de educación de Ted, especialmente su falta de ortografía y su pobre habilidad para leer. De cierto que como profesora de una escuela ella tenía la obligación de ayudarlo.

Sonia, la mujer joven con el pelo teñido de pardo, levantó la mano tímidamente y preguntó, –Pero, ¿mejorará mi compañero si lo acepto tal y como es?

–Casi con toda certeza Sonia. Esa es la única manera en la que lo hará. Los milagros suceden cuando un hombre se siente completamente aceptado por la mujer que ama. El cambio verdadero solo viene de adentro. Eso tiene que ser idea de él. Él tiene que QUERER hacerlo para ti.

–Recuerden, ellos conocen sus propias debilidades. Mientras más te ama un hombre, más querrá complacerte. Un hombre hará cosas increíbles por complacer a la mujer que ama.

–El famoso y bello Taj Mahal en India fue construido por un emperador en memoria de su esposa favorita Mumtaz. La amó mucho. Ella le dio a luz 14 niños y él lloró amargamente cuando ella murió.

–Él también le construyó un magnífico palacio de mármol blanco cuando aún vivía.

–Nosotras podemos también provocar esos sentimientos nobles y galantes en nuestros esposos, pero necesitamos cambiar nosotras mismas primero.

ACEPTANDO SU BORRACHERA Y HOLGAZANERÍA

Bev, la mujer con sobrepeso y con cabello rojo anaranjado levantó su mano.

–Sí, Beverley.

–Llámeme Bev, todos los hacen. ¿Podemos regresar un momento a eso de aceptarlos? Mi esposo tiene un problema crónico con la bebida. ¿Por qué debería aceptar eso? Gasta una pequeña fortuna cada semana en su cerveza y no mueve un dedo para ayudarme en la casa. Se sienta pegado en frente de sus programas deportivos de la televisión todo el fin de semana. ¿Por qué debería aceptar eso?

Ángela sintió desesperación en la grave voz de Bev.

–Yo también tengo un adicto al deporte– dijo otra mujer, y otras hablaron también.

La profesora sonrió y levantó su mano pidiendo silencio.

–Antes que nos pongamos demasiado superiores moralmente y críticas con respecto a nuestros esposos, vamos a echarnos un buen vistazo a nosotras mismas. ¿Somos nosotras tan perfectas? Bien, a algunas de nosotras nos gustaría que nuestros esposos dejaran de beber, su afición por el deporte y otros hábitos. Pero, ¿qué acerca de nuestro chocolate? ¿Qué acerca de nuestros pasteles y bizcochos? ¿De nuestro café y nuestro té? ¿Nuestras bebidas gaseosas? ¿Cuán fácil podríamos dejar todo eso?

¿Y cuán exitosas somos al mantenernos a dieta? ¿Y los programas deportivos? ¿Cuántas somos adictas a las novelas?

Y con respecto a los esposos holgazanes, ¿a qué hora logramos salir de la cama en las mañanas cuando de nuestro deseo se trata?

¿Y qué de las palabrotas y la violencia? ¿Alguna vez les hemos gritado a nuestros niños, o les hemos golpeado estando airadas? Con frecuencia las faltas que nos desconciertan de nuestros esposos son las mismas que tenemos nosotras.

Una de las lecciones más útiles que podemos aprender en la vida es dejar de culpar a otros por nuestros propios problemas y debilidades. Solo podemos

comenzar a cambiar cuando aceptamos la responsabilidad por nuestros propios problemas.

Ya sé que los hombres hacen muchas cosas que nos molestan. Trabajan hasta tarde sin avisarnos. Nos irritan. Ensucian el piso. Dejan la ropa por todos lados. Sus caras pinchan. A veces apestan por el sudor, y con frecuencia no vienen a comer cuando los llamamos.

–Y dejan la tapa del inodoro levantada– dijo Cherry con una risita. La clase rió.

–Sí Cherry, esa siempre sale a flote. Aún así, tenemos que aceptar a nuestro hombre como es. Necesitamos perdonarlo y mirar a su lado bueno.

QUÉ HACER CUANDO UN ESPOSO ES INFIEL

Diane, la mujer delgada con ropas oscuras levantó su mano con indecisión.

–Diane, ¿tienes una pregunta?– dijo la profesora.

–La voz fina de Diane era emocional y titubeante mientras hablaba. Mi primer esposo me fue infiel con otra mujer. El que tengo ahora, también lo fue hace tres años atrás. Nunca los he perdonado a ninguno de los dos por haberme hecho eso. Entonces rompió en sollozos.

La profesora se puso rápidamente al lado de Diane y la rodeó con su brazo tiernamente y la consoló.

Luego le dijo gentilmente, –Diane, los secretos que aprendemos en este curso ha unido a miles de parejas que han pasado por esa experiencia devastadora. –

Dicho esto se dirigió regresó al frente de la clase, hizo una pausa y luego habló con una voz seria:

–Una mujer debe esperar dos cosas en el matrimonio, fidelidad y sostén económico.

–Vamos a tratar primero con la fidelidad. No puedes minimizar el respeto a ti misma viviendo con un esposo que CONTINÚA siéndote infiel. Esto te llevará a un deterioro físico y psíquico de tu salud.

–Si esto está sucediendo, esto es lo que te sugiero que hagas con toda sinceridad. Primero, sé lo suficientemente humilde como para reconocer tu parte de culpa en el problema. Pregúntate: –¿qué hice o dejé de hacer, que puso el fundamento para que mi esposo

Un hombre tenso y malhumorado está con frecuencia en un trabajo estresante e inapropiado para sus talentos y temperamento

El hombre olvidadizo y descuidado es con frecuencia un profundo pensador e inteligente con su

se involucrara con otra mujer? Entenderás esto con más claridad cuando hayas completado este curso.

–Corrigiendo estos errores normalmente los trae de vuelta, aún en casos difíciles. Pero si él PERSISTE, tienes que pedirle que escoja entre las dos o lo abandonarás. Y PREPÁRATE A CUMPLIR CON TU PALABRA. Eso es lo ÚNICO que puedes hacer que lo traerá de vuelta finalmente a sus cabales.

Lo mismo se aplica al esposo que no te sostiene económicamente.

Estos son los dos derechos dados por Dios que cada mujer debe esperar de su esposo. Con tal que hayas cumplido fielmente con tu parte como esposa, Dios te apoyará cuando los reclames.

Ángela se sintió agradecida de que Ted nunca se había involucrado con otra mujer; al menos que ella supiera.

El esposo que parece holgazán en la casa puede que esté poniendo todas sus energías en su empleo fuera de la casa para proveer para su familia

Perdónalo por sus errores pasados

–Aún si tu esposo te ha fallado en estas dos áreas en el pasado, perdónalo ahora en tu corazón, mientras pones en práctica los principios de Mujer Fascinante.

–No puedo– soltó Diane aún sollozando–. Usted no sabe cuánto duele.

–Solo perdonarlo aliviará la herida, Diane. Quizá será lo más difícil que harás en tu vida. Pero la Biblia dice, – "Lo que siembres, eso cosecharás".– Esta primera ley de Mujer Fascinante te pide que primero tú siembres semillas de perdón. Luego, en los años que vendrán, podrás cosechar amor para toda la vida y ternura de tu esposo.–

–Pero tenemos que aceptarlos completamente, y perdonarlos completamente en nuestros corazones por todos sus errores pasados. Ningún hombre puede amar a una esposa malhumorada y resentida.

–Ahora, por favor escúchenme atentamente. Esto es muy, muy importante. Algunas de ustedes, quizás todas ustedes, abrigan resentimiento en sus corazones hacia sus esposos por la manera en que las han herido en el pasado. Quizás heridas severas, como el que ha experimentado Diane. Ese resentimiento está excluyendo tu amor. Déjalo ir. Saca el veneno a través de perdonarlo. Quizás necesites arrodillarte humildemente ante Dios y pedirle Su ayuda. Libérate del resentimiento. Perdónalo.

–Su manera actual de tratarte puede ser el resultado de experiencias infelices en la niñez cuando solo era un chico.

–Cuando liberes tu resentimiento, el amor fluirá nuevamente a tu corazón. Solo entonces podrá Mujer Fascinante crear para ti el bello matrimonio de tus sueños.

Mira a su lado bueno

La profesora tomó una pequeña estatua de un hombre y la sostuvo en alto. Un lado estaba pintado de un gris oscuro sin brillo y el otro lado de un blanco puro. Lentamente, giró la estatua hasta poner la parte gris fuera del alcance de la vista de la clase, para que solo pudiera ser vista la parte blanca.

–De ahora en adelante, solo miraremos el lado bueno de nuestros esposos. Así como esta pequeña estatua, la parte gris representa las faltas de nuestro esposo; la parte blanca, sus virtudes, su lado bueno.

–Algunas de ustedes pueden estar pensando: mi esposo no tiene ninguna virtud, ni ningún lado bueno.

Sí que lo tiene. Piensa en aquellos días en los que estaban cortejándose. ¿Te hubieses sentido atraída hacia él si no hubiese tenido ninguna virtud o un lado bueno? Te sorprenderás a medida que hagas tu primera tarea esta semana de cuántas virtudes sí tiene tu esposo.

¿Son sus faltas virtudes escondidas?

–Con frecuencia lo que parecen ser faltas en un hombre son en realidad virtudes escondidas. Por ejemplo, el esposo que parece ser holgazán en la casa, puede que esté poniendo todas sus energías en su empleo fuera del hogar, para proveer para su familia.

–Un hombre grosero, ofensivo, es con frecuencia uno de gran calibre que no es valorado por su jefe o por su esposa.

–Un hombre tenso y malhumorado o que fuma sin parar, está con frecuencia en un trabajo estresante, inapropiado para sus talentos y temperamento.

–El hombre olvidadizo y descuidado con frecuencia es un profundo e inteligente pensador con su mente puesta en cosas más importantes.

–Muchos alcohólicos son hombres sensibles tratando de borrar la culpa y la vergüenza.

–Mujer Fascinante te promete recompensas estremecedoras cuando aceptas a tu esposo tal y como es. Su reacción es como la del que está profundamente conmovido. Puede que lo estés librando de una terrible carga que ha estado llevando por años.

¿POR QUÉ DEBERÍAS PERMITIRLE SU LIBERTAD?

–Como mujeres, tenemos la llave para desatar la bondad en nuestros hombres. Por lo tanto, se requiere que nosotras primero los perdonemos. Entonces tenemos que confiar en ellos y permitirles una libertad completa. El crecimiento personal solamente viene a través de la libertad.

–No deberíamos restringir a nuestro esposo, o aferrarnos tanto a él. Eso lo hace sentir atrapado. Solo lo hacemos porque tememos perder su amor, pero él se sentirá MUCHO MÁS ATRAÍDO HACIA NOSOTRAS cuando mantengamos un aire de libertad, misterio y confianza en nosotras mismas; justo como lo hicimos cuando nos estaban cortejando.

–Sin embargo, nunca debemos darle la impresión de que no lo necesitamos. Necesitamos ser un espíritu libre y escurridizo pero dependiente de él en cuanto a apoyo y protección. ¿Pueden entender lo que quiero decirles?

–Este es un comportamiento femenino natural cuando no tenemos temor de perder el amor de un hombre. Después de todo nosotras no restringimos o nos enganchamos de nuestros padres, ¿verdad? ¿Por qué? Porque nos sentimos seguras en su amor.

–La relación que tenemos con nuestras mascotas, tales como un gato o un perro, también ilustra este principio. Nuestras mascotas tienen un espíritu libre aunque dependen de nosotras para su sostén. Y es por causa de ese espíritu libre que los amamos mucho más, ¿cierto? El verdadero amor no puede ser forzado. El verdadero amor requiere libertad.

–Si tu hombre llegara a usar alguna vez su libertad para maltratarte o desatenderte de alguna manera, el

Secreto Número Diez te muestra cómo pararte delante de él y ganarte su respeto. Ningún hombre puede amar profundamente a una mujer que le permite maltratarla o usarla como una alfombra.

–Volvamos ahora nuevamente a la pregunta de Sonia, ¿Mejorará un hombre si dejamos de tratar de cambiarlo?

–En respuesta a esto digo, si tú vives todas las diez leyes de Mujer Fascinante, la mayoría de las faltas de tu hombre tenderán a desaparecer. Se convertirá en un hombre más bueno y noble. He visto suceder esto una y otra vez, pero necesitas darle completa libertad para vivir su vida como crea conveniente mientras tanto te mantenga y te sea fiel.

No te convertirás en una alfombra. Solo ten paciencia y dale tiempo a Mujer Fascinante para que funcione. Toma tiempo cambiar los viejos hábitos.

–Nuestro tiempo casi se acaba. Ahora les voy a pasar una lista con las tres tareas para esta lección. No voy a fingir que son fáciles de hacer, pero producen excelentes resultados. En el reverso de la hoja verán una lista de virtudes masculinas para ayudarte con la Tarea Número Uno.

Ángela tomó su copia y comenzó a leer con interés.

TAREAS: SECRETO NÚMERO UNO

TAREA UNO: **Haz una lista de todas las virtudes masculinas de tu esposo. Léelas cada mañana y cada noche. Síguelo haciendo hasta que te las hayas aprendido de memoria.**

TAREA DOS: **Perdónalo en tu corazón por todas las veces que te hirió en el pasado. Pídele a Dios que te ayude si es necesario.**

TAREA TRES: **Di entonces lo siguiente a tu esposo, tócalo mientras lo hagas:**

"Me alegra que seas la clase de hombre que eres. No siempre te he apreciado y he cometido algunos errores tontos. Lo siento, me alegra que no me hayas dejado mangonearte. Me alegra que seas como eres. De ahora en adelante trataré de ser una esposa maravillosa para ti"

(Puedes parafrasear esta declaración con palabras que sean más naturales para ti si así lo prefieres, pero no disminuyas su impacto.)

A medida que Ángela iba leyendo las tres tareas sintió su entusiasmo desvanecerse. No podía pensar en ninguna virtud que Ted tuviera. Y no habría manera alguna que ella pudiera disponerse a decirle las palabras de la tarea número tres. Primero estaría dispuesta a morir.

–Ahora, completen las tres tareas lo más rápido que puedan, preferiblemente antes del fin de semana,–dijo la profesora.

–Estas son el fundamento de Mujer Fascinante. No se sorprendan si sus esposos rompen a llorar cuando les digan lo que les pide la tercera tarea. Muchos esposos lloran al escuchar a sus esposas decir esto. Pero por favor, sean sinceras, díganlo con intención.

–Para concluir la clase de esta noche, he invitado a Joanne y a Beryl, quienes ya han pasado el curso. Ellas han aceptado amablemente compartir con nosotras sus experiencias al aplicar este primer secreto. Primero vendrá Joanne y luego Beryl.

***

Joanne (Historia Real)

–El matrimonio para mí a los 20 años era un acuerdo por medio del cual yo podía comenzar a cambiar a mi nuevo esposo para que se convirtiera en el hombre que yo quería que fuese, y sacar de él todo lo que pudiera. Se me había enseñado que el matrimonio era negocio de 50/50, y que yo debía hacer todo lo que pudiera para que mi parte estuviese cumplida.

–Siete tormentosos años después comencé a ver la confusión que había creado, un esposo muy infeliz y beligerante que se había refugiado en sí mismo y niños que también reflejaban nuestra situación en el hogar.

–Comencé a orar y preguntarle al señor qué estaba mal. En ese momento escuché de este curso.

–Durante el curso busqué poner en práctica lo que se me estaba enseñando y vi cómo mi esposo

comenzó a derramar atenciones sobre mí. Para el fin del curso nuestra relación era más agradable y estaba mucho más enriquecida que lo que fue en nuestra luna de miel. Mientras que antes, estaba concentrada en sus faltas, ahora, esas mismas faltas, de alguna manera, eran los puntos que podía en realidad admirar. Me encontré a mí misma en la frescura de un nuevo amor por él.

–Él comenzó a decirme, por primera vez en años, que me amaba. Desde ese entonces, nuestra vida juntos ha estado mejorando y creciendo en amor y en amistad.

Por primera vez me siento satisfecha y realizada como mujer y agradecida por el maravilloso regalo de feminidad que Dios me ha dado a mí y a todas las mujeres.

***

Beryl (Historia Real)

–Mi esposo y yo hemos estado casados por 21 años. Siempre había pensado que teníamos un matrimonio maravilloso, eso, en la primera mitad del tiempo. Luego cosas comenzaron a suceder. Tenemos siete hijos a los cuales amamos mucho, pero eso no fue suficiente para mantener unido nuestro matrimonio.

–Una amiga había estado tratando de que me interesara en este curso, por lo que en desesperación pensé que debía tratar.

Mi esposo en ese momento estaba planificando dejarme. Le había dicho que era lo mejor puesto que ya no teníamos nada en común. Él se encontraba a 200 millas de distancia buscando un nuevo trabajo, por lo que tenía que actuar rápido.

–La noche en que vino a casa apliqué la tarea de aceptarlo y decirle que lo aceptaba. Le dije que quería de veras que me diera la oportunidad de probarle que yo cambiaría. No me dijo nada.

–La próxima noche le pregunté si había pensado en lo que le había dicho y me dijo, –Sí–, pero que estaba convencido que no funcionaría. Estaba tan desalentado, desilusionado e infeliz que pensó que lo único que podía hacer era marcharse por su propia voluntad.

–Lloré toda la noche.

–A la mañana siguiente me preguntó si lo que le había dicho era cierto y le dije, –Sí–. Me dijo que siempre me había amado, que en realidad no quería dejarme y que su jefe le había ofrecido un aumento de salario si se quedaba. Luego me abrazó como si no me quisiera dejar ir nunca.

–Recuerdo nuestro primer año de matrimonio, cuando besaba mis pies y me llamaba –Mi pequeño ángel–. Me pregunto cómo pude haber sido tan tonta como para decepcionarlo como lo hice. Pero me siento muy bendecida de haber tenido otra oportunidad.

***

–Muchas gracias Beryl, y a ti también Joanne por venir esta noche y compartir sus experiencias con nosotras. Mis ojos se llenan con lágrimas de alegría cuando escucho tales experiencias.

–Buenas noches para todas, nos vemos la próxima semana.

***

Cuando Ángela regresó a la casa todo estaba ordenado y los chicos estaban dormidos. Su madre estaba planchando mientras miraba la tele. Ángela se sentía un poco animada.

–¿Cómo te fue, querida?– le preguntó su madre.

–Fue muy bueno mamá. Te hubiese encantado mi profesora pero, no puedo estar de acuerdo con todo lo que dice. Ella nos enseña que debemos aceptar a nuestros esposos tal y como son y no tratar de cambiarlos. ¿Alguna vez lo hiciste con papá? Quiero decir, ¿trataste de convertirlo en un mejor hombre?

–Bueno Ángela, como sabes, tu padre era un hombre bondadoso y yo me molestaba cuando estaba sola en casa mientras él estaba fuera ayudándole a todo el mundo. La gente se aprovechaba de él a veces. Sí, supongo que traté de cambiar esa parte de él, pero nunca lo hizo. Mirando atrás ahora puedo ver que yo fui egoísta. Yo era la que necesitaba cambiar.

–Sí, puede que haya sido un poquito dura con Ted a veces también.

–Gracias por cuidar de los niños mamá. Fue bueno saber que estabas aquí encargándote de todo. Después que su madre se hubo ido, Ángela se sintió demasiado estimulada como para ir a la cama. Encontró un cuaderno y un bolígrafo y se sentó en la mesa de la cocina para comenzar su primera tarea.

–Dudaba que podría encontrar algo bueno acerca de Ted. Volteó la hoja de la tarea y comenzó a leer las virtudes que aparecían en la lista.

VIRTUDES MASCULINAS

Abierto	Acicalado
Activo	Adaptable
Administrador del dinero	Afectuoso
Afortunado	Ágil
Agradable	Agradecido
Alegre	Alentador
Alto	Amable
Animado, enérgico	Apasionado
Aplicado	Apuesto
Artístico	Atento
Atlético	Audaz, atrevido
Autoritario	Buen parecido
Bronceado	Buen conductor
Buen navegante	Bueno, atractivo
Cantante	Capaz de recuperarse
Cariñoso	Cariñoso con los niños
Certificado, capacitado	Chistoso
Competente	Comprensivo, que apoya
Concienzudo	Confiado
Considerado	Constante
Cortés	Culto
Curioso	Decente
Deportista	Desbordante de vida
Desinteresado	Devoto
Digno	Digno de confianza
Diligente	Dinámico
Disciplinado	Discreto
Dispuesto a cooperar	Distinguido
Divertido	Educado
Eficaz, real	Eficiente
Elegante	Elocuente
Encantador	Enérgico
Entendido	Entusiasta
Erudito	Esbelto
Espabilado	Espiritual

Espontáneo	Estable
Exitoso	Extrovertido
Feliz	Fiable
Fiel	Firme
Fornido	Fotogénico
Fuerte	Fuerte físicamente
Galante	Generoso
Honorable	Honrado
Hospitalario	Humilde
Humorístico	Ilustre
Impresionante	Indulgente
Ingenioso,	Innovativo
Inspirador	Inteligente
Interesante	Jardinero, hortelano
Jovial	Juguetón
Juicioso	Justo
Juvenil	Líder
Limpio	Lógico
Maduro, responsable	Magistral, con habilidades
Manitas, factótum	Masculino
Meticuloso	Moderado
Modesto	Musical
No fumador	Noble
Nostálgico	Optimista
Ora a Dios	Ordenado
Paciente	Pacífico
Perfeccionista	Persistente
Perspicaz	Perspicaz para los negocios
Persuasivo	Piensa lo que dice
Poético	Popular
Positivo	Práctico
Profundo	Progresista, moderno
Próspero, exitoso	Protector
Prudente	Puntual
Receptivo	Relajado
Resignado	Resuelto
Rico	Robusto
Romántico	Sabio
Saludable	Sano, positivo
Satisfecho, contento	Se expresa con fluidez
Seguro	Seguro de sí mismo
Sensato	Sensato al vestir
Sensible	Sentimental
Sereno	Serio
Servicial	Severo
Simpático	Sincero
Sociable	Sofisticado, fino
Sólido, musculatura dura	Sonrisa agradable
Superior	Sutil, astuto
Talentoso	Tierno

Tolerante   Tranquilizador
Tranquilo   Valiente
Varonil   Zalamer

Ángela quedó estupefacta. A medida que leía se sorprendía más porque Ted tenía la mayoría de esas virtudes, especialmente si miraba la forma en que trataba a otros y no a ella misma.

Sí, él tenía cuidado de los demás, era cortés, serio, digno, disciplinado, perdonador, simpático...

–¿Pero solo con los demás y no conmigo?– dijo en voz alta.–¿Era así conmigo porque yo traté de cambiarlo?–, pensó. Su pésima falta de ortografía y su poco desarrollado hábito de lectura la habían avergonzado siempre. Ella había tratado de que él tomara clases nocturnas. Le había traído algunos libros de la biblioteca de la escuela para hacer que le gustara la lectura.

Pero él nunca había mostrado interés. De hecho, recordando un poco, parecía que a él lo hacía sentirse molesto.

También lo había molestado para que fuera con ella a la iglesia cuando se casaron. Eso también parecía molestarle a él.

–Y siempre le reclamaba que viniera más temprano desde que había comenzado su propio negocio. Ángela estaba hablando en voz alta nuevamente.Eso tampoco funcionó.

Cuando Ángela se sentó a la mesa pensó en los años de su matrimonio.

Lentamente comenzó a darse cuenta que donde le había expresado su desaprobación a Ted, él parecía empeorar. ¿Por qué no había notado eso ella antes?

Ángela tomó un bolígrafo y comenzó a escribir las virtudes de Ted. Había revisado solo la mitad de la lista cuando se dio cuenta que su actitud hacia Ted estaba cambiando profundamente. Sintió que estaba tomando otro rumbo en su vida. Se dijo a sí misma, –Lo cierto es que Ted tiene más de la mitad de estas virtudes. Ami estaba en lo cierto después de todo. ¿Dónde voy a encontrar a un hombre mejor que Ted? Él tiene sus faltas, pero podría aceptarlas si en realidad me amara.

Una profunda tristeza la invadió.

Ángela finalmente terminó de escribir las virtudes de Ted. Se preguntó cómo podía ser posible que pudiera recordarlas todas.

Luego leyó su segunda tarea, –Perdónalo en tu corazón por todas las veces que te hirió en el pasado. Ora a Dios por ayuda si es necesario.

Era raro, Ángela no se sentía como para recordar las heridas causadas por Ted. Todo lo que podía pensar era en las numerosas virtudes que había anotado. Pero aún sentía una profunda tristeza al pensar que ya Ted podía no amarla más.

Arrancó las dos hojas de la libreta y las dobló cuidadosamente.

Mientras se cepillaba los dientes antes de ir a la cama, Ángela decidió que debía orar por ayuda para perdonar a Ted de todas formas. Por eso se fue a la habitación vacía de Tiphony, cerró la puerta y se arrodilló en la alfombra en la oscuridad y oró audiblemente con una voz susurrante.

Las palabras fluyeron fácilmente. Ángela agradeció por su amiga Ami, por sus buenos padres y por haber sido guiada a Mujer Fascinante. Luego añadió: –Por favor, ayúdame a ver lo que he hecho mal en mi matrimonio. Por favor, ayúdame a aceptar a Ted como él es, y a sus debilidades. Ayúdame a perdonarlo por todas las veces que me hirió. Y por favor, ayúdalo a perdonarme por todas las veces que yo lo he herido.

Mientras Ángela decía las últimas palabras, un sentimiento de amor puro fluyó de repente en ella. Instantáneamente disipó su tristeza y le trajo lágrimas de gratitud a sus ojos.

Una visión de un Ted más joven llenó su mente. Él estaba bailando con ella y la abrazaba tiernamente. Recordó sus suaves y tiernos besos y sus miradas amorosas, la manera en que sus fuertes manos buscaban a veces las de ella.

Por primera vez en años, el amor por Ted brotó en el corazón de Ángela. Se sentó en el suelo en la oscuridad y sollozó por largo tiempo, dejando que las cálidas lágrimas bajaran libremente por sus mejillas.

Aunque estaba oscuro, sintió como si hubiese salido a la luz del sol y a un cielo azul, después de haber estado perdida en una oscura cueva subterránea por meses.

***

CAPÍTULO NÚMERO CINCO

SECRETO NÚMERO DOS
ADMIRA SUS CUALIDADES MASCULINAS.

Ángela sentía que ahora había llegado al punto en el que podía aceptar completamente y perdonar a Ted. Sin embargo, el solo hecho de enfrentarlo cara a cara la aterraba.

Ami la animó, pero ella sabía que no podría hacerlo. Y aún, si pudiera armarse de valor para tratar, estaba segura que lo echaría todo a perder y se haría quedar en ridículo.

Como no había hecho su tercera tarea debido a su miedo, Ángela no quería enfrentar a su profesora nuevamente en la noche del miércoles. Incluso consideró abandonar el curso, pero entonces tendría que enfrentar a Ami.

Por eso, cuando su madre llegó en la tarde del miércoles para cuidar de los niños, Ángela se despidió y condujo hasta su clase, llena de ansiedad.

***

La profesora de Mujer Fascinante, Harmony, se encontró con Ángela en la puerta del aula y le sonrió. Ángela se ruborizó, luego soltó que como estaba separada de su esposo nunca sería capaz de armarse de valor para decirle las palabras de aceptación de la Tarea Número Tres.

Harmony le dio una gentil palmadita en el brazo y le dijo: –No te preocupes Ángela. La mayoría de las mujeres que viven con sus esposos no logran armar el coraje para hacerlo hasta más adelante en el curso.

–No te sientas mal acerca de tu separación. Una separación corta puede ser bueno cuando un matrimonio está en problemas. ¿Por qué no le escribes la tarea en una nota y se la entregas?

El ánimo de Ángela se levantó de inmediato. – ¿Puedo hacerlo de esa manera?

–Esa es la mejor manera cuando la comunicación se ha roto, –le dijo la profesora sonriendo.

Ángela tomó su asiento en la primera fila enormemente aliviada. Sí, ella podría darle a Ted una nota.

–Buenas noches damas, –dijo la profesora alegremente. –Qué agradable verlas a todas de regreso nuevamente, y también a nuestras dos visitantes, Rosalyn y Donna. Estaremos escuchando acerca de ellas más tarde.

–Ahora, antes de que aprendamos el secreto número dos, vamos a ver cómo les fue con las tareas del secreto número uno. ¿Cuántas de ustedes completaron las tres tareas?

Solamente Elsy, Helena, Marina y Sonia levantaron sus manos. La profesora miró desilusionada. –Bien, ¿quiénes completaron la primera?– Todas las manos excepto las de Bev se levantaron. La profesora sonrió nuevamente.

–Muy bien. Por favor, trabajen en las otras dos si no las han hecho aún, especialmente la última donde les dicen que los aceptan. Si no logran tener coraje para decirlo cara a cara, escríbanle una nota y entréguenselas con una dulce sonrisa.

–Ahora, estoy segura que ya alguna de ustedes ha tenido resultado al aplicar el Secreto Número Uno durante la semana. ¿A quién le gustaría compartir su experiencia con nosotras?

Kathy levantó rápidamente su mano. La profesora la miró agradablemente sorprendida.

–Kathy, vamos a escucharte. Ven aquí al frente y compártelo brevemente con nosotras.

La cara animada de Kathy brillaba mientras hablaba.

***

Kathy (Historia Real)

–En realidad tengo un esposo maravilloso, pero tiene algunos hábitos que yo desapruebo, especialmente su hábito de fumar. Siempre lo hice salir al garaje si quería hacerlo.

Después de aprender el secreto de la aceptación, me di cuenta cuán injusta había sido con él. Cuando vino a casa la próxima noche, le confesé mis sentimientos y le pedí perdón por la manera horrible con que lo había tratado, y le dije que lo aceptaba tal y como era.

Mi esposo fue tocado tan tiernamente que lloró. Más tarde en esa noche me dijo que me amaba por primera vez en dos años y durmió abrazado a mí toda la noche.

–Gracias Kathy–, dijo la profesora, parpadeando para retener las lágrimas – ¿Alguien más tiene una experiencia que contar?

Varias manos se levantaron.

–Cherry, vamos a escuchar la tuya y luego tendremos que comenzar con la lección de hoy.

Cherry se puso de pie y caminó rápidamente al frente de la clase, sus grandes ojos brillaban.

***

Cherry (Historia Real)

–Mi esposo siempre ha sido bastante amigo de salir con sus compañeros casi cada noche y hasta el amanecer. Cada vez yo me enojaba mucho con él. Después de entender el secreto de aceptarlo, sin embargo, le di al asunto un enfoque diferente.

–Tenía la cena puesta en la mesa y lo había llamado para cenar cuando, uno de sus amigos llamó a la puerta queriendo que él saliera. Se puso su chaqueta y me dijo que se iba y que no esperara despierta por él.

–Mi primer impulso fue explotar, pero me aguanté y en vez de eso le dije –Oh, pienso que es una buena idea, en realidad necesitas irte por un rato. Que lo pases bien, tendré algo para ti de comer para cuando regreses.

–Su reacción fue una de gran sorpresa. Él se fue, pero en 45 minutos estaba de regreso con muy buen ánimo y con una caja de chocolates para mí.

Pasó el resto de la noche solo hablándome y ayudándome.

***

–Eso es en realidad muy conmovedor, Cherry– dijo la profesora– ¿Pueden ver cuán bien funcionan estas verdades chicas?

–Ahora, antes que pasemos al secreto de esta noche, hay un último punto que debo tocar acerca del Secreto Número Uno, aceptando las faltas de nuestro esposo.

CUANDO UN HOMBRE IGNORA UNA DE SUS FALTAS

–Hay momentos en los que tu esposo ignora por completo una de sus faltas. Quizás seas la única persona que se interese tanto por él como para decírselo.

Esto me sucedió una vez. Mi esposo es un doctor. Unos pocos años atrás, me di cuenta de que estaba comenzando a ser considerado como una persona poco sociable y brusco por muchos de sus pacientes, aún cuando él es un hombre compasivo en su corazón. Era sólo que estaba sobrecargado de trabajo por ese tiempo.

En una situación como esta dile a tu esposo: "quizás esté equivocada, pero me parece que etc, etc, etc."

–Asegúrale al mismo tiempo que lo apoyas y que lo admiras. Entonces di el asunto claramente. Si sigue cometiendo los mismos errores, déjalo que lo haga sin más comentarios. Acéptalo como es.

Hablaremos mas adelante sobre dar consejos femeninos en el secreto número nueve.

Ahora, veamos el secreto número dos. Este secreto satisface la necesidad mas grande de tu esposo.

¿Cuál es la necesidad más grande de sus esposos?

–¿Ser amados? – dijo Marina.

–Esa es la necesidad más grande para una mujer Marina, no la de un hombre– dijo la profesora.

El sensible orgullo masculino de un hombre puede ser herido con facilidad

–La comida– dijo Bev. La clase rió.

–Es más importante aún que la comida.

–Tiene que ser el sexo entonces– dijo Cherry. Más risas.

La profesora sonrió. Luego se volteó y escribió en la pizarra con letras grandes.

ADMIRACIÓN DE SUS CUALIDADES MASCULINAS

–Esa es la necesidad más grande de sus esposos.

Sí, la necesidad más grande de una mujer es ser amada pero la de un hombre es que se le admire.

Él necesita ser admirado y alabado por sus cualidades masculinas y sus logros. Muy en lo profundo de su corazón él lo desea. No puede obtener suficiente. La admiración y alabanza por sus cualidades masculinas es la fuente más grande de satisfacción para tu esposo.

Por tanto, aquí tienen el segundo secreto de Mujer Fascinante. Se volteó para la pizarra y escribió:

SECRETO NÚMERO DOS

Admira sus cualidades masculinas. Nunca hieras su susceptible orgullo

–Esta es la ley más poderosa de todas aquellas de Mujer Fascinante. Aplicar este secreto produce resultados espectaculares. ¿Por qué? Porque la admiración es el alimento del alma de un hombre. Él lo necesita diariamente. Él lo anhela. Él lo reclama. Los hombres darían su vida por esto.

–Por otro lado, al fallar en cumplir esta ley, y al herir el susceptible orgullo masculino de nuestro esposo, le causamos sufrimiento y una herida profunda. Se vuelve muy infeliz. ESTA ES LA CAUSA MÁS COMÚN DE FRACASOS EN EL MATRIMONIO.

¿POR QUÉ LOS HOMBRES TIENEN UN ORGULLO SUSCEPTIBLE?

–Vamos a mirar primeramente a la segunda parte de esta ley: Nunca hieras su susceptible orgullo.

–¿Por qué los hombres lo tienen?

54

–Voy a poner a prueba la humildad de cada una de ustedes aquí. La mayoría de las mujeres encuentran difícil aceptar la verdadera respuesta a esta pregunta, por lo que vamos a tomarla directamente de la Palabra de Dios. Este pasaje de la Biblia es de vital importancia para entender a los hombres.

–Ángela, ¿podrías por favor leer el versículo que he destacado en Génesis?– le dijo la profesora extendiéndole su pesada Biblia con carátula negra– Estas son las dos cosas que Dios le dijo a Eva.

–*A la mujer dijo: Multiplicaré en gran manera los dolores en tus preñeces; con dolor darás a luz los hijos; y tu deseo será para tu marido, y él se enseñoreará de ti*–

Génesis capítulo 3, versículo 16.

–Ahora, la última parte, "él *se enseñoreará (gobernará) sobre ti*" puede que nosotras las mujeres lo encontremos difícil de aceptar. Sin embargo, aceptemos o no la Biblia, la escritura es cierta. En Mujer Fascinante todo se trata de la verdad. Nosotras las mujeres nacimos con un anhelo por un liderazgo masculino fuerte y compasivo mientras que los hombres, con su inmensamente susceptible orgullo masculino y fuertes cuerpos, están programados, por así decirlo, para "*gobernar a las mujeres*" yo misma prefiero la palabra "dirigir".

–Este fuerte orgullo dado por Dios es lo que lleva a los hombres a dirigir, proteger, y proveer para las mujeres. Dios lo ha puesto dentro de los hombres por así decirlo.

Este deseo fuerte en un hombre de proteger y proveer para una mujer es como el instinto maternal que Dios ha puesto en nosotras las mujeres. De la misma manera este instinto nos lleva a proteger y a proveer para nuestros hijos.

CÓMO SE SIENTE UN HOMBRE CUANDO HIERES SU SUSCEPTIBLE ORGULLO MASCULINO

–El orgullo masculino con el que nace un hombre es tan susceptible que, si es desafiado o cuestionado por una mujer, esto lo hiere tan profundo como un cuchillo. Esto con frecuencia provoca una ira inmediata y crueldad. Algunas veces termina en violencia física, pero con más frecuencia, en un profundo resentimiento.

–Un hombre sencillamente no puede soportar que su orgullo sea ridiculizado o menospreciado por su esposa, o por cualquier otra mujer.

–Nosotras las esposas podemos herir profundamente a nuestros esposos sin darnos cuenta. Nuestras palabras pueden causarle un severo sufrimiento mental. Esa es la razón por la que muchos hombres levantan una pared invisible alrededor de ellos mismos. Una pared de silencio para protegerse de ese dolor.

–Dejan de confiar en nosotras y solo en raras ocasiones sostienen una larga conversación con nosotras. No compartirán con nosotras sus sentimientos más profundos, aunque deseen hacerlo.

–Esto puede ser desgarrador para una esposa. Ella se desespera por romper esa pared de silencio. Aún oirá algunas veces cómo su esposo confía sus cosas a otros, compartiéndoles sus pensamientos, problemas y sueños de una manera como nunca lo hace con ella. Esto causa mucho estrés e infelicidad.

El corazón de Ángela estaba latiendo con fuerza. La profesora estaba describiendo exactamente a Ted. Desde hacía años él había dejado de confiarle sus secretos a ella. Recordó cuán doloroso era accidentalmente escucharlo a veces revelar sus planes, ideas y esperanzas a otros. Ted confiaba incluso más en su madre que en ella misma.

Su corazón latió aún más fuerte cuando levantó la mano. –Sí, Ángela– dijo la profesora.

–He tenido exactamente ese problema con mi esposo. Ahora estamos separados como usted sabe, pero si tan solo pudiera comunicarme con él. Él es en realidad un buen hombre. Puedo aceptar eso ahora pero no siento que sea realmente mío en este momento.

Un murmullo de aprobación salió de varias mujeres. Una dijo –Mi esposo es así.

–Sí, es más común de lo que pensamos –dijo la profesora– pero sean pacientes. Vamos a aprender cómo superar eso. Pero primero que todo, necesitamos entender primeramente las muchas maneras en las que podemos herir el susceptible orgullo masculino de nuestros hombres.

No le sugieras que llame a un mecánico

–Ahora, a veces deliberadamente herimos el orgullo de nuestros esposos con una lengua severa y un tono de enojo, pero la mayoría de las veces lo hacemos en broma.

–Nos reímos o nos burlamos de alguna de sus cualidades masculinas, o lo comparamos desfavorablemente con otros hombres.

–Cuando hacemos eso, especialmente enfrente de otros, lo hacemos sentir como si hubiese sido golpeado con un látigo. Puede que no diga una palabra, pero habremos matado su afecto por nosotras, al menos por un tiempo.

–Si esto sigue por un largo período, nuestro esposo insensibilizará sus sentidos para minimizar futuros daños, a veces con la ayuda del alcohol o incluso de las drogas.

Mientras te sonría cariñosamente, todo está bien

–Pero cuando él hace eso, también se insensibiliza con las cosas más delicadas de la vida tales como la música, las flores, los niños pequeños. Puede que se vuelva impotente o un pervertido sexual.

–Sólo la aceptación a largo plazo y la admiración lo traerá de vuelta.

–En casos menos extremos, un hombre levanta una pared de silencio y reserva entre él y la mujer que le está causando la herida.

–Si tu esposo está confiando más en otros que en ti, HAY una pared entre ustedes.

–Has herido su orgullo en el pasado cuando te ha hecho confidencias. No quiere arriesgarse a que lo hieran nuevamente. Quizás esté también resentido contigo.

El rostro de Ángela se ruborizó. Fue como si una venda hubiese sido quitada de sus ojos. Siempre había tenido una lengua sarcástica. De niña ella tenía continuas batallas con sus hermanos. Incluso ahora ellos la evitaban y no había reparado en Ted tampoco.

Algunas veces cuando Ted había compartido sus ideas con ella, las había rechazado como imprácticas, y había arrojado agua fría sobre ellas. Y con frecuencia, cuando estaba enojada con él, se mofaba de su falta de interpretación. Recientemente se había burlado de su inhabilidad para llevar el registro de su trabajo.

No podía recordar cuándo había sido la última vez que lo había alabado o admirado. Recordó las dos páginas de virtudes que había escrito la noche del pasado miércoles.

Mientras estaba sentada allí, un sentimiento de amor y simpatía por Ted, mezclado con un fuerte sentimiento de culpa brotó en ella. Tenía un nudo en la garganta y sentía ganas de llorar.–¿Cómo pude ser tan estúpida? –, pensó Ángela al tiempo que sacudía su cabeza.

–Ahora, –dijo la profesora– ¿cómo logramos que nuestros esposos derrumben esa pared de silencio? Solamente viviendo los secretos de Mujer Fascinante, especialmente este, el segundo.

LAS ESPOSAS PUEDEN HERIR CON FACILIDAD EL SUSCEPTIBLE ORGULLO DE SUS ESPOSOS

Marina levantó su mano. –¿Sí, Marina? – dijo la profesora.

Marina habló suavemente –Queridas, pienso que soy culpable de haber herido el orgullo de mi esposo, pero nunca me he burlado de él o me he reído, y trato de no enojarme. ¿Existen otras maneras?

–Marina, existen cientos de maneras por las que podemos herir el orgullo de nuestros esposos –dijo la profesora– una manera muy común es mostrar falta de confianza en ellos. Debemos ser muy cuidadosas de pensar antes de hablar. Cosas como sugerirle que llame a un mecánico cuando no puede hacer que arranque el carro, o insinuar que no gana suficiente dinero diciendo: –no podemos pagar eso.– ¿Quién no ha dicho eso alguna vez?

Admirar a otros hombres es también un error muy común. ¿Hemos puesto alguna vez a nuestros padres como un ejemplo a seguir para nuestros esposos? Algunas veces olvidamos la diferencia de edad.

Otro error común es aconsejarle en asuntos masculinos cuando no nos ha pedido consejo. Tenemos que pensar cuidadosamente antes de hablar. Tengan cuidado de un declive en sus rostros. Esa es una señal alarmante. Manténganlo sonriendo. Mientras te esté sonriendo cariñosamente, todo marcha bien.

Ahora voy a darle una lista de las maneras más comunes en una mujer puede herir el orgullo de un hombre. Léan cuidadosamente cuando lleguen a sus casas. Marque las que han cometido y propónganse no cometerlas nuevamente, jamás.

–No subestimen el poder de estas cosas para dañar sus relaciones. Pueden matar temporalmente el amor de sus esposos...

Ángela tomó el folleto y le echó un vistazo a la lista rápidamente. Su sentido de culpa aumentó aún más. Con consternación reconoció muchos errores que había cometido en el pasado.

ERRORES COMUNES QUE COMETEN LAS ESPOSAS QUE HIEREN EL SUSCEPTIBLE ORGULLO MASCULINO DE SUS ESPOSOS

❏ Criticar sus debilidades

❏ Hablar con enojo cuando ha fallado en alguna área de responsabilidad masculina

❏ Estar en desacuerdo con él en asuntos masculinos

❏ Derramar agua fría en sus ideas

❏ Dándole consejos cuando no los ha pedido

❏ Discutiendo de su carrera u ocupación como si supieras del tema tanto como él

❏ Recordarle cuánto tienes que sufrir por sus ingresos.

❏ Decirle a otros cuánto han hecho tus padres por ustedes desde que se casaron

❏ Admirar las cualidades masculinas en otros hombres.

❏ Sugerirle que llame al mecánico cuando está tratando de reparar algo

❏ No prestarle atención a aquello de lo que está orgulloso

❏ No alabarlo cuando hace algo excelente

❏ Decirle que está perdiendo su figura o su cabello

❏ Colocándote a ti misma como un ejemplo digno a seguir

Un hombre necesita sentirse amado, pero no tanto como necesita sentirse admirado.

❏ Recordarle tu educación superior

❏ Sobresalir en deportes mayormente masculinos tales como atletismo, golf, natación

❏ Salir a trabajar cuando él prefiere que te quedes en casa

❏ Decirle a otros que has tenido que salir a trabajar para poder llegar a fin de mes

La profesora continuó: –Todos estos errores menosprecian a tu esposo, socavan su autoestima, se siente menos varonil. Puede que se sienta que no te merece.

Más a menudo, el daño lo hace sentirse enojado y resentido hacia ti. Entonces él muestra su lado malo, su lado feo. Él simplemente no siente ser cariñoso y tierno hacia ti. No importa cuánto sepa que debe o quiera hacerlo.

Tampoco le permitirá confiar en ti por mucho que lo anhele. Su temor a una herida y su resentimiento se lo impiden.

Algunas veces, sin embargo, él se menospreciará a sí mismo delante de su esposa. ¿Por qué querrá hacer eso? Pues porque en secreto espera que ella no esté de acuerdo con él y lo alabe.

Ahora, antes que vayamos al lado positivo y poderoso de este secreto, existe otra razón por la que un hombre no confiaría en su esposa, aún cuando ella no ha herido su orgullo. esa razón es que ella tenga una boca cotorrona, cuando no logra mantenerla cerrada. Tenemos que aprender a ser discretas cuando nuestro esposo confía en nosotras.

EL PODER DE LA ADMIRACIÓN

–Bien, pasemos al lado positivo de este secreto. Vamos a aprender a cómo transformar a un hombre, a sacar y desarrollar la bondad en él.

–Vamos a aprender cómo hacer que su confianza en sí mismo y su autoestima se eleven, cómo suscitar su energía y su motivación.

–Y, lo más importante, vamos a aprender cómo despertar la plenitud de su amor y su ternura hacia ti.

–Pero primero una pregunta: ¿Por qué los hombres tratan de sobresalir en sus negocios y en sus carreras? ¿De dónde salen su motivación y su empuje? ¿Por qué se siguen esforzando por cosas más grandes y mejores, o por más fama?

Beth habló– por dinero, me imagino.

–Sí, Beth, pero el dinero es secundario. Elsy, ¿qué piensas tú?

– ¿Para ser admirados? –respondió Elsy.

La profesora sonrió– Sí Elsy, así es. La admiración es su recompensa. La admiración de otros hombres y tan importante como eso, la de su esposa. Ese es el regocijo más grande de un hombre.

Recuerden –sus esposos necesitan más admiración por parte de ustedes que el amor que quieran demostrarles. Pocas mujeres conocen esta gran verdad. Esto queda resumido muy bien en el siguiente pareado:

"Un hombre necesita sentirse amado, pero no tanto como su necesidad por sentirse admirado."

"Una mujer necesita sentirse admirada, pero no tanto como necesita sentirse amada."

¿Por qué es tu admiración tan importante para tu esposo? Porque lo hace sentirse varonil. Sentirse varonil es el sentimiento más agradable y placentero que un hombre pueda experimentar.

Nuestros esposos, y nuestros hijos también, con frecuencia dicen cosas en presencia nuestra esperando recibir reconocimiento y alabanza, pero nosotras estamos demasiado ocupadas con otras cosas como para notarlo.

La mujer que sabe cómo admirar la masculinidad en un hombre es la que gana su corazón. Ella es un ángel a sus ojos.

Ahora, de manera rápida, me gustaría añadir que la admiración es también una cosa maravillosa que podemos darle a nuestros hijos. Los ayuda a crecer y convertirse en hombre confiados. Esa necesidad es especialmente fuerte durante la adolescencia. Te estremecerás de cuán cerca los tendrás de ti a través de

Los hombres se enorgullecen mucho de sus músculos

Cuando lo alabas por cualidades masculinas tales como correr, nadar, deportes o habilidades en el trabajo, tocas su corazón. Los hombres se sienten muy orgullosos de sus músculos

alabarlos y admirarlos y también de resistir cualquier impulso de criticarlos. De hecho, esto se aplica a nuestros hijos en cualquier edad.

Nunca debemos burlarnos de ellos tampoco. Quizás a ellos no les importe que otros adultos los molesten pero nosotros los padres nunca debemos hacerlo. Esto es destructivo para su autoestima.

CÓMO AYUDAR A TU ESPOSO A CONVERTIRSE EN UN MEJOR HOMBRE

Ahora, regresemos a los hombres. Un hombre que nunca es admirado y alabado se convierte en una criatura solitaria y amargada. Pero el hombre que es admirado y alabado, especialmente por su esposa, crece en confianza y nobleza. Siempre tiene una sonrisa lista en su rostro y una disposición para obrar. Él mantiene su cabeza en alto.

Puedes usar este principio de admiración masculina para ayudar a tu esposo a convertirse en un hombre mejor. Primero necesitas verdaderamente creer en su lado bueno. Luego, dondequiera que haga algo bien o bueno en sus responsabilidades masculinas, alábalo sinceramente por esto. Hazlo sentirse hombre.

Recuérdale también las cosas buenas que ha hecho en el pasado que te han impresionado. Hazlo diariamente en las semanas que siguen hasta que se convierta en un hábito. Fíjate en su crecimiento y desarrollo. Estarás muy orgullosa de él.

Elsy dijo, –*Detrás de cada gran hombre, hay una gran mujer.*–

–Sí Elsy, eso es muy cierto. Ahora ya saben que el gran secreto es alabar sus cualidades masculinas.

Helena, ¿podrías por favor leer para nosotras estas palabras del famoso escritor alemán Goethe? –dijo la profesora extendiéndole una tarjeta a Helena.– Eso va de lo mejor con lo que ha dicho Elsy.

"Si tratas a un hombre como es, se quedará como es, pero si lo tratas como lo que debería ser, y podría ser, se convertirá en ese mejor y más grande hombre."

Goethe 1774.

Cherry levantó su mano, –Cuando usted dice, alabar sus cualidades masculinas, ¿qué quiere decir exactamente? Quiero decir, ¿alabar los músculos de mi esposo, por ejemplo?

–Sí, por todos los medios –dijo la profesora– los hombres se enorgullecen mucho de sus músculos. Si los músculos de sus esposos no están bien desarrollados, admiren al menos su fuerza, especialmente cuando destapa algo duro para ustedes o carga algo pesados.

–Podemos admirar también su voz grave, su barba o su bigote, su apetito sexual y su habilidad para complacerte en esa área. Eso es muy importante para un hombre.

–O su fuerte constitución, especialmente si es bajito. Sus habilidades para conducir, sus dotes de jardinería, sus habilidades con sus manos, su capacidad en su carrera lo cual es otra área importante para un hombre.

–Admira cualquier cosa de naturaleza varonil en la que sobresalga. Solo sé sincera y no te podrá ir mal. Pero no abuses. No lo hagas excesivamente. Recuerda, espera su sonrisa.

–No lo alabes por lo bien que friega los platos, o pasa la aspiradora, o tiende las camas. Eso no va a estimular el amor por ti. Pero cuando lo alabas por cualidades masculinas como correr, hacer deportes, manejar y habilidades en el trabajo, tocas su corazón.

Aún dale un sincero reconocimiento por pequeñas tareas masculinas tales como clavar un clavo derecho, serrar en línea recta o dando marcha atrás con un camión.

Kathy dijo– ¿no se inflará mucho con toda esa alabanza?

–No, Kathy. La vida está llena de humillaciones para cada hombre. Esas vergüenzas diarias evitan que se enorgullezca demasiado. Por otro lado, te conviertes en su fuente de inspiración, su refugio de la humillación, su fuente de fortaleza. Te amará profundamente por eso. Su confianza se elevará como un águila. Y cuando combinemos este secreto con el cuarto, llegará a adorarte. No estoy exagerando.

–Es un sentimiento maravilloso para un esposo saber que tiene una esposa que de verdad lo admira. Cuando tú lo admiras, lo haces sentir como te sientes tú cuando te traen flores sin esperarlo.

–Pero nuevamente tengo que advertirles, SEAN SINCERAS. Esto es especialmente importante si no le han estado dando ninguna alabanza. Él podría desconfiar. Esperen su sonrisa. Esa es la señal de que él ha aceptado tu admiración. ¿Podemos recibir nosotras flores de nuestros esposos sin sonreír?

–Si no sonríe, es porque probablemente piensa que no eres sincera, o aún está albergando resentimiento. Esa es la razón por la que es tan importante hacer las tareas del secreto número uno. Tus palabras sumisas liberarán su resentimiento acumulado.

–Otros dos puntos importantes: primero, trata de tocarlo mientras lo alabas y míralo a los ojos con una sonrisa. No es estrictamente necesario, pero le añade placer a él.

Segundo, SÉ ESPECÍFICA. Dile exactamente qué es lo que admiras de él. Mientras más específica seas, mejor. En vez de decir, por ejemplo "¡qué piernas más bonitas tienes!", deberías decirle, "¡Qué muslos tan fuertes y en forma tienes!" Cherry se rió,– Si le dijera eso a mi esposo, usaría shorts todo el año.

–Creo que sí lo haría, Cherry. La admiración tiene un poderoso efecto en nuestros esposos.

CÓMO ENCONTRAR CUALIDADES QUE ADMIRAR Y ALABAR EN TU ESPOSO

Beth habló: –Mi esposo no es en realidad el tipo masculino. Es un buen esposo y muy inteligente pero no tiene grandes músculos y no es un buen reparador.

–Ese es un buen punto Beth, todos los hombres tienen inteligencia, fuerza muscular, talento mental o habilidades físicas. Alábalo en el área que más sobresalga.

–Por ejemplo, Beth podría buscar las oportunidades para admirar las habilidades intelectuales de su esposo, especialmente al realizar su carrera de contabilidad. La ocupación de un hombre es una función masculina

La caja de pandora

importante. Incluso después que se ha retirado deberíamos recordarles sus éxitos pasados.

–Obtendrán ideas para alabarlos de la lista de las virtudes de sus esposos que hicieron en la tarea de la semana pasada.

–Pero recuerden, solo cosas masculinas si quieren despertar en ellos todo su amor por ustedes.

–Para descubrir aún más cosas para alabar a tu esposo, anímalo a hablar de él mismo. Hazle preguntas que requieran respuestas largas y que lo hagan pensar. Las cosas de las cuales él está orgulloso, de sus sueños para el futuro.

–Escucha pacientemente. Demuéstrale que estás interesada. RESISTE FUERTEMENTE EL DESEO DE HABLAR ACERCA DE TI MISMA.

–No importa si no entiendes todo lo que te está diciendo. No va a estar profundamente preocupado por eso. Eso puede incluso hacerlo sentir más hombre. Solo aprecia el carácter que se está desdoblando ante tus ojos y abiertamente admira cualquier pensamiento noble o masculino que comparta contigo.

–Más adelante, cuando confía plenamente en ti, puede que necesites mostrar consternación gentil y femenina ante cualquier pensamiento que comparta contigo que no merezca la mínima atención, pero primero escucha sin criticar.

Aquí tenemos la explicación al misterio que discutimos la semana pasada. El de cómo un hombre puede quedar cautivado por una mujer quien no parece tener ninguna cualidad atractiva para nosotros en lo absoluto. Esa mujer está viviendo Feminidad Fascinante, especialmente este Segundo secreto y el tercero. Sí, nosotras las mujeres tenemos un gran poder sobre el destino de nuestros hombres.

Pero nuevamente, recuerden SER SINCERAS. Ustedes están lidiando con el área más sensible de su hombre, su sentido de masculinidad. Él podría resentirse fuertemente la alabanza que suene falsa. Esto puede hacerte fracasar. Espera su sonrisa de aceptación.

Bev sonrió de oreja a oreja y dijo – no sé. Sigo pensando que Kathy puede tener razón. Toda esa alabanza y admiración puede inflamar la cabeza de cualquier esposo, especialmente la del mío–. La clase rió.

La profesora de Mujer Fascinante sonrió. –Quizás lo hará Bev, pero te devolverá tanto amor y bondad que no te va a importar ni un poquito.

–Pero recuerden nuevamente que, aunque sus esposos sean animados con la alabanza que proviene de ustedes, aún permanece en contacto con otras personas en su vida. Personas que lo desaniman, que se burlan de él, que lo reprenden y que lo humillan. Esto es suficiente para mantener sus cabezas en su lugar.

Entonces, para resumir, *"el placer más grande de un hombre viene cuando su masculinidad es admirada por una mujer. Su dolor más fuerte viene cuando su masculinidad es menospreciada por una mujer."*

LA REACCIÓN DE LA CAJA DE PANDORA

–Antes que terminemos esta noche, quisiera advertirles de una reacción sorprendente que puede ocurrir en sus esposos cuando vivan los primeros dos secretos del curso, especialmente cuando él ha construido una pared de silencio alrededor de sí mismo. Se llama la reacción de la Caja de Pandora.

–Este es un inesperado arrebato de sentimientos de enojo hacia ti. Sentimientos de ira que ha reservado por años.

–No se asusten, alégrense si esto sucede. Incluso provoquen que suceda. ¿Por qué? Porque eso significa que ahora se siente seguro para liberar ese resentimiento. Eso significa que no necesita mantenerlo guardado por más tiempo. Es el inicio de depositar nuevamente su confianza en ti.

–Pero, por sobre todas las cosas, NO LE REBATAS NI DISCUTAS POR LO QUE TE DIGA. Sencillamente siéntate y tómalo. Incluso asiente significando que estás de acuerdo con él. Cuando la Caja de Pandora quede vacía tendrá un maravilloso sentimiento de alivio. El resentimiento que albergaba en su corazón se ha ido. Su corazón podrá ser llenado con tanto amor y ternura por ti que apenas lo creerás posible. Su pared de silencio se desvanecerá al mismo tiempo.

–Con tal de que vivas los principios de este curso, él continuará sintiéndose seguro en ti. Este será el fundamento de una bella relación de confianza.

–Ahora, esta ha sido una lección más larga de lo normal, pero una muy, muy importante. Les daré la tarea de esta semana y entonces escucharemos de nuestras dos huéspedes.

TAREAS: SECRETO NÚMERO DOS

<u>TAREA UNO:</u> **Alaba una de las cualidades masculinas de tu esposo antes de que vaya a la cama hoy. Espera su sonrisa.**

<u>TAREA DOS:</u> **trata de que tu esposo te hable acerca de sus logros pasados, o de un sueño futuro por al menos cinco minutos haciéndole preguntas que requieran respuestas largas y pensativas, admíralo cuando lo haga. (mantente honestamente atenta y NO LO INTERRUMPAS CON TUS IDEAS mientras él esté hablando.)**

<u>TAREA TRES:</u> **Día por medio, dile a tu esposo sinceramente cuánto lo admiras por una de las virtudes que señalaste como parte de la tarea de la semana pasada. Tócalo y sonríe mientras lo hagas. Continúa haciéndolo hasta que lo hayas alabado sinceramente por todas las virtudes que señalaste.**

–Ángela, como tú no estás viviendo con tu esposo podemos exonerarte de la tarea de esta semana, al menos por poco tiempo, pero todas las que no han completado las tareas anteriores, por favor, háganlas tan rápido como puedan. Son el fundamento del curso Mujer Fascinante.

–No les digan a sus esposos en lo que consiste la tarea, sencillamente háganlas. Son mucho más efectivas de esa manera.

Ahora, Rosalyn, ¿Podrías venir tú primero y hablarnos y luego Donna compartirá su experiencia con nosotras?

***

Rosalyn (Historia Real)

–Me familiaricé por primera vez con Mujer Fascinante alrededor de cuatro años atrás, a través

de mi hermana. Al principio estuve escéptica, pero finalmente fui capaz de poner a un lado mi orgullo y pedirle al Señor que me ayudara en un último intento desesperado de salvar un matrimonio fracasado.

–No fue fácil al principio, me preguntaba cómo podía ser culpable de tantas actitudes erróneas, y ese orgullo femenino que me mantenía retrasándome.

–Puse las enseñanzas en la práctica. Estaba tan atemorizada que todo lo que pude hacer fue orar para recibir el coraje que parecía carecer.

–Él estaba llegando acasa con tres horas de retraso, pero yo no me quejé o le hice preguntas como siempre. Simplemente le dije: sé que debes haber tenido un duro día de trabajo, cariño. Necesitan un tiempo para salirte de todo y descansar. Mantuve tu comida caliente así que, ahora te la traigo. De repente una expresión de una confusión placentera apareció en su cansado rostro.

–Después que terminó de comer, me acurruqué a sus pies en el suelo y le dije: Cariño, quiero que sepas que te aprecio por el hombre fuerte que eres y me doy cuenta de que tienes que decirme que no de vez en cuando por el bien de ambos, de veras te respeto por eso (yo había estado rogándole, implorándole y llorando por un nuevo traje deportivo que había visto pero que no lo había podido comprar) no me podría sentir segura o a salvo con una persona que me dejara mangonearlo. Solo quiero que sepas que te amo como eres y no cambiaría ni un poquito quien eres.

–Bueno, no puedo ni siquiera comenzar a describir la expresión que fue tomando su rostro. Solo puedo decir que fue una con profundo cariño y amor por mí. Me tiró fuerte hacia él y me abrazó por un largo tiempo. En realidad lloró, y yo también con él de felicidad por el momento y por la real esperanza en el futuro.

–Al día siguiente vino actuando de una manera un poco extraña y con una caja grande. Y ¿saben lo que había hecho? Había ido de compras por trajes

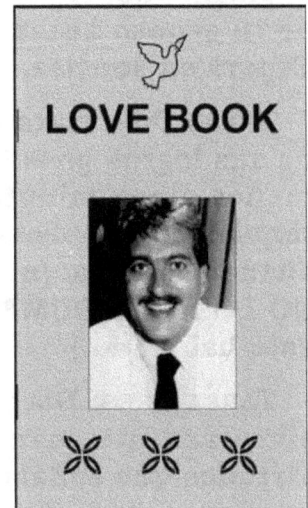

LOVE BOOK

Escribe en el Libro de Amor todas las cosas tiernas y románticas que tu esposo te diga mientras aplicas Mujer Fascinante

deportivos completos para mí y para nuestros dos hijos. Todo estaba allí, desde los zapatos hasta las gorras. Sencillamente no podía creerlo. Ahí fue mi turno para las lágrimas. Yo sabía que estaba en camino a convertirme en una Mujer Fascinante.

–Eso fue hace cuatro años atrás. Él todavía me sorprende con flores, o pequeñas señales de su amor, y a mí todavía se me salen una lágrima o dos.

–El dice que se siente bien al saber que hace feliz. Nuestro matrimonio es indestructible. Mujer Fascinante es absolutamente hermoso, y nunca deja de detiene de crecer en algo mas grande y mejor cada día.–

Donna (Historia Real)

Mi esposo y yo hemos estado casados por trece años, la mayor parte de éstos infelices. Nos habíamos separado tres veces y yo había decidido dejarlo por última vez. Había renunciado a él.

Por ese tiempo, una amiga mía me habló acerca de Mujer Fascinante y me animó a que tomara el curso. Le dije que nada podía hacerse con ese esposo testarudo mío, y que ya yo me había rendido, pero ella me rogó que lo tomara. Para ese entonces ya nos habíamos separado.

Yo era más que miserable. Una insensibilidad me llenaba. Después de la primera clase, oré como nunca lo había hecho antes. Oré para que mi esposo quisiera verme y hablar conmigo. Él quiso.

Decidí traerlo de vuelta, pero tenía miedo. ¿Cómo podía saber si iba a funcionar?

En la próxima clase la profesora nos dijo que le diéramos un cumplido a nuestros esposos por su virilidad, por los músculos etc. No me imaginaba que yo podría decir algo como eso.

Finalmente, justo antes de la próxima clase, yo sabía que debía hacer algo porque la profesora nos iba a preguntar. Por tanto, esperé a que estuviésemos en la cama con las luces apagadas. Pensé que me iba a desmayar. Finalmente le dije que qué bellos músculos tenía.

Tan pronto como se lo dije, me tomó en sus brazos y me besó una y otra vez. Aquí fue donde comenzó nuestro matrimonio.

Se me dijo que no esperara recompensas materiales sino un matrimonio feliz. Yo recibí los dos. Algunas de las cosas que me ha comprado sin preguntarme son: un bello camisón, una máquina de escribir, un viaje a Hawai, un horno nuevo, mesa y sillas, una alfombra para el cuarto, perfume y flores.

***

La profesora se secó las lágrimas y le agradeció a Donna y a Rosalyn por haber venido. –Estas experiencias pasan a menudo chicas. Ustedes pueden tener similares bellas experiencias. Recuerden, la admiración es la sangre de la vida de sus esposos, así como las experiencias tiernas y románticas lo son para una mujer.

–Antes de despedirnos, les voy a sugerir que comiencen un libro de amor. Un Libro de Amor es una agenda pequeña roja o rosada en la cual pueden escribir todas las cosas tiernas y románticas que sus esposos les digan a medida que vivan mujer fascinante. Yo tengo uno, lo he tenido por años. Es el tesoro más preciado que poseo.–

***

Ángela se sintió emocionada mientras se dirigía a su casa. Ahora todo estaba comenzando a aclararse para ella. Ted había estado hambriento de admiración por años.

Ahora sentía una esperanza real. Muy en lo profundo sintió que todo iba a estar bien.

Antes de ir a la cama esa noche, Ángela le escribió a Ted una nota de aceptación para completar su tarea de la semana anterior.

***

Querido Ted:

He tenido mucho tiempo para pensar desde que te fuiste. No te aprecié en el pasado y he cometido algunos errores tontos. Lo siento, y me alegra que no me hayas dejado mangonearte. Me alegra que eres el tipo de

hombre que eres. Si me das otra oportunidad, te prometo que seré una esposa maravillosa para ti.

Con amor,

Ángela.

***

Fue difícil y humilde para Ángela escribir esas palabras. Sentía su corazón latir rápido mientras escribía. Se preguntaba si había usado las palabras adecuadas y si podría vivir conforme a ellas. Sin embargo, después de escribirlas varias veces se sintió finalmente complacida con lo que había escrito.

Puso la nota en un sobre y puso afuera en su carro para que no la pudiera olvidar al día siguiente. Luego, se fue a la cama.

Pero se sentía tan estimulada por la clase recibida y por la nota escrita para Ted que le costó trabajo dormirse.

***

Ángela se despertó a la mañana siguiente después de un vivo sueño de que Ted estaba a su lado en la cama. Regresó a la realidad cuando abrió sus ojos y vio a el largo cabello rubio de Tiphony en la almohada a su lado.

No se sentía hoy tan confiada como para llevarle la nota a Ted. Sin embargo, como lo había decidido firmemente la noche anterior de que se la llevaría después de la escuela en esa tarde, ella lo llevaría a cabo.

Ángela estuvo tan ansiosa toda la mañana mientras enseñaba a sus alumnos, que desarrolló un dolor de cabeza por el estrés. A la hora del almuerzo no sintió hambre por lo que decidió llevarle la nota a Ted durante ese receso y conseguir acabar el asunto.

Condujo hasta su taller y vio su furgoneta parqueada afuera. Había estado deseando en parte que él no estuviese allí. Su corazón latía con fuerza mientras caminaba por la plaza del taller. El área estaba llena de carros, pero no había señales de gente.

–Su aprendiz está quizás almorzando fuera –pensó – pero Ted debería estar aquí.

Entonces escuchó voces que venían de la pequeña oficina de Ted. Echó un vistazo a través de la puerta abierta. Sí, Ted estaba allí parado hablando con un cliente con un traje de negocios.

Ted vio a Ángela, pero la ignoró. Parecía nervioso y cerró la puerta de la oficina.

Ángela estaba indecisa sobre qué hacer, por lo que esperó. Era obvio que por el tono de voz del cliente que estaba disgustado con Ted.

Ángela escuchó retazos de sus palabras... pagué por eso el mes pasado...sistema de contabilidad descuidado...resuelve este desorden...no pagaré hasta que...Entonces la puerta se abrió y el cliente salió a zancadas del taller. Ted salió también, lucía hostil y severo.

–¿Qué TÚ quieres?,–le dijo duramente a Ángela.

Ángela se sintió perturbada. Le era difícil respirar. Las lágrimas brotaron. No confiaba que podría hablar por lo que solo le extendió el sobre.

Ted lo tomó. –¿Qué es esto? – le dijo mirándola fulminadoramente. –Por favor, léela después– dijo cambiándole la voz. Luego se apresuró a llegar al carro. Sus manos temblaban mientras buscaba el cinturón de seguridad. No se atrevió a mirar para atrás.

***

Las lágrimas le brotaron nuevamente cuando en esa noche Ami la llamó y ella le contó lo sucedido. –Eso no es bueno Ami,– le dijo– está peor que nunca. Nunca cambiará y ahora piensa que soy estúpida por haberle escrito una nota como esa.

Ami la consoló –Eso fue solo un mal momento Anyi. ¿No puedes ver cuánto fue herido su orgullo? Oíste y viste cómo lo humillaba ese cliente. No pudiste haber llegado en peor momento.

Mira Anyi, nuestro carro está necesitando un mantenimiento. A Bill le encantaría que Ted lo hiciera. Iré y haré una reserva mañana y veré cómo él está.

***

A la mañana siguiente Ami se puso un atractivo vestido blanco con adornos hechos por ella misma y llevó su carro al taller de Ted.

– ¿Dónde puedo encontrar a Ted,?– le preguntó al aprendiz quien estaba debajo de uno de los carros.

–Está en la oficina por allá– le dijo indicándole con la cabeza.

Ami lo vio sentado enfrente de una pequeña computadora sobre una mesa cubierta de papeles. Tenía una apariencia de preocupación.

–Hola Ted–le dijo alegremente.

Ted miró sobresaltado –Ah, hola Ami– le dijo – no esperaba verte por aquí. ¿Qué te parece? Acabo de comprar esta computadora nueva para llevar mis cuentas.

–¡Vaya! – dijo Ami sonriendo– ¿Puedes trabajar con esas cosas? Yo siempre estoy desarreglando la de Bill. Ustedes los hombres tienen tanto talento con las computadoras.

–Bah, eso no es nada– dijo Ted animado– solo se trata de seguir las instrucciones.

–Oye, qué lindo está este lugar. Limpio, el suelo pintado y mira a todos los carros que tienes para trabajar. De seguro estás haciendo un buen trabajo.

La cara preocupada de Ted se desapareció y dio paso a una amplia sonrisa– bueno, sí, siempre tratamos de hacer un buen trabajo. *"Hazlo una vez, hazlo bien"* es mi lema.

–A Bill le encantaría que le dieras un mantenimiento a nuestro carro. ¿Puedo hacer una reservación?

–Bueno, ya estoy lleno hasta el fin de la próxima semana, pero para una atractiva clienta como tú Ami, puedo hacerlo ahora mismo mientras esperas si quieres.

–Ay Ted, gracias– dijo Ami dándole una amplia sonrisa– Es muy agradable de tu parte.

Ted se ruborizó. Ami recordó con cuánta frecuencia Ted se ruborizaba cuando era joven. También notó que silbaba mientras chequeaba su carro. Ese era el Ted que siempre había conocido. Su pelo castaño rojizo había disminuido un poco y estaban comenzando a aparecer canas por las sienes, pero seguía siendo el mismo Ted por dentro.

Ami se dirigió al aprendiz mientras esperaba– ¿Cómo es trabajar con Ted?– le preguntó.

–Él es un buen mecánico. Conoce su trabajo. ¿Usted lo conoce?

–Sí, fuimos a la escuela juntos. ¿Qué te parece él?

– Él es un buen jefe, aunque no es el mismo desde que rompió con su señora. Se la pasa malhumorado la mayor parte del tiempo. Sin embargo, ahora parece bastante feliz, usted debe de haberlo animado. No lo había escuchado silbar en meses.

–Quizás puedas recordarle de vez en cuando cuán buen mecánico es– dijo Ami.

Ted aún estaba silbando luego de 20 minutos de la partida de Ami.

***

CAPÍTULO SEIS

SECRETO NÚMERO TRES
PONLO EN PRIMER LUGAR

El comportamiento de David estaba empeorando.

Su profesora llamó nuevamente a Ángela el viernes para decirle que habían encontrado a David teniendo una pelea en la escuela y que su desempeño en las clases se había deteriorado más.

David se había vuelto también cruel e hiriente con su hermana Tiphony en la casa. Y a todo esto sumándole además su creciente insolencia y desobediencia para con su madre, lo que le estaba causando estrés a Ángela.

En la tarde del lunes David le dijo a su madre con un tono malhumorado, –Es tu culpa que papá no venga a casa. Yo quiero irme a vivir con él.

Las palabras de David hirieron profundamente a su madre. La relación de Ángela con su hijo se había vuelto en muchas maneras tan tensas como sus relaciones con Ted. A ella se le estaba haciendo difícil amar a David como antes lo había hecho.

Cuando su madre la llamó tarde esa noche Ángela derramó toda su frustración por la conducta de David.

–¿Por qué no pones en práctica Mujer Fascinante con David?– le dijo su madre– ¿no se supone que funcione con todos los hombres?

Ángela pensó que era una excelente idea. Se preguntó por qué no se la había ocurrido antes. Recordó cómo su profesora Harmony les había dicho en varias ocasiones cuán efectivo podía ser el curso también con sus hijos y cuánto había acercado a sus propios hijos a ella al aplicar los principios.

Cuando colgó el teléfono, Ángela reflexionó en la forma en que le hablaba a David. Pronto se dio cuenta que estaba cometiendo con David los mismos errores que había cometido con Ted. Tratar de cambiarlo, criticar sus debilidades, quejarse por su falta de interés por ayudar con las tareas hogareñas.

¿Cuándo había sido la última vez que lo había admirado? No podía recordar.

Recordó cómo en la mañana se había mofado de él llena de ira por no tener amigos. Él se retiró a su cuarto como un rayo y tiró la puerta al cerrarla.

Mientras más memoria Ángela podía hacer, más culpable se sentía. Entonces tuvo una idea.

Fue y encontró la lista de las virtudes masculinas de la primera clase. Se sentó y comenzó a listar las virtudes de David.

Después de unos minutos quedó nuevamente perpleja, así como cuando listaba las virtudes de Ted. Parecía que David poseía más virtudes incluso que su padre. Su corazón se suavizó grandemente con respecto a David.

Recordó la pequeña estatua gris y blanca de un hombre que la profesora de Mujer Fascinante les había mostrado.

Entonces Ángela decidió firmemente, allí y en ese momento, que de ahí en adelante miraría solo el lado bueno de David. Lo aceptaría y no trataría de cambiarlo y se lo diría también.

Se sintió animada y quiso comenzar de inmediato. – Me pregunto si puedo hacer algo ahora mismo– pensó.

Se levantó y fue a la habitación de David. Su puerta estaba aún cerrada. La abrió y le dijo suavemente: – ¿Aún estás despierto David?

–Ajá, ¿qué quieres? –su voz era hosca, amortiguada y resentida.

Ángela sintió llenarse de ira ante la respuesta de David, pero se contuvo la lengua y guardó la serenidad.

–David– dijo tranquilamente, entrando a la habitación y parándose al lado de su cama–quiero decirte que estoy contenta porque eres el chico que eres. No siempre te he

apreciado y he dicho cosas que no son ciertas acerca de ti. Lo siento. Me gusta que seas como eres y estoy orgullosa de ti. De ahora en adelante trataré de ser una madre maravillosa. Y voy a tratar de hacer lo que sea por traer a papá de regreso a casa.

David se quedó callado. Ángela se inclinó y lo besó en la frente. Cuando lo hizo, vio de sus ojos cerrados correr lágrimas. Ángela sintió que se le hacía un nudo en la garganta. Sus lágrimas salieron al salir de la habitación. Continuó llorando abundantemente sentada a la mesa mientras completaba la larga lista de las virtudes de su hijo.

A la mañana siguiente David se levantó de buen ánimo. No mortificó a Tiphony por una vez.

Antes de que se fuera a la escuela, Ángela lo abrazó por detrás mientras él estaba preparando su almuerzo en la cocina. Luego le frotó los hombros y le dijo, – ¡Qué chico tan alto y fuerte! David pareció avergonzado, pero sonrió de oreja a oreja.

–Adiós mamá. Adiós Tiphony– gritó alegremente mientras se iba temprano en su bicicleta– voy a casa de Damián antes de ir a la escuela.

–David parece contento hoy, mamá– dijo Tiphony.

–Sí, querida. Él está feliz hoy–contestó Ángela sonriendo.

Ángela también se dio cuenta de que David había tendido su cama por primera vez en semanas sin haber tenido ella que regañarlo para que lo hiciera.

Ángela sintió paz todo el día.

Quedó encantada al llegar a casa y ver que David había traído a su amigo Damián de la escuela a la casa esa tarde.

Esa noche llamó a sus dos hijos. Les dio un lápiz y una hoja a cada uno y les sugirió que escribieran una carta a su padre. Alegremente accedieron.

Ángela también le escribió una nota a Ted.

Querido Ted:

En realidad, creo en lo que te dije en la nota que te di la semana pasada. Ahora puedo ver que has sido un buen esposo para mí, y un buen padre para David y Tiphony. Lamento no haberte apreciado correctamente en el pasado.

Eres también un excelente mecánico y estoy orgullosa de que tengas tu propio negocio.

Con amor,

Ángela.

Ángela también tomó la firme decisión esa noche de dejar definitivamente de fumar, y también de bajar de peso. Trataría y llegaría a ser más como su amiga Ami.

A la mañana siguiente se levantó temprano para ir corriendo hasta la oficina de correos, casi a un kilómetro de distancia, para depositar las cartas que habían hecho para Ted la noche anterior.

Se metió con esfuerzo en sus viejos pantalones cortos de correr y su sujetador deportivo, se puso sus tenis deportivos que había comprado varios años atrás pero que había usado en raras ocasiones y partió.

Pero rápidamente quedó extenuada y sin respiración y tuvo que caminar la mayor parte del camino de ida y de regreso. Sin embargo, disfrutó el calor estremecedor cuando llegó a la casa.

***

Los días eran ahora más largos y el verano se acercaba. Era una maravillosa tarde soleada de primavera cuando condujo a su tercera clase. Las flores y los árboles de las casas de la periferia se veían frescas y brillantes. Ángela tuvo una sensación de bienestar.

La profesora llevaba puesto un vestido blanco largo y suelto, y tenía una trenza francesa que le caía por la espalda. A Ángela le pareció que se veía como un ángel maternal.

Le dio la bienvenida a la clase, luego le sonrió a Katty que estaba sentada en la fila del frente.

–Kathy, ¿te las arreglaste ya para aceptar y admirar a tu esposo como hemos discutido en nuestros dos primeros secretos?

Kathy, tan elegantemente vestida como las otras veces dijo: –Bueno, sí. ¿Les gustaría escuchar lo que pasó?

–Nos encantaría.

Kathy se puso de pie y se volvió al resto de la clase. Al principio pareció un poco avergonzada, pero habló claramente.

Kathy (Historia Real)

–Tratar de decirle a mi esposo que lo aceptaba y que lo admiraba era una cosa difícil de decir para mí. En primer lugar, no soy el tipo de persona que dice algo como eso y, en segundo lugar, pensé que comenzaría a reír.

Traté tres o cuatro veces de hacer mi pequeño discurso, pero siempre terminaba dando la media vuelta y saliendo de la habitación.

Finalmente decidí hacerlo sin importar qué tipo de desastre resultaría de aquel intento. Entré a la habitación y comencé.

Bueno, la mirada de sus ojos fue sencillamente increíble. No puedo recordar haberla visto alguna vez. Tenía tanto orgullo en sus ojos, y no por él sino por mí.

Más adelante en la semana me sacó a cenar fuera y me hizo dos observaciones. Una me dolió y la otra me hizo sentir muy bien. Por primera vez sintió que en realidad a mí me importaba él. Nunca pensó que me importara lo que le sucediera. Segundo, nunca me había amado más de lo que lo hizo desde entonces.

¿Qué más puede pedir una mujer? ¿No es eso lo que en realidad queremos? Y hace que valga la pena.

Hazlo el Número
Uno en tu vida

***

–Sí Kathy –dijo la profesora– es muy valioso el esfuerzo que hacemos. Puede que no siempre sea fácil, pero merece la pena. –¿Alguien más? ¿No ha tenido nadie la reacción de La Caja de Pandora aún?

Marina levantó su mano, –Sí, querida, yo la tuve.

–Marina, qué emocionante. Pasa y cuéntanos acerca de esto.

Marina (Historia Real)

–Bueno, he estado aplicando lo que he estado aprendiendo y mi esposo parece más feliz. La semana pasada la tensión comenzó a incrementarse un poquito, no mucho.

Hace dos noches ¡bum!, la reacción de la Caja de Pandora. Parecía como si todos los sentimientos reprimidos que él tenía estuviesen saliendo a flote y al mismo tiempo sus murallas de silencio se desplomaron. Bastante dramático y ¡bastante lindo!

Ahora me dice que nunca había sido tan feliz en toda su vida y yo me siento de la misma manera.

Anoche pasó tres horas solo hablando conmigo, hablando de él, de su pasado, de sus sueños más de lo que yo había conocido en nuestra vida juntos.

*** *** ***

–Ay, me encanta escuchar sus experiencias–dijo la profesora con una mirada radiante–sencillamente me estremecen.

–Ahora pasemos a nuestro tercer secreto, pero primero, hablemos de un pequeño dicho que se ha estado diciendo por años. Deberíamos enseñarlo a nuestras hijas. A ti te va a gustar Elsy. Déjenme citarlo antes de comenzar con este poderoso secreto.

Una mujer buena inspira a un hombre.

Una mujer inteligente le interesa.

Una mujer bella lo fascina,

Pero una mujer comprensiva se lo gana.

–Aquí tenemos ahora el Secreto Número Tres. Este secreto tiene dos partes. Se volvió y escribió en la pizarra.

*** *** ***

SECRETOS DE MUJER FASCINANTE

SECRETO NÚMERO TRES

Hazlo el Número Uno en tu vida
Consuélalo tiernamente cuando esté cansado o desanimado

–La primera parte de este secreto nos dice que hagamos nuestro esposo nuestro rey, nuestro héroe, el Número Uno en nuestra vida.

–La segunda parte es el poderoso efecto que puede la comprensión de una mujer tener sobre un hombre.

–Vamos a ver la primera parte, ¿por qué debería ser tu esposo el número uno?

–Ahora, sean honestas todas ustedes, ¿a quién o a qué tienen ustedes en primer lugar en sus vidas? ¿Es a sus esposos? ¿La casa? ¿Sus niños, sus padres, su carrera?

Elsy dijo: –Pienso que muchas de nosotras las mujeres ponemos nuestros hogares antes que a nuestros esposos y a veces incluso antes que a nuestros hijos.

–Sí Elsy, algunas de nosotras lo hacemos. Pero, ¿no es el rey lo más importante de un castillo? Mujer Fascinante nos enseña que primero nuestro esposo y luego nuestros niños deben ir antes que el hogar. Nuestro esposo debe ser el Número Uno y nuestros hijos los Número Dos.

Elsy habló nuevamente –Sí, estoy profundamente de acuerdo con eso. Otra razón para hacer de nuestro esposo el Número Uno es que nuestros hijos crecen y abandonan el hogar. Como ustedes sabe yo tengo una familia grande, nueve hijos. Todos ellos se han ido del hogar. El más joven ya hace 10 años que se fue. Por supuesto que todavía me visitan, pero estamos solos la mayor parte del tiempo mi esposo y yo.

–Eso es cierto Elsy. La relación de esposo–esposa continúa hasta mucho después que nuestros hijos se han ido. Mucho después de la muerte de nuestros padres. ¿Termina en algún momento?

Este tercer secreto es una preciosa ley de Mujer Fascinante. Cuando ponemos a nuestro esposo en primer lugar nuestros hijos se sienten seguros y felices y el amor entre nosotras y nuestros esposos aumenta dramáticamente. ¡Tiene tanta recompensa!

–Tú lo haces tu rey, y tú te conviertes en su reina.

Razones por las que un esposo se resiste a tener más hijos

La mayoría de las mujeres comienzan el matrimonio de esta manera. Hacen a sus esposos el Número uno en sus vidas hasta que nace el primer bebé. Saben a lo que me refiero, o pronto lo sabrán. Todas nosotras hemos dado a luz bellos bebés, o como Beth, estamos a punto de hacerlo.

Sin embargo, es de vital importancia que nuestros esposos continúen siendo el Número Uno en este tiempo crítico. No importa cuán adorables puedan ser nuestros bebés.

Cuando un esposo es restituido al primer lugar nuevamente, con frecuencia su Resistencia a tener más hijos se desvanece.

Como Elsy, también tengo una familia grande, siete hijos, no tantos como Elsy, pero son una gran fuente de gozo para mí ahora. Sencillamente son maravillosos. Claro que no siempre fue así cuando eran jóvenes. Los niños en edad de aprender a caminar pueden ser muy traviesos y los adolescentes nos prueban hasta el mismísimo límite. Pero la vida es rica en nuestros años después de haber criado una familia grande, especialmente cuando salen buenos.

Elsy dijo –Estoy muy de acuerdo con usted. Hay un dicho que dice –*Manos ocupadas ahora, corazón lleno después*–. Nuestros hijos y sus parejas sencillamente nos malcrían todo el tiempo a mi esposo y a mí. Y ay, cuánto amo a mis 21 preciosos nietos. Los malcrío también cuando vienen a visitarme o cuando yo los visito. Algunas veces me escriben las notas más adorables y me hace dibujos. Los guardo todos.

–Sí chicas, Elsy está en lo cierto. No deberíamos seguir al mundo y limitar nuestras familias. Creo que –mientras más grande sea tu familia, más enriquecida estará tu vida– y se volverá mejor a medida que pase el tiempo.

Ante estas palabras de la profesora, Ángela no pudo evitar volver su cabeza para ver cuál sería la reacción de Beth, la joven mujer profesional. Vio cómo ponía sus ojos en blanco a Cherry en incredulidad.

Se sorprendió sin embargo, de ver a Bev sonriendo y asintiendo con su cabeza. Helena estaba sonriendo abiertamente.

Trató de imaginarse cómo sería tener una familia grande. La idea era atractiva por muchas cosas, especialmente si todavía fuese la norma por estos días tener una familia grande como lo fue en los días de su abuela.

Ted venía de una familia grande y quería tener más niños.

Ángela quedó impresionada con el gozo genuino que estaban obviamente recibiendo la profesora y Elsy de sus familias. Sin embargo, se preguntó si podría lidiar con los comentarios sarcásticos de mujeres de hoy en día que creen firmemente que con dos niños es más que suficiente en la actualidad.

EL PODER DE LA COMPRENSIÓN

–Ahora, – dijo la profesora,– pasemos al poder de la comprensión, parte sumamente importante de este secreto.

¿Recuerdan la semana pasada cómo aprendimos acerca del sensible orgullo masculino y cuán doloroso es para ellos que nosotras las mujeres le causemos dolor hiriéndolo? ¿Y cuán fácil es para nosotras hacerlo? Bueno, podemos aprender a no herir el sensible orgullo de nuestros esposos pero no podemos evitar que otra gente lo haga, y lo harán.

Muchas veces tu esposo vendrá a casa a ti cansado y desanimado. No a causa del exceso de trabajo, como puede que creas, sino porque alguien ha herido su orgullo.

Quizás no le han mostrado apreciación por algo bueno que ha hecho, o ha sido criticado o reprimido por un superior. Quizás un cliente o un compañero de trabajo le hizo un comentario hiriente. Quizás cometió un error tonto que le causó vergüenza enfrente de sus compañeros de trabajo. Eso es muy común.

Aprecia la pesada responsabilidad que tiene tu esposo, especialmente en su vida laboral

La mayoría de los hombres están demasiado avergonzados como para revelar la razón de su desaliento, por tanto, resiste el impulso de husmear. Ya te lo dirá si siente deseos.

Intenta apreciar la pesada responsabilidad que lleva sobre sus hombros tu esposo en su vida, especialmente en su vida laboral.

Sin embargo, ese es el momento en el que más te necesita. ESTA ES LA PARTE MÁS IMPORTANTE DEL DÍA PARA MUJER FASCINANTE. Es el momento de sanar sus heridas.

Ignora cualquier comentario gruñón. Toléralo, sé indulgente. No reacciones. Recuerda que él es tu Número Uno.

Los chicos pueden esperar, la comida puede esperar. Hazlo sentir cómodo. Escúchalo hablar si él quiere hacerlo.

Dale al menos treinta minutos de paz y quietud. Eso no es mucho pedir, ¿o sí? Su lado bueno pronto aflorará, especialmente después que haya comido.

La profesora tomó nuevamente la pequeña estatua gris y blanca y volteó la parte blanca de frente a la clase. Bev levantó su mano, –Si Bev dijo la professor

–Oiga, ¿y qué de mí? Me paso todo el día trabajando como una esclava en la casa. Tengo cuatro hijos ruidosos. Me encantaría tener treinta minutos de paz y quietud.

Varias otras mujeres hicieron comentarios similares.

La profesora levantó su mano y sonrió: –Sí, muchas mujeres se oponen a esta parte vital de Mujer Fascinante, pero es muy, muy importante.

Llegar a casa para encontrarse con una mujer incomprensiva es la razón principal por la que un hombre deja a su esposa por otra mujer. Y siempre, por una mujer que es más comprensiva con sus necesidades. Una mujer que alivia su dolor ante el orgullo herido. Una mujer que le da algo de admiración.

Bev enrojeció y no dijo nada más. Recordó su dolorosa experiencia de varios años atrás. ¿Qué era lo

que había encontrado su esposo en aquella repulsiva y barata mujer? Se encogió ante el recuerdo.

La gran responsabilidad que los hombres cargan en sus hombros

La profesora continuó: –Por favor, traten de apreciar la gran responsabilidad que sus esposos tienen en sus vidas, especialmente en su carrera profesional.

–Cuando un hombre se casa, carga sobre sus hombros la responsabilidad de proveer para una familia. No puede deponer esta responsabilidad con una conciencia tranquila mientras viva. Él sabe que el éxito de su familia y su bienestar depende grandemente de sus esfuerzos.

–Esta carga les pertenece las 24 horas del día. La mayoría de los hombres se toman esta responsabilidad muy en serio.

–El sentimiento de que puede que esté fallando en este rol masculino puede herir tanto su orgullo que puede volverse a la bebida, o a las drogas para aliviar el dolor y la desgracia que siente.

–También, el mundo laboral de sus esposos es competitivo. Su trabajo nunca está cien por ciento seguro. Existe una presión constante sobre él para que exceda los esfuerzos del año anterior. La presión aumenta con los competidores y sus compañeros. Mientras envejece, jóvenes más enérgicos lo sobrepasan y son puestos por encima de él.

El por qué algunas mujeres quieren escoger una carrera de toda la vida, en ese ambiente masculino con una presión tan grande, no lo entiendo. No es el mundo atractivo y glamoroso con el que soñamos despiertas que sería.

–No estoy de acuerdo con eso,–dijo Beth.–Lo encuentro emocionante.

–Bueno, lo puede ser por unos pocos años, pero la presión es incesante y con el tiempo pasa factura sobre la feminidad de una mujer. Veremos esto con un poco más de profundidad en el Secreto Número seis.

Por qué deberías consolarlo amorosamente cuando llega a la casa

–Por tanto, cuando tu esposo llegue a la casa, aún cuando esté de buen humor, no lo recibas con tus problemas. No dejes que los niños lo reciban con sus problemas. No lo interrogues acerca de su día.

–En vez de eso, dale sonrisas, palabras reconfortantes y un oído comprensivo. Un hombre no puede más que amar profundamente a una mujer que lo trata amorosamente y lo reconforta cuando está cansado y desanimado después de un largo día.

–Tómate tiempo para lucir lo mejor para él. Ponte ropas femeninas, del tipo que sabes que a él le gusta que uses. Prepara a los niños y la comida para darle 30 minutos de paz y quietud para que se recobre. Espera entonces hasta que haya comido para presentarle problemas que necesiten su atención.

–Hazte ciega ante su comportamiento menos que bueno mientras colapse y se relaje. Él ha venido a ti para recobrarse. Está cansado de dar lo mejor de sí todo el día.

–Mímalo un poquito. Rápidamente se recuperará y te tratará como a una reina.

POR QUÉ LLEGA TARDE A CASA

–Bev, ¿tienes una pregunta?

–Sí, ¿y qué de cuando mi esposo llega tarde a la cena? Para mí es bastante molesto.

–Para la mayoría de las mujeres también lo es. Solo sé perdonadora. No es tan serio. Él es más importante que una cena fría. Cuando vivas Mujer Fascinante él no se retrasará sin un buen motivo. El trabajo de un hombre es importante para él. Los clientes y los jefes a veces hacen demandas extras de su tiempo. Recuerda que él está ahí fuera trabajando para proveer para su familia y para ti.

–Ajá, bueno, quizás usted esté en lo cierto–dijo Bev– nunca lo había visto de esa manera.

Cherry dijo,–Mi esposo casi siempre llega a casa tarde también. Él tiene su propio negocio y siempre parece estar trabajando. Siento que a veces desatiende a nuestras pequeñas niñas y no logro que haga algo en la casa. Él es un buen hombre pero, ¿cómo puedo hacer para que piense en mí y en sus hijas un poquito más y que haga algo en la casa?

–¿Para quién está él trabajando Cherry? Está trabajando para ti y para sus hijas. Algunos hombres muestran su amor trabajando duro, pero las esposas no siempre lo ven de esa manera. Aprecia lo que él está haciendo.

–Algunas veces un hombre tiene que trabajar por muchas horas para levantar un negocio o salir de una deuda. Puede que esté poniendo toda su energía en su trabajo y desatienda el trabajo en la casa por un tiempo. Aprenderemos a lidiar con este problema en el Secreto Número Nueve.

Con mucha más probabilidad tu esposo saldrá de una crisis con éxito cuando estés con él completamente, creyendo en él y confiando en él

–Chicas, si ustedes tienen un esposo trabajador, siéntanse orgullosas de él y no lo animen a retirarse temprano, para nada. Eso no es bueno para los hombres. Edison el inventor, fue un hombre trabajador. Trabajó hasta su muerte a la edad de 84 años. Su arduo trabajo nos dio la bendición de la luz eléctrica, la música grabada, las películas, y otros inventos.

–Sin embargo, les puedo prometer a todas que cuando vivan plenamente Mujer Fascinante, sus esposos no pasarán más tiempo en el trabajo de lo realmente necesario. Lo mismo se aplica a otras actividades que lo mantienen lejos de ti.

–Tenemos que atraer a nuestros esposos al hogar, no intentar forzarlo a estar en la casa. Eso no funciona.

–Para resumir, tu esposo necesita que lo consueles cuando esté desanimado. Él necesita que le sanes las heridas que otros le han infligido a su orgullo.

–Cuando hagas esto, te harás indispensable para él y te amará tiernamente en respuesta.

–Muchas mujeres también dicen que sus esposos se vuelven más exitosos en sus trabajos cuando ellas aplican este Secreto Número Dos en sus matrimonios. Yo lo creo firmemente.

POR QUÉ LOS ESPOSOS OFRECEN RARAMENTE LLEVAR A SUS ESPOSAS A CENAR FUERA

Este es un buen momento ahora para explicar un problema común. Muchas esposas se preguntan por qué sus esposos nunca les ofrecen sacarlas a cenar.

Para entender esto necesitamos mirar a nuestros hogares a través de los ojos de un hombre. Verán, el hogar para un hombre es como un restaurante para nosotras las mujeres, un lugar lejos de las infinitas demandas a nuestro tiempo.

Por lo que una noche fuera para cenar no es ni en lo más mínimo tan atractiva para él como para nosotras, particularmente cuando tiene que pagar la cuenta. Y esto puede ser el dinero de la comida de media semana en la casa.

Sin embargo, un hombre está dispuesto a hacer sacrificios por la mujer que ama, y disfruta el hacerlo.

Cuando vives los diez secretos de Mujer Fascinante, tu esposo se deleitará satisfaciendo tus necesidades más íntimas.

CÓMO CONSOLAR A TU ESPOSO DURANTE UNA CRISIS SEVERA EN SU VIDA

Ahora, veamos cómo podemos aplicar este secreto con un hombre que ha sufrido un severo golpe a su orgullo, un hombre que está pasando por una crisis. Cherry, ¿tienes una pregunta?

–Sí, ¿está usted segura que todo ese consuelo y comprensión funciona para todos los hombres? El negocio de mi esposo está en problemas. Incluso parece que va a quebrar. Cuando me lo dijo esta semana, fui comprensiva. ¿Pero sabe qué pasó? Se enojó conmigo. ¡Me mandó a callar!

A Ángela le pareció que Cherry no era la misma mujer alegre de siempre en esa noche.

La profesora la miró con interés,–¿qué exactamente le dijiste Cherry?

–Le dije –*No te preocupes John. Si quiebras en tu negocio, no importa. Estaré feliz si solo tienes un trabajo ordinario*–, y me gané que me mandaran a callar.

La profesora sonrió. –Este es un buen caso para ilustrar lo que les he estado diciendo Cherry, has roto una ley importante de Mujer Fascinante. ¿Puede alguien decirle a Cherry por qué su esposo se enojó con ella?

–Sí, pienso que puedo,–dijo Ángela.–Ella hirió su orgullo cuando menospreció su habilidad para salvar su negocio.

–Correcto Ángela. Bien dicho. Sí, pienso que estamos en lo cierto de que el esposo de Cherry quiere que ella confíe en él. Que crea que él puede tener éxito en su momento de crisis. Con mucha más probabilidad nuestro esposo saldrá de una crisis con éxito si nosotros estamos con él completamente, creyendo en él y confiando en él.

La situación de Cherry me recuerda otra situación crítica que se nos presentó algunos años atrás en clase. Al esposo de una mujer lo habían despedido. Ella le dijo directamente, "Henry, esta puede ser una puerta a la oportunidad, un peldaño a un éxito mayor".

–Su esposo quedó tan aliviado que casi lloró. Y ella estaba en lo cierto. Su esposo siguió adelante y se convirtió en un exitoso gerente para otra compañía.

–Por lo tanto, cuando tu esposo sufra un golpe severo en su orgullo, simpatiza con él pero también déjale saber que crees en él. Eso es lo que más necesita, tu confianza en él. Permanece calmada y optimista. No le digas que cuente sus bendiciones. No le ofrezcas consejo para resolver sus problemas a menos que te lo pida. Sencillamente simpatiza con él, apóyalo, cree en él.

–Cuando se sienta mejor, exprésale nuevamente tu confianza en él. Déjale saber que confías en su habilidad para sobreponerse a la crisis.

–No minimices sus problemas o los hagas parecer demasiado fáciles. Lo privarás de su heroísmo potencial. Hazle sentir que no importa cuán grande sea la lucha confías en que tendrá éxito.

Y no tomes las riendas, déjalo que permanezca en control.

Abrázalo cuando te sientes con él, háblale a los ojos mientras le hables. Recuérdale sus fortalezas. Cree en él de verdad. No te dejará avergonzada. El amor es la fuerza más ponderosa en el universo.

Ángela vio que ahora Cherry estaba sonriendo y se veía tan sonriente como siempre. Obviamente había entendido lo que la profesora estaba diciendo. A Ángela le agradó Cherry

CUANDO TU ESPOSO TE CONFÍE UN PLAN AMBICIOSO

–Otro momento crucial para el orgullo de tu esposo es cuando te revela un plan ambicioso, o una idea noble que ha estado considerando secretamente.

–No debemos dejar que nuestros miedos femeninos o nuestra necesidad de seguridad amortigüen su entusiasmo, o lo hagan abstenerse de hacerlo.

–Nunca derramen agua fría en sus ideas. Este es un rasgo femenino común el hacerlo. Hacer esto con frecuencia provoca que un hombre levante una pared de silencio.

En vez de eso, déjale saber que tú crees que él puede lograrlo. Si es poco práctico, otros se lo advertirán a su debido tiempo pero sentirá consuelo al saber que su esposa creyó en él.

Si sigue adelante con su plan, apóyalo todo el tiempo. Con probabilidad cometerá errores, pero los errores son escalones al éxito.

CUANDO TU ESPOSO HAGA ALGO DESHONESTO

–Ahora, ¿qué hacer cuando ha hecho algo en realidad incorrecto y te enteras de eso? No infidelidad, trataremos con eso dentro de poco, pero algo deshonesto o bochornoso. Esto es lo que Mujer Fascinante enseña.

Primero, no lo ignores o pretendas que no lo sabes sino que muéstrale que no crees que lo haya hecho. Hazle saber claramente que no pensaste que fuera a hacerlo, que tiene que haber sido lapso temporal. Hazle sentir tu decepción pero tranquilízalo con tu inquebrantable confianza en tu lado bueno. Entonces no vuelvas a mencionar el asunto nunca más.

–NUNCA BAJES TUS ESTÁNDARES A LOS SUYOS. Para que un hombre te ame profundamente tiene que sentir siempre que tú eres una persona mejor y más noble que él.

EL ESPOSO ADICTO AL ALCOHOL O A LAS DROGAS

Bev habló: –¡Demonio! Mi esposo siempre está haciendo las cosas mal. Él es un alcohólico. ¿Qué puedo

hacer con respecto a eso? Dios sabe que sufrí bastante con mi propio padre, él también era alcohólico. Ahora estoy casada con uno.

–Bueno Bev, no quiero ser desagradable, pero la hija de un alcohólico con frecuencia se casa con un hombre con alguna adicción. Ella piensa que él cambiará si ella le da suficiente amor, pero eso no sucede con frecuencia.

–El principal problema con la mayoría de los adictos es un autoestima pobre. Las adicciones tales como el alcohol, las drogas, incluidos los tranquilizantes prescritos y las pastillas para dormir, el tabaco, la pornografía y el juego son los mayores problemas hoy en día pero, ellos pueden ser superados con la ayuda de Dios.

–Vamos a ver el por qué un hombre se vuelve adicto. Un adicto es con frecuencia un hombre sensible con un autoestima pobre, quien con frecuencia sufre dolores emocionales. Este dolor emocional viene generalmente de la crítica de otros o quizás, para ponerlo de otra manera, de la falta de admiración de otros.

–O el dolor emocional puede venir de su conciencia por la culpa de algo mal hecho en el pasado, o incluso de la presión diaria de ganarse la vida en este mundo moderno.

–Un adicto con frecuencia solamente disfruta un sentimiento de bienestar cuando ha amortiguado su conciencia con alcohol o con drogas. Lo "bien" que ellos dicen sentirse es como se siente una persona normal la mayoría del tiempo. Pero para el hombre adicto, en comparación con su estado normal depresivo o ansioso es un sentimiento maravilloso. Al menos está liberado temporalmente de su dolor emocional.

–Estos desórdenes de la personalidad pueden ser rastreados con frecuencia hasta influencias en la infancia, especialmente por haber crecido sin disciplina de los padres. Muchos adictos fueron malcriados de niños por sus padres que nunca les enseñaron cómo lidiar con las responsabilidades de la vida.

–Y con más frecuencia aún, crecieron con falta de admiración por parte de sus padres. Aprendimos la semana pasada en el Secreto Número Dos cuán importante es la admiración tanto para los hijos como para los hombres.

–Elsy habló: –Sí Harmony, lo que dijiste acerca de madres que malcrían a sus niños es muy cierto. El más joven de una familia grande está especialmente en riesgo. Algunas veces nosotras las madres no dejamos que nuestro último hijo crezca. Fui culpable de eso. Todavía llamaba a mi hijo menor "mi bebé" cuando tenía 20 años. A él parecía no importarle pero mi esposo insistía firmemente que no lo engriera. De todas maneras todo salió bien con él, es un chico muy seguro. Tiene ahora 30 años.

–Gracias Elsy. Sí, ese es un muy buen punto. La maternidad es bella pero es una responsabilidad muy importante también. Trataremos la maternidad en el Secreto Número Seis.

Ahora, veamos un último punto acerca de sobreponerse a adicciones serias. Por lo general la única vía efectiva es con la ayuda de una persona que ha superado esa adicción.

Los grupos tales como Alcohólicos Anónimos son los más efectivos. La cura comienza con una sencilla llamada telefónica, pero ésta necesita ser hecha por el mismo adicto y a la mejor organización capaz de ayudarlo. En la guía telefónica están las listas. Si un adicto no está seguro de cuál es la mejor, puede llamar a Alcohólicos Anónimos pidiendo consejo.

Por supuesto existen otras adicciones comunes tanto para hombres como para mujeres tales como la TV, especialmente novelas y deportes, dulces, comidas grasas, la gula en general, juegos, ir de compras, gastar dinero, historias de amor, exceso de limpieza e hipocondría.

Cuando somos adictas a algo sentimos un ansia intensa cuando nos vemos privadas de nuestra adicción por muchos días. Daremos lo máximo por obtener eso que deseamos.

Aprenderemos cómo superar esas adicciones menores en el Secreto Número Cinco pero, las adicciones serias casi siempre necesitan ayuda externa y oración.

CUANDO YA NO AMAS MÁS A TU ESPOSO

Bev habló nuevamente: –No sé si vale la pena. Ya no lo amo más. No puedo soportar su adicción a la bebida aunque no es tan grave últimamente.

–Bev, no es extraño para nosotros que evitemos el cambio–dijo la profesora–, nos acomodamos a cualquier situación incluso cuando es dolorosa. Pero no estarías tomando este curso si no estuvieses esperando algo mejor.

Te reto a que satisfagas tu sueño secreto de lo que debería ser tu matrimonio. Estoy preocupada por ti Bev, sé que puedes hacerlo, tú tienes la llave.

Bev enrojeció y bajó su cabeza.

–¿No has hecho todavía las tres tareas del Secreto Número Uno?–le preguntó la profesora.

Bev movió su cabeza.

–Por favor haz la primera esta noche Bev. Haz la lista de las virtudes de tu esposo. ¿Lo harás?

–Bueno, si usted piensa que hay esperanza, sí, lo haré– dijo Bev con la voz entrecortada. Parpadeó para retener sus lágrimas. Fue la primera vez que podía recordar en toda su vida que alguien le dijera –*Estoy preocupada por ti Bev*–.

La profesora continuó –muchas mujeres casadas con alcohólicos, adictos y hombres con problemas de personalidad, han perdido el amor por sus esposos. ¿Qué deberían hacer? Bueno, aquí tenemos cuatro ideas para las mujeres que se encuentran en esta situación.

Primero: recuerda que tu esposo fue una vez un pequeño e inocente chico. Sus adicciones y malos hábitos fueron todos aprendidos, por esa razón pueden ser desaprendidos si tiene la voluntad, tu apoyo y la ayuda adecuada.

Necesitamos mirarnos con detenimiento a nosotras mismas. ¿Está nuestro comportamiento proveyendo el clima apropiado para que en realidad quiera cambiar? ¿QUIERES EN REALIDAD QUE CAMBIE? O lo estás haciendo más fácil para que él continúe con su problema al evitar que sufra las consecuencias de su comportamiento? Hemos escuchado todas cómo la mayoría de la gente necesita tocar fondo antes de que quieran buscar ayuda.

Segundo: en el principio sintieron atracción el uno por el otro como personas. Ustedes se escogieron. Ustedes se prometieron estar juntos en las buenas y en las malas.

Tercero: si ha criado a tus hijos, nunca podrá ser reemplazado a ojos de ellos. Los hijos de ustedes son un lazo eterno entre ustedes dos. Nadie podrá cambiar eso NUNCA.

Cuarto: a ese mismo hombre, si le das afecto, admiración y simpatía, lo haces el Número Uno en tu vida y le permites tomar su verdadero lugar como cabeza de la familia madurará con la ayuda adecuada la cual debe buscar por él mismo y con el tiempo se convertirá en un esposo maravilloso.

Lo he visto suceder una y otra vez. Esos hombres con frecuencia se convierten en hombres muy considerados. Parece que quieren compensar por los años que desilusionaron a sus esposas.

HAZ QUE TU PRIMER MATRIMONIO FUNCIONE

El rostro de la profesora se puso serio. Ella dijo,– saben, no me cansaré de decirles que debemos dar lo mejor de nosotras para hacer que nuestro primer matrimonio funcione. Tenemos a Dios de nuestra parte porque en la Biblia, en Malaquías 2:15–16, Dios le dice estas palabras a los hombres: *"Sean fieles a la mujer de su juventud. Yo odio el divorcio"*.

–Por tanto, si le pedimos ayuda a Dios, él nos ayudará, porque él odia el divorcio. Pero su ayuda vendrá, no cambiando a nuestros esposos sino a nosotras mismas. Entonces despertaremos el deseo en ellos de cambiar también.

Ángela no pudo evitar asentir con su cabeza como muestra de aprobación. Recordó la oración que había hecho a Dios para que la ayudara la noche que escuchó a su hijo sollozar.

–He estado impartiendo estas clases por el tiempo suficiente como para saber, sin temor a equivocarme que nuestro primer matrimonio tiene el más grande potencial para la felicidad. Pero necesitamos esforzarnos continuamente. Es como cuidar de un jardín. Si lo descuidamos pronto será un terrible desorden.

Enamorarse es una ilusión, un estado temporal. Eso no es verdadero amor. El verdadero amor solo echa raíces y crece cuando la pareja satisface mutuamente sus necesidades emocionales. Mientras maduramos juntos, sacrificamos juntos.

Yo sé lo que es el verdadero amor, Elsy sabe lo que es el verdadero amor, ¿no es así Elsy?– Elsy asintió sonriendo.– Yo sé que todas podemos experimentar el estremecimiento y la seguridad del verdadero amor a través de vivir estos principios maravillosos de Mujer Fascinante. Esa es la razón por la que estamos aquí.

CUANDO TU ESPOSO TE HA SIDO INFIEL

–Ahora, ¿qué puede hacer una mujer cuando se ha enfrentado con la perturbadora verdad de que su esposo se ha involucrado con otra mujer?

–Muchas mujeres niegan lo obvio por el mayor tiempo posible pero, si tu esposo está de repente fuera de la casa por largos períodos en las noches o pasa toda la noche fuera por varias razones vagas, si le está prestando más atención a su apariencia, tienes razones para sospechar. Confróntalo con su comportamiento. Tienes el derecho dado por Dios a la fidelidad en el matrimonio.

Si eso es cierto, primero enfrenta tu parte de culpa en el problema. ¿Qué hiciste, o dejaste de hacer, que puso el fundamento para que esto sucediera? ¿Cuál es la necesidad que está satisfaciendo esa otra mujer en tu esposo que tú has dejado de satisfacer?

–Corregir esos errores, perdonarlo y vivir las leyes de Mujer Fascinante casi siempre lo traerá de vuelta. Pero no deberás sacar el asunto a relucir otra vez y aunque te sea muy difícil, deberás confiar en él 100%.

–Nunca lo interrogues para saber dónde ha estado. La confianza es muy importante para reconstruir la relación. Si fue una ocurrencia aislada en la mediana edad, no es probable que se repita y muchos esposos, tratando de expiarse por su severo sentido de culpabilidad, se vuelven esposos muy considerados después.

–Si él no está preparado para abandonarla, dile con firmeza y directamente que tiene que escoger entre ella y tú, y prepárate para cumplir con tu palabra.

Eso es mentalmente destructivo para ti mantenerte en semejante situación. Te puede llevar con facilidad a desórdenes emocionales y a una seria afección en tu salud.

LA CASTIDAD, EL REGALO MÁS PRECIOSO PARA TU ESPOSO

–Ahora, estoy segura que todos ustedes entienden cuán importante la castidad de ustedes para sus esposos. Puede ser el colmo de la agonía para ellos imaginar que otro hombre tenga intimidad con ustedes. Es el último golpe e insulto a su sensible orgullo masculino.

–Deberíamos constantemente enseñarles a nuestras hijas esta verdad también, que el regalo más precioso que puedan darle a sus esposos es su castidad.

–Chicas, nunca se involucren en una aventura amorosa. Nunca piensen en eso, ni siquiera por un instante. Puede que parezca emocionante pensar en ello pero el adulterio es algo seriamente malo a los ojos de Dios. Destruye familias enteras. Nunca, nunca encontraremos felicidad de esa manera, solamente miseria. Si alguna de nosotras es culpable de esto, deberíamos pedir humildemente a Dios que nos perdone y no hacerlo nunca más.

Dile directamente lo que quisieras que él hiciera. Luego pregúntale qué quiere que tú hagas

CÓMO SUPERAR DIFICULTADES SEXUALES EN TU MATRIMONIO

–Ahora vamos a discutir un poco acerca del lado sexual de nuestro matrimonio. No hablamos mucho de sexo en Mujer Fascinante, eso es porque las dificultades sexuales se deben mayormente a solamente tres cosas, resentimiento, temor a quedar embarazada, y falta de comunicación.

Por consiguiente, las dificultades sexuales se resuelven casi siempre por sí mismas cuando vivimos Mujer Fascinante.

Sin embargo, como parte de este secreto número tres, Mujer Fascinante te ofrece tres pautas para la satisfacción sexual en tu matrimonio.

Primero, para la mayoría de los hombres, su sexualidad es el centro de su masculinidad y autoestima. Por tanto, esta es un área donde sencillamente UNA SOLA OBSERVACIÓN NEGATIVA puede herirles profundamente por años. Sin embargo, por otro lado, esta es un área donde también una pequeña muestra de admiración puede incentivarlos muchísimo por mucho tiempo.

Cherry se rió tontamente en voz alta y dijo: –Entonces deberíamos decirles que –lo que usted sabe– es súper grande.

–¡Ay Cherry!–dijo Elsy.–Todas rieron.

La profesora sonrió, –Bueno sí podríamos Cherry, pero no diré nada más acerca de eso.

–**Segundo**, es importante para la mayoría de los hombres, no todo el tiempo, pero la mayoría de las veces, ser los que dirijan o busquen la intimidad sexual. A él le gusta seducirte. Ese es el por qué algunos esposos pueden perder interés cuando sus esposas se ofrecen con demasiada libertad o parecen estar muy ansiosas.

Tercero, es también muy importante para tu esposo que disfrutes sus atenciones y que parezcas satisfecha con su actuación. Por tanto, ten sexo con regocijo, aún cuando aparentes a veces estar más entusiasmada de lo que sientes. Eso significa mucho para tu esposo. Él quiere que disfrutes sus atenciones.

Cualquier problema sexual que quede después que comiences a vivir los principios de Mujer Fascinante se debe por lo general a falta de comunicación. Dile directamente qué es lo que quieres que haga. Luego, pregúntale qué es lo que él quiere que tú hagas.

Ahora, una advertencia acerca de la comunicación en esta área. Nunca, nunca hablen de alguna experiencia sexual anterior que hayan tenido con otro hombre, aunque sus esposos les pregunten. Asegúrenles que ellos son por mucho los mejores amantes, luego no digan más nada. ¿Alguna pregunta?

Sonia levantó su mano tímidamente. –Sonia, ¿tienes una pregunta?

–Sí profesora, pero es un poquito embarazosa...quiero decir...me parece que mi compañero es un poquito desmedido al querer tener sexo. Quiero decir, ¿con qué frecuencia es normal?

–No te avergüences Sonia. Esa es una pregunta muy válida. Algunos hombres usan el sexo como una salida a la tensión emocional, al desaliento y con frecuencia al aburrimiento. A veces pueden hacer demandas excesivas a sus esposas.

–Vivir Mujer Fascinante puede ayudarte a superar este problema. Una esposa puede satisfacer las necesidades emocionales de su esposo de mejores maneras.

–Existe lo opuesto a esta situación también. Cuando un hombre está profundamente involucrado en un proyecto estimulante, en uno en el que está poniendo mucha energía, su deseo sexual puede disminuir temporalmente. Su energía está siendo canalizada a otro lugar.

–También, opuestamente a lo que la mayoría de la gente cree, el abstenerse de tener relaciones sexuales puede disminuir la necesidad de hacerlo frecuentemente. Se parece a nuestro apetito por la comida. Si comemos con frecuencia, nos ponemos hambrientas con frecuencia, pero si solo comemos una o dos comidas al día, nuestro apetito se ajustará de acuerdo a ello.

–Para responder tu pregunta Sonia, investigaciones confiables apuntan a un promedio de alrededor de nueve veces durante el período mensual de una mujer como normal para la mayoría de las parejas jóvenes casadas.

–Durante y después de la menopausia la frecuencia puede disminuir considerablemente o cesar completamente. Existe con frecuencia un difícil período de ajuste, éste varía de mujer a mujer. Nuestros esposos deben ser extra cariñosos en este tiempo a veces problemático.

–Mirando al pasado, yo debo haber estado bastante difícil durante esos tres años de la menopausia, pero mi esposo me amó, y fue muy tolerante, Dios lo bendiga. La mayoría de los hombres son muy tolerantes si los

tratamos adecuadamente, más que nosotras las mujeres.

–Helena, ¿tienes una pregunta también?

–Sí, probablemente hablo en nombre de todas. Me siento con deseos de ser abrazada y de que converse conmigo después del sexo, pero mi esposo sencillamente se duerme.–Todas rieron estando de acuerdo con ella.

–Me encantaría poder resolver eso Helena, –dijo la profesora,–pero esa parece ser la forma de ser de la mayoría de ellos. Supongo que tenemos que aceptarlo, pero de todas formas dile cómo te sientes, probablemente tratará de hacer un honesto esfuerzo.

¿Alguna última pregunta? Nuestro tiempo casi se acaba. ¿Sí Marina?

–¿Deberíamos alguna vez rechazar a nuestros esposos?–la voz de Marina estaba más suave de lo normal.

–¿Le damos a nuestros hijos galletas cada vez que las piden?–dijo la profesora.–No, los estaríamos malcriando. La mayoría de los hombres no aprecian el sexo cuando lo reciben muy fácilmente. Recuerden, a ellos les gusta seducirlas. Si realmente no se sienten bien para ello, pueden decirles gentilmente "en algún otro momento" o "mañana", pero no los dejen con la incertidumbre y díganselo antes de que esté muy excitado.

Dejar que nuestros esposos se exciten demasiado y luego rechazarlos es cruel. Puede traer como consecuencia resentimiento silencioso, algunas veces por días.

No lo prives de sexo por demasiado tiempo

–Cuando privas a tu esposo de alivio sexual por largos períodos de tiempo, otras mujeres, incluso aquellas sin atractivo, le parecerán atractivas sexualmente en un nivel físico. Un hombre hambriento piensa con frecuencia en la comida. No vale la pena el riesgo. Muchos buenos matrimonios han sido destruidos solamente por la privación de relaciones sexuales. Hagan sencillamente lo necesario. No toma mucho satisfacer a un hombre. No requiere un contacto sexual completo.

–Nuevamente, la comunicación es la mejor respuesta a largo plazo. Hablen con ellos. Pregúnteles qué pueden ustedes hacer para ayudarlo cuando no se sientan deseosas.

–Ayuden también a sus esposos a entender cómo varía una mujer en su respuesta durante su ciclo mensual. Opten por algunas pautas básicas sobre el cuándo, dónde y cómo, y cúmplanlas.

Siembra semillas de Mujer Fascinante primero

–Gracias profesora,–dijo Marina–¿Puedo hacerle una última pregunta, no acerca del sexo? Usted nos está diciendo que pongamos a nuestros esposos en el primer lugar pero, ¿no se supone que con estos secretos nos convirtamos en lo número uno para ellos?

–Sí Marina, muy cierto, eso sucederá, pero necesitamos sembrar primeramente las semillas. Cuando vivimos los diez secretos nos convertimos en la persona más maravillosa en el mundo para nuestros esposos. Así como Mumtaz lo fue para el emperador, recuerden el Taj Mahal de la semana pasada. Nos convertimos en su Número Uno, su reina, y él en nuestro rey.

Ahora, aquí tenemos las tareas para esta semana. Por favor, háganlas, cada una de ellas. No las dejen para el momento perfecto, ese llega raras veces. Háganlas tan pronto como puedan.

Pero solo hagan la tercera cuando en realidad quieran decirla en serio. Esa es una declaración muy poderosa que un hombre puede escuchar de su esposa. No hay vuelta atrás después de haber dicho esto.

Tareas: Secreto Número Tres

Tarea Uno: al menos dos veces durante la semana Saluda a tu esposo cuando llegue a la casa con una sonrisa y luciendo tu mejor apariencia femenina. Ten tu casa tranquila y organizada. Hazlo sentir cómodo. Escúchalo si quiere hablar. No hables acerca de tu día o acerca de tus preocupaciones hasta después que haya comido.

Tarea Dos: dile con tus propias palabras, –Estoy comenzando a darme cuenta de la gran responsabilidad que tienes al proveer para mí y para

los niños. En realidad lo aprecio. Debe ser una
pesada carga de llevar.–

TAREA TRES: dile a tu esposo, *"Quiero que sepas
que eres la persona más importante en mi vida y
siempre lo serás"* (Debes en realidad querer decir eso
y nunca darle una razón para dudarlo en el futuro)

Mientras Ángela leía las tareas decidió escribirle a Ted
otra nota durante la semana para completar las tareas
dos y tres.

Se sintió triste al recordar que había fallado
miserablemente en consolar a Ted durante los años que
vivieron juntos. Casi cada vez que llegaba a casa del
trabajo había descargado todos sus problemas y
frustraciones en él en el mismo momento en que había
entrado por la puerta. No se preguntaba ya por qué él
trabajaba hasta tan tarde con tanta frecuencia. Sí, ella
podía de ahora en adelante hacer de él el número uno
en su vida, si tan solo él regresara a la casa a vivir con
ella.

–Judy y Blossom son nuestras visitantes de esta
noche. Vengan y compartan sus experiencias chicas–
dijo la profesora y se sentó.

***

Judy (Historia Real)

–Nuestra vida sexual era buena, al parecer lo único
bueno en nuestro matrimonio. Se lo dije a mi
esposo, pero el problema era que eso era lo único por
lo cual lo alababa y lo admiraba.

En realidad no lo aceptaba ni lo alababa. Nunca fue
tratado como el Número Uno.

Por esa razón, se volvió a otras mujeres que lo
hacían sentir el Número Uno y lo admiraban por sus
atributos masculinos.

Se volteó a mujeres que escuchaban sus historias
y le daban el tiempo y la atención que todo hombre
necesita.

Lo odié por haber tenido otras mujeres. No podía
entender por qué no estaba satisfecho con el sexo
que yo le daba.

Después que tome el curso me di cuenta que no era sexo lo que necesitaba de esas otras mujeres sino aceptación, admiración, y ser el Número Uno. Por negarle estas cosas lo había conducido a la infidelidad.

Ahora no temo que vaya a tener otra escapada porque sé el tipo de mujer que un hombre quiere.

***

Blossom (Historia Real)

–Mi esposo y yo hemos estado casados por 6 años. Tenemos dos hijos. Cuando quedé embarazado con el último, mi esposo se volvió muy frío e indiferente. Me dijo que no me amaba más. Comenzó una aventura amorosa con otra mujer.

Después de haber estado separados por tres meses, volvimos a hacer un aprueba por seis meses. Separados ambos fuimos miserables.

Durante ese período de prueba nuestro matrimonio fue inestable y no fue lo que yo quería y necesitaba desesperadamente.

No me sentía amada como quería serlo. Me sentía indefensa y preocupada ante la constante idea de que mi esposo encontraría a otra mujer con la cual tener una aventura.

En ese tiempo escuché acerca de Mujer Fascinante y asistí a las clases.

La primera vez que la puse en práctica vi como el rostro de mi esposo se iluminaba y sentí una ternura aunque pequeña hacia mí.

Teníamos una comunicación muy pobre pero cuando comencé a admirarlo y a comprenderlo de la manera que hemos escuchado en esta noche, se convirtió en un hombre nuevo.

Su pared de silencio ha desaparecido, me cuenta todos sus problemas y me trata de una manera tierna y cariñosa. Es una experiencia maravillosa, aquella con la que siempre soñé pero nunca tuve. Mientras más lo admiro más amor siento de su parte.

**Ahora disfruto de una maravillosa paz interna.
Recibo el amor que necesitaba desesperadamente.**

***

–Muchas gracias Blossom y a ti también Judy por
venir esta noche. Si, la compasión y comprensión tienen
un efecto poderoso en nuestros esposos, así como la
aceptación y la admiración.

Estas tres cualidades en una mujer estimulan las
emociones más profundas de un esposo, éstas provocan
una magnífica respuesta en su corazón.

***

CAPÍTULO NÚMERO SIETE

SECRETO NÚMERO CUATRO
PERMÍTELE DIRIGIR

En la noche del jueves, después que Tiphony y David se habían ido a dormir, Ángela tomó su bloc de notas y se sentó a la mesa del comedor para escribirle a Ted nuevamente. Era para hacer las Tareas Dos y Tres de la lección de la noche anterior referente a darle el primer lugar al esposo.

Planeaba decirle a Ted lo mucho que apreciaba el sostén que les había proporcionado en el pasado a ella y a los niños y también para decirle cuán importante él era para ella y que ahora ocupaba el primer lugar en su vida.

Mientras estaba sentada tratando de decidir cómo empezar mejor, el teléfono sonó. Ángela lo cogió y contestó.

– ¿Si?

–Es Ted, Anyi.

Ángela sintió su corazón latir rápido.

–Hola Ted –su voz era aguda y nerviosa. –¿Están los niños todavía despiertos?

–No, los envié a la cama temprano pero quizás todavía estén despiertos. ¿Quieres hablar con ellos? Voy a buscarlos. –No, no, no. Todo está bien. Yo…yo, eh… leí tu carta.

–Ha estado tomando–, pensó Ángela, –puedo darme cuenta por su voz–. A pesar de su nerviosismo sintió cómo su familiar ira comenzaba a encenderse. Entonces recordó el primer Secreto de Mujer Fascinante, *"Acéptalo como es"*, por lo que respiró profundamente y dijo: –En

realidad siento lo que escribí. Estoy ahora mismo a punto de escribirte otra. Ángela trató de reunir el suficiente coraje como para decirle a Ted que ella planeaba escribirle acerca de hacerlo el Número Uno en su vida, pero no pudo.

–La esperaré, –dijo Ted. Luego silencio. Ángela sintió que Ted quería decir más pero no confiaba en sí mismo.

–Bueno…dile a David y a Tiphony que llamé. Pregúntales si quieren venir al Stock Cars el sábado por la noche. Dile a David que venga a verme al trabajo cuando vaya de la escuela a la casa mañana para que me dé la respuesta, –otro silencio –Bueno, mejor me voy.

–Está bien entonces, buenas noches Ted.

Las manos de Ángela estaban sudorosas cuando colgó el teléfono. ¿Por qué se puso tan nerviosa al hablar con Ted? Parecía que él estaba tan nervioso como ella también.

–Qué par de locos, –dijo en voz alta al coger nuevamente su bolígrafo. Se sintió mucho mejor cuando terminó de escribir la nota. La leyó.

Querido Ted,

Fue lindo de tu parte llamar esta noche. Me hubiese gustado haberte dicho todo esto por teléfono pero he decidido ponerlo por escrito.

Ted, ahora me doy cuenta la gran responsabilidad que has llevado todos estos años para sostenerme a mí y a los niños y proveernos un hogar. Lo aprecio mucho. Debe ser una pesada carga de llevar.

Quiero que sepas que aunque estamos separados en este momento, eres la persona más importante en mi vida y siempre lo serás.

Con amor, Ángela.

Ángela sonrió y tuvo la sensación de satisfacción interior cuando selló el sobre. Fue afuera a poner el sobre en su carro para poder estar segura de recordar dejarlo en la Oficina de Correos a la mañana siguiente.

Sin embargo, la noche estaba clara y apacible y de repente se sintió llena de energía. Decidió dar otra carrera hasta la Oficina de Correos y dejar la nota para Ted esa misma noche.

Entró y se puso su ropa deportiva y los zapatos deportivos, metió el sobre en su sujetador y salió.

Se sorprendió de su energía. Esta vez fue capaz de correr casi toda la distancia a la Oficina de Correos del pueblo. Solamente se detuvo a caminar dos veces en el camino para tomar aire, no obstante jadeaba cuando llegó.

Dejó la nota pare Ted y disfrutó un tranquilo regreso a casa a través de la calle rodeada de árboles de su quieto barrio. La fragancia de las flores de primavera daba olor a la noche. A pesar de sus problemas, estaba agradecida de estar viva.

Mientras se preparaba para dormir se sentía relajada y fresca. Recordó arrodillarse y orar, ella lo olvidaba la mayoría de las veces. Oró para que Ted aceptara su nota y para que todo saliera bien. Se metió en la cama y se quedó dormida de inmediato. Lo próximo que oyó fue a Tiphony roncar suavemente en el otro lado de la cama y ya era la mañana. Ángela nuevamente se sintió viva y llena de energía.

***

El sábado en la tarde David y Tiphony, llenos de excitación, se fueron caminando al apartamento de Ted para ir al Stock Cars con él.

Más tarde en esa noche, Ángela los esperó despierta. Justo antes de las 11 pm escuchó la furgoneta de Ted subiendo por la rampa. Un poco temerosa salió a saludarlo.

Las luces de afuera le permitieron ver inmediatamente un brillo intenso en el carro por la pintura nueva que le había sido dada y algunas rayas que Ted le había añadido. Fue hasta la ventanilla, Ted la bajó con una mirada incierta en su rostro.

–¡Oye!, haz hecho que tu furgoneta luzca de lo más elegante Ted,–le dijo —me gustan las nuevas bandas, – añadió, al recordar que debía ser específica en su admiración.

El rostro de Ted se iluminó con una tímida risita. Viendo esto, Ángela se relajó y le sonrió también. Sintió una calidez en su corazón. Fue la primera vez que fue capaz de sonreírle a Ted en más o menos dos años.

–Tuvimos una noche genial mamá, –le gritó David al salir del carro, –y papá nos compró un perro caliente.

–¿De verdad?, –dijo Ángela –Bueno, vengan ya, a la cama que ya es tarde.

Sintió deseos de invitar a Ted a tomar algo caliente pero pensó que no podría lidiar con eso todavía.

–Buenas noches Ted, –le dijo sonriéndole.

Nuevamente Ted la miró con desconcierto, luego le dio otra tímida sonrisa.

–Buenas noches, Anyi, – le dijo y luego dio marcha atrás por la rampa.

Ángela caminó de regreso lentamente y cerró la puerta deslizable detrás de ella. Tiphony estaba en la cocina.

–¿Dijo algo papá esta noche? –le preguntó Ángela.

–No mucho, –dijo Tiphony moviendo su cabello rubio mientras se tomaba un vaso de leche. –Le dije que habías dejado de fumar. Pareció feliz. Y él no fuma mamá, tú me dijiste que lo hacía.

–Bueno, me complace escuchar eso Tiphony. ¿Te dijo él que ya no fuma?

–Sí, yo le pregunté.

Ángela se sintió bien en su interior.

–Bueno, a la cama Tiphony. –OK, buenas noches mamá.

–Buenas noches Tiphony.

–Creo que voy a dormir en mi propia cama esta noche, mamá.

–Si así lo quieres, querida.

***

Pronto llegó la noche del miércoles.

–Buenas noches chicas, –les dijo con una sonrisa Harmony, la profesora de Mujer Fascinante. –Se ven de buen humor esta noche. Supongo que ya han hecho todas ustedes sus tareas.

Hubo un murmullo de aprobación exceptuando a Bev. Se excusó con que su esposo había estado enfermo durante la semana y ella no sintió deseos de hacerlas.

La sonrisa se desvaneció del rostro de la profesora y dijo: –Ay Bev, estoy decepcionada. Por favor trata de hacerlo para esta semana. De verdad me preocupo por ti. Olvida su mal comportamiento y solo hazlas, especialmente la lista de las cualidades de tu esposo.

Ángela escuchó a Bev murmurar, –¿Qué cualidades?– , pero la profesora pareció no escuchar.

–Bien, vamos a comenzar como siempre escuchando dos experiencias de lo que sucedió en la semana. ¿Quién quiere primero?

Diane levantó su mano. –Diane, bien, vamos a escucharte primero. Ven aquí al frente.

Ángela notó que Diane lucía mucho más atractiva que como se veía en su primera clase. En aquel momento lucía deprimida y había llorado de repente. Parecía también que había subido un poquito de peso, estaba erecta y se veía mucho más feliz. Esa noche, por primera vez, usaba ropas femeninas y atractivas y su voz era más segura, había perdido su tono aburrido y ahora tenía expresión y personalidad.

***

Diane (Historia Real)

–Había estado extremadamente feliz todo el día pero cuando mi esposo llegó a la casa echó sobre mí una sombra de pesimismo y estaba muy enojado.

Yo estaba determinada a no dejar que su pesimismo se me pegara por lo que, como aprendí la semana pasada, lo hice sentir cómodo y lo invité a que me hablara acerca de cómo había sido su día.

Solo quería relajarse, por lo que seguí preparando nuestra cena.

Cuando fui a llamarlo para cenar, su cabeza estaba inclinada y había lágrimas en sus mejillas.

Tierna y suavemente le dije: –Cariño, dime qué te pasa.

De repente rompió a llorar y abrió la tapa de la Caja de Pandora. Había perdido toda la fe en las mujeres por la trágica experiencia de un matrimonio anterior. Sacó con mucha ira todo su resentimiento, odio hacia las mujeres y miedos al futuro. Había abierto su cascarón.

Desde esa noche de la semana pasada nuestro amor ha tenido la libertad de crecer incluso al punto de decirme, mientras me daba un abrazo fuerte, que yo era todo lo que un hombre podía querer en una esposa.

***

La profesora se puso de pie y abrazó a Diane por largo tiempo cuando ella terminó de hablar. Diane parecía más feliz aún cuando se sentó.

Ángela se sintió feliz por ella también. No podía creer que una mujer pudiese cambiar tanto en unas pocas semanas. Había un deseo fuerte en su corazón por una experiencia similar con Ted.

Ahora Cherry tenía levantada su mano y la agitaba. –¿Cherry, tienes otra experiencia? –dijo la profesora –Ven y compártela con nosotras.

***

Cherry (Historia Real)

–Tuve la oportunidad perfecta para poner en práctica el secreto de la comprensión en el día después de la clase de la semana pasada.

Cuando mi esposo llegó a la casa después de un inusual mal día en el trabajo, estaba de un humor pésimo, listo para formar un lío por la más mínima cosa.

En vez de ponerme a la defensiva y discutir con él como siempre, sencillamente le dije que era muy bueno para mí tenerlo en la casa, luego, al ver que no tenía ganas de hablar conmigo, sencillamente lo dejé solo. En vez de pedirle que se ocupara de nuestras pequeñas niñas mientras preparaba la comida, como siempre, le hice un comentario acerca de lo mucho que estaba trabajando y que necesitaba descanso y me ocupé de las niñas yo misma. Puse de

mi parte lo mejor para estar alegre aunque fue muy difícil.

No obstante, gané la batalla al final. Esa noche después de la cena, por la primera desde que nos casamos, mi esposo no abandonó la mesa inmediatamente sino que se sentó y estuvo hablando conmigo por una buena hora.

Fue algo maravilloso. Sentí que nos habíamos comunicado de verdad el uno con el otro.

***

–Eso es maravilloso Cherry, –dijo la profesora visiblemente emocionada. Su rostro relucía y a Ángela le pareció que lucía 20 años más joven.

–Recuerden, el momento en el que sus esposos llegan a la casa es el más importante de todo el día, –dijo. –Prepárense para ello, háganlo especial para él. No van a creer la diferencia que esto hace en sus relaciones.

Ahora, para el secreto Número Cuatro de Mujer Fascinante, iremos nuevamente a la Biblia. Tomó la pesada Biblia abierta de la mesa y se la dio a Helena.

–Helena, ¿podrías por favor leer para nosotras las líneas que he subrayado aquí en Génesis? La primera parte de este verso la leímos en la segunda clase para explicar e sensible orgullo de los hombres. Recuerden, aquí Dios le habla a Eva.

Helena leyó: –Tu deseo será para tu marido, y él se enseñoreará de ti.–

–Muy bien Helena, lee más abajo lo que le dice Dios a Adán.

–Con el sudor de tu frente comerás el pan hasta que vuelvas a la tierra de la cual fuiste tomado.–

–Gracias Helena, –dijo la profesora al recoger el libro. –Ahora bien, estos dos decretos de Dios son el fundamento para el Secreto Número Cuatro.

Se volvió a la pizarra y escribió.

***

110

Secreto Número Cuatro

El rol de tu esposo, dado por Dios, es dirigirte y proveer para ti. Permítele hacerlo

Beth, la delgada y joven mujer dedicada a su profesión dijo: –¡Vaya profesora, que eso está un poco pasado de moda! Hoy en día el matrimonio es una asociación, el mío lo es. Como la mayoría de los esposos y esposas, ambos trabajamos para proveer. Hoy día no se puede vivir con un solo sueldo, ¿verdad?

–Gracias por ser tan honesta con nosotras Beth, –dijo la profesora. –Sí chicas, lo que Beth ha dicho parece ser el punto de vista de la mayoría de la gente hoy en día.

Elsy dijo: –Pero existe un viejo refrán que dice "Cuando estás sintonizado con el mundo, estás fuera de sintonía con Dios."

–Gracias Elsy y sí, yo creo que eso es cierto. En Mujer Fascinante regresamos a los principios correctos, principios que son ciertos y se sabe que funcionan, leyes verdaderas y comprobadas que Dios nos ha dado en la Escritura.

Permitirle a nuestros esposos que nos lideren y provean para nosotras SOLO POR SU PROPIO ESFUERZO, intensifica poderosamente sus sentimientos de masculinidad. Recuerden, ese es el sentimiento más placentero que un hombre pueda tener.

Mientras más nosotras las mujeres nos involucramos en los roles de los hombres, menos masculinos se sienten y menos femeninas nos volvemos nosotras.

Eso no significa que no vamos a ser capaces de asumir su rol en un caso de urgencia sino que, a menos que seamos forzadas por la ausencia de ellos, nos abstendremos de hacerlo.

Sí Beth, puede que sea un poco difícil arreglárselas con un solo salario en primeros años de nuestro matrimonio. No vamos a ser capaces de comprarnos lujos que otros pueden comprar con dos salarios pero, muy en lo profundo, un hombre prefiere proveer él solo para su esposa.

A él le gusta sentir que dependemos de él. Mientras más dependientes de él parezcamos, más cariñoso y tierno tendrá la tendencia de ser con nosotras.

No estoy diciendo que esto sea siempre posible. Comprar una casa es muy caro, con frecuencia los padres pueden ayudar pero esto es un precioso objetivo que nos podemos trazar.

Cuando nuestro esposo es quien nos mantiene se vuelve más seguro en sí mismo y más varonil. Como consecuencia, nos volvemos más femeninas, más encantadoras para ellos.

Los lujos nunca traen la felicidad duradera que pensamos que traerán. Solamente vivir las leyes de Dios es lo que nos proporciona esa clase de felicidad.

Beth habló nuevamente. Ángela detectó irritación en su voz. –Entonces, ¿qué dice usted que ES el rol de la mujer?

La profesora sonrió. –Este es nuestro rol, – y diciendo esto se volvió y escribió en la pizarra.

Un hombre está diseñado para su rol dado por Dios de proveedor

ROL DADO POR DIOS PARA LA MUJER

Compañera – Madre – Ama de casa

ROL DADO POR DIOS PARA EL HOMBRE

Líder – Proveedor – Protector

–Ellos encajan como una carreta y un caballo, Beth. Ambos son igualmente importantes pero obviamente diferentes. Y sí, es cierto que los roles están hoy borrosos en nuestra sociedad occidental. Esta imprecisión en los roles causa mucha presión e infelicidad, es la causa principal de un enorme número de matrimonios infelices y fracasados.

DIFERENTES CARACTERÍSTICAS ENTRE LOS HOMBRES Y LAS MUJERES.

–Para encontrar satisfacción en nuestras vidas necesitamos vivir los roles que Dios nos ha dado. Dios nos diseñó para esto.

–La mayoría de los hombres son, por su naturaleza masculina, líderes naturales. Tienden a ser decisivos y tienen un pensamiento lógico y racional. Son también

competitivos, musculosos y tiene un fuerte deseo de destacarse en algo, no les temen a las arañas, o a la oscuridad o a los ruidos extraños en la noche.

–Pero las mujeres somos diferentes. Tenemos la tendencia de ser intuitivas, de alimentar y necesitamos estabilidad y seguridad. Con frecuencia dudamos y cambiamos de idea cuando se trata de tomar una decisión. También tenemos una fuerte necesidad de ser amadas y protegidas.

Y a los hombres les gustamos así como somos. Los hace sentir protectores. A los hombres les encanta proteger a las mujeres. Cuando hacemos a nuestro esposo sentirse protector, suscitamos sus sentimientos tiernos, los mismos que sentimos nosotras cuando nos sentimos protectoras de los niños pequeños.

Cuando nos sentimos protegidas por un hombre se despierta en nosotras la gentileza y la feminidad.

Beth está en lo cierto cuando dice que el matrimonio es un compañerismo, pero es un compañerismo donde ambos se complementan. Tanto el esposo como la esposa poseen diferentes roles. El esposo dirige, provee y protege a su esposa e hijos.

Su esposa lo ayuda, le proporciona una compañía alegre, lo consuela y lo admira. Ella es la madre de sus hijos y garantiza que su hogar sea un oasis celestial donde él puede venir y recuperarse.

Cuando desempeñemos nuestro rol correctamente nuestro esposo nos amará y nos apreciará. Sencillamente no puede evitarlo. Esa es la manera en que Dios lo hizo.

Nosotras y nuestros esposo somos dos mitades diferentes de un todo que nos complementamos. Únannos, añadan amor y nos convertiremos en un personaje bello, completo, bien formado, mucho más fuerte que cualquiera de los dos separados.

Aquí tenemos un poema adaptado de Longfellow que dice de esta manera:

Como la cuerda es al arco,

Así es la mujer al hombre.

Aunque ella lo encorva, le obedece.

Aunque lo arrastra, le sigue.

UNA FAMILIA NECESITA UN LÍDER

–Toda organización necesita un líder. Un barco necesita un capitán. Se necesita una sola persona que tome una decisión final en asuntos importantes. Un barco no puede tener dos capitanes.

–La familia no es la excepción. Como leímos con anterioridad, Dios ha colocado sobre el esposo ese derecho a ultimar decisiones importantes en la familia, pero, solo después de haber consultado primero con su esposa y luego, si es necesario, con sus hijos.

El hombre es la cabeza o el capitán del barco de la familia, por decirlo de alguna manera. Nosotras las mujeres somos su primer oficial y el corazón de la familia.

CUANDO NO ESTÁS DE ACUERDO CON ÉL

Kathy: –Pero, ¿qué sucede cuando no estamos de acuerdo con las decisiones que toma?

–Bueno Kathy, tenemos que apoyar a nuestros esposos aún cuando tome una decisión final con la que no estemos de acuerdo. Sin embargo, si discrepas fuertemente con su decisión, debes decírselo, pero CON UN TONO GENTIL Y AMOROSO. Debes decirle también, al mismo tiempo, que si sigue adelante con su decisión, SEGUIRÁS APOYÁNDOLO.

Es muy, muy importante que honremos a nuestros esposos como líderes en nuestros hogares porque Dios no solo lo hizo el líder, sino también el pastor de nuestra familia.

LA LLAVE PARA LA TERNURA Y EL AMOR DE NUESTROS ESPOSOS

Ahora bien, les voy a escribir una palabra muy problemática en la pizarra. Esta palabra muchas mujeres la rechazan con enojo aunque puede ser la más mágica cualidad que una mujer puede poseer, si quiere despertar toda la ternura y amor en su esposo, –y diciendo esto se volteó y escribió en la pizarra.

Los niños se sienten seguros cuando su padre lidera la familia

SUMISIÓN

Tanto Bev como Beth reaccionaron con indignación. Ángela tuvo una mezcla de emociones.

La profesora levantó su mano pidiendo silencio. Luego sonrió y dijo gentilmente: –Cuando seguimos el liderazgo de nuestros esposos, y nos sometemos a sus deseos, llega a nuestro hogar una agradable sensación de paz y armonía.

El corazón de nuestro esposo es suavizado por nuestro espíritu complaciente. Esto despierta su ternura, su sentido de protección, y por encima de todo, su amor profundo.

Bev se burló y dijo con un tono hostil: –¿Está queriendo decir que debo ser obediente al viejo alcohólico?

–Nunca criticamos a nuestros esposos en Mujer Fascinante, pero sí Bev, la sumisión es una parte importante de Mujer Fascinante.

–¡Eso es pedir demasiado! –contestó Bev bruscamente –¿Y qué si toma una decisión equivocada?!Y mira que él ha tomado bastantes ya! Yo no confío en él. Soy mejor líder que él.

Ángela quedó estupefacta ante la vehemencia en la voz de Bev.

La respuesta de la profesora fue calmada: –Todos los hombres cometen errores. Algunos sencillamente lo esconden mejor que los otros. Nosotras también cometemos errores. Esa es la manera en que aprendemos todos.

Solo necesitamos ser humildes y querer confiar en las decisiones de nuestros esposos. Debemos estar preparadas para arriesgar nuestra seguridad, comodidad y dinero si es necesario. Debemos darle rienda suelta y confiar en que aprenderá. A la larga, será para bien. Recuerden, Dios lo ha colocado como cabeza.

Permítanme leerles lo que un escritor cristiano, Orson Pratt, escribió acerca de esto por allá por el año 1840:

–*La esposa no debería seguir nunca su propia opinión antes que la de su esposo, porque si su esposo desea hacer bien pero peca en su opinión al respecto, el Señor la bendecirá a ella por esforzarse al seguir el consejo de él; porque Dios lo ha puesto como cabeza, y aunque pueda estar equivocado en su opinión, Dios no justificará a la esposa cuando desacate las instrucciones y el consejo de él, porque más grande es el pecado de rebelión que el error que pueda tener el criterio de él; por consiguiente , será ella censurada por permitir que su voluntad propia se levante en contra de la de él.*

Sean obedientes y Dios hará que todo obre para bien y corregirá los errores de sus esposo a su debido tiempo. Una esposa perderá el Espíritu de Dios al rechazar obedecer el consejo de su esposo.–

–Esas son bellas palabras, profesora, –dijo Elsy –Creo con todo mi corazón que son ciertas.

–Gracias Elsy, –dijo la profesora. –Yo también puedo testificar que son ciertas. Mujer Fascinante nos enseña principios verídicos. Es cierto que esos principios están en conflicto con las ideas modernas, pero siguen siendo ciertos; y por la razón que son ciertos, funcionan.

Por supuesto, la mayoría de los esposos delegarán gran parte de las decisiones cuando se trata de asuntos del hogar, después de todo ese es nuestro dominio.

Pero incluso en estos asuntos, tiene el derecho de dar la última palabra en todos los asuntos.

CÓMO SE BENEFICIAN TUS HIJOS CUANDO TU ESPOSO ES EL LÍDER

–Nuestros hijos también se sienten seguros cuando los roles masculinos y femeninos están bien definidos, cuando a su padre se le respeta como la cabeza de la familia y junto a su madre forman una unidad indisoluble.

Esto puede también protegerlos del riesgo de la homosexualidad. Un padre cariñoso quien dirige y anima a su familia, y una madre gentil que se queda en la casa mientras ellos están creciendo, casi garantizan que los niños maduren y se conviertan en adultos completos. Casi todos los psicólogos infantiles están de acuerdo con esto.

CUANDO UNA ESPOSA QUIERE LAS COSAS A SU MANERA

–Por supuesto, la mayoría de las veces estamos encantadas con dejarlos que nos lideren pero, hay momentos en los que queremos las cosas a nuestra propia manera, especialmente cuando se trata de dónde vivir. Las mujeres usan cualquier tipo de presión para influenciar a los hombres en ese sentido. No queremos dejar a nuestros padres, o a nuestros amigos, o a los familiares que nos rodean.

Pero recuerden el secreto número uno –Acéptenlo–, tenemos que aceptar su opinión, incluso si esto significa posponer nuestros sueños.

Incluso cuando sintamos que él está cometiendo un error, necesitamos dejarlo en control y que dirija el proceso.

La felicidad y el verdadero amor se encuentran en relaciones cálidas y afectuosas, no en casas o regiones.

CUANDO TU ESPOSO ESTÁ A PUNTO DE COMETER UN GRAVE ERROR

Elsy: –Estoy de acuerdo con todo lo que usted está diciendo Harmony. Probablemente no lo hubiese estado 30 años atrás, pero ahora sé que lo que está enseñando es cierto.

–Gracias Elsy, –dijo la profesora.

–Sin embargo, profesora, necesito su consejo con respecto a un punto, y probablemente sea la inquietud de otras también. ¿Qué hacer si mi esposo está a punto de cometer un error grave, una decisión que estamos seguras que no es la correcta?

–Buena pregunta Elsy, y tengo la respuesta para ti. Asumamos que ya les dimos a nuestros esposos nuestros puntos de vista del asunto de una manera femenina pero aún está determinado a seguir adelante con su desastrosa decisión. Esto puede suceder, a mí me ha sucedido unas pocas veces y voy a compartir un pequeño secreto con ustedes que me ha funcionado cada vez que lo he aplicado.

Esto es lo que hago. No le hablo más acerca del asunto. Permanezco tranquila. Sencillamente le ofrezco a Dios una oración con mi corazón y le ruego que todo salga bien. No que cambie a mi esposo, sino que todo salga lo mejor posible para nosotros.

–Y, ¿saben lo que sucede? Cada vez ha sucedido así, mi esposo cambia de opinión dramáticamente, así de sencillo. Cada vez ha sido un milagro. Nunca he necesitado discutir u oponerme a su decisión.

Les digo esto, la oración tiene un poder inmenso cuando estamos dando lo mejor de nosotras para vivir justamente y ya hemos hecho todo lo que ha estado a nuestro alcance.

CUANDO UN PADRE ES DURO CON SUS HIJOS

–Helena, ¿tienes una pregunta?

–Sí, mi esposo es el líder en nuestra familia, pero me parece que a veces es demasiado duro con los niños. Ya se lo he dicho. Ellos son buenos jovencitos. ¿Está bien que haga yo esto?

–Bueno Helena, a menos que nuestro esposo ciertamente les haga daño, deberíamos dejarlo que actúe libremente. No debemos socavar su autoridad.

–Nosotras tenemos la tendencia a ser más suaves a la hora de disciplinar a nuestros hijos, pero los niños respetan a un padre firme. Eso no les hará daño mientras ellos sientan que su padre les ama.

–Mucho más daño es hecho por una disciplina indulgente en el hogar. Pregúntenle a cualquier policía, estará de acuerdo en eso.

–En una situación penosa, cuando un padre abusa físicamente de sus niños, al vivir las cuatro primeras leyes del curso casi siempre se resuelve el problema.

El abuso sexual a los niños por parte de su padre es un asunto totalmente diferente. No lo ignoren. Si esto está sucediendo, tienes que inmediatamente separarte y separar a los niños de él. El abuso sexual por parte de un padre puede dañar enormemente a los niños.

CUANDO TU ESPOSO NO TOMA EL LIDERAZGO

Sonia levantó tímidamente su mano. –Sí, Sonia.

–Me encantaría que mi compañero me liderara, pero no lo hace. Con frecuencia tengo yo que tomar el control, especialmente en asuntos monetarios.

–Ya casi íbamos a hablar de ese asunto, Sonia. Gracias por plantearlo.

Cuando un esposo no toma el liderazgo, es por lo general una falta de responsabilidad arraigada la causa, o poca confianza en sí mismo. Quizás fue malcriado en la niñez o nunca fue admirado por sus padres.

–La irresponsabilidad en un hombre es un problema muy difícil. Como padres, debemos de tener cuidado de no proteger demasiado a nuestros hijos de las lecciones difíciles de la vida. A la larga, no les estaremos haciendo ningún favor.

–Sin embargo, cuando vivimos los primeros cuatro secretos:

1. Aceptarlo

2. Admirarlo

3. Ponerlo en el primer lugar

4. Permitirle liderar

No podemos evitar aumentar la confianza en sí mismo de un hombre y con suerte y si todo sale bien, su sentido de responsabilidad. Afortunadamente, el sentido de responsabilidad por lo general se desarrolla a medida que crece y llega a tener sus propios hijos.

No obstante, puede que todavía esté pegado a viejos hábitos. Probablemente necesitarás animarlo a que los supere. Para eso, esto es lo que tienen que hacer:

Primero, recuérdale que Dios le dio la tarea de liderarte, y que, por lo tanto, él está capacitado para hacerlo.

Aunque él no crea en la Biblia, léele al menos un pasaje acerca de liderazgo. Lo que la Biblia dice tiene poder por sí misma. Te sorprenderás del poderoso efecto a largo plazo que puede tener en tu esposo un versículo bíblico acerca de su rol masculino, aunque se burle al principio. La verdad tiene poder y posee un algo que es difícil de negar.

Les daré una lista de tres buenos pasajes en la pizarra. Anótenlas. La primera ya la leímos antes.

Génesis capítulo 3, verso 16

Efesios capítulo 5, versos del 22 al 25

Primera de Pedro capítulo 3, versículo 1

-Segundo, dile que lo necesitas y quieres que te lidere, y que confías en él. Luego dale las riendas y déjalas ir, NO LAS VUELVAS A TOMAR, NO IMPORTA LO QUE PASE. Apóyalo al 100 %, permítele equivocarse, alábalo siempre por los éxitos obtenidos. Casi siempre irá ocupando paulatinamente su rol y tú florecerás en el tuyo.

La sensible área de las finanzas

–Vamos ahora a entrar a la zona bélica de las finanzas. Esta es un área muy sensible en el matrimonio porque está estrechamente ligada al sensible orgullo masculino de nuestro esposo.

Está también estrechamente ligada a nuestra necesidad femenina de seguridad. Antes que miremos quién es el responsable por las finanzas, vamos a escuchar esta grabación de una típica discusión entre un hombre y su esposa.

Escuchen cuán fácil puede el sensible orgullo masculino ser herido y cómo los malos entendidos pueden surgir fácilmente en discusiones acerca del dinero. Les comentaré paso a paso.

Escucharemos al esposo hablar primero. Él acaba de llegar a la casa del trabajo y está mirando una factura que llegó a través del correo ese día.

ESPOSO:– Mira que se necesita dinero para mantener una familia hoy en día. (PROFESORA: Él está esperando alguna admiración de parte de su esposa por su habilidad para proveer para ella y los niños)

ESPOSA:– Bueno, culpa mía no es. Yo me restrinjo para que el dinero alcance. Otras mujeres compran ropas más caras que las que yo compro para mí y para los niños. (Ella ha interpretado erróneamente su comentario como si él la estuviese criticando por su manera de gastar el dinero.)

ESPOSO (a la defensiva):– Gano más que la mayoría de los hombres y tú no tienes que salir a trabajar como otras mujeres. (Aún él está esperando con ansias algo de aprecio y admiración. Su sensible orgullo masculino ha sido herido gravemente y en respuesta comienza a enojarse)

ESPOSA (irritada):– ¿Ah sí? Tan pronto como Mike comience la escuela saldré a buscar trabajo para conseguir un poco de dinero. Quizás podamos ser capaces de comprar una alfombra nueva para esta casa. Esta está horrible. (Ella rompió sencillamente las cuatro primeras leyes de nuestro curso. Su esposo se siente

Pon las preocupaciones por las finanzas en los hombros de tu esposo, a donde pertenecen

120

enojado y resentido, también siente que ha fallado. Su autoestima y confianza en sí mismo se desvanecieron.)

Vamos a escuchar ahora cómo una mujer que vive los principios de Mujer Fascinante maneja la misma situación. Por supuesto que lo ideal hubiese sido que ella lo hubiese mimado un poco al llegar del trabajo y alimentado antes de permitir que viera la factura, preferiblemente sellada aún.

ESPOSO:– ¡Mira que se necesita dinero para mantener una familia hoy en día!

ESPOSA:– Esa es la pura verdad. Pero tú lo estás haciendo tan bien, mi amor. Debe ser una gran responsabilidad para un hombre (Ella ha sentido por instinto la importancia de ese momento, ha dejado de hacer lo que estaba haciendo y, acercándose a él, le toma la mano y le mira fijamente a los ojos mientras le habla.)

ESPOSO:– Bueno, no me importa la carga, pero a veces sí puede ser un poco duro. (Su auto estima y amor propio se han duplicado. Él se siente masculino muy en lo profundo. El amor por su esposa borbota.)

ESPOSA:– Tengo mucha suerte de tener un esposo como tú para cuidarme. (Él acaba de colocar su brazo alrededor de los hombros de ella y la besa en la mejilla amorosamente.)

La profesora apagó la grabación. –Eso es Mujer Fascinante en acción, –dijo sonriendo. –Y sí, ella quizás exageró un poquito pero eso a los hombres no les importa mucho. Aún los haraganes e irresponsables cambian cuando se les inspira de esa manera. Recibo cartas de mujeres que han pasado el curso y con frecuencia me dicen que los ingresos de sus esposos han incrementado grandemente desde que ellas comenzaron a poner en práctica Mujer Fascinante.

POR QUÉ DEBERÍA TU ESPOSO OCUPARSE Y PREOCUPARSE POR LAS FINANZAS

Ahora bien, ¿a quién le dio Dios la responsabilidad para proveer para la familia? Recuerden lo que Dios dijo: Con el sudor de tu frente comerás el pan. Fue a Adán, ¿verdad? En otras palabras, a nuestro esposo.

Nuestro rol es apoyarlo y gastar su dinero con sabiduría, pero es su responsabilidad proveer y dirigir los ingresos. Otra pregunta, ¿de quién es entonces el rol de PREOCUPARSE por las finanzas?

–Bueno, supongo que nuestra, –dijo Diane. –De ambos, –dijo Ángela

–Es el rol de mi esposo, –dijo Helena. – No quiero tener que preocuparme por las cuentas por pagar.

–Sí, Helena está en lo cierto, –dijo la profesora. – Nosotras las mujeres NO tenemos que preocuparnos por el dinero. Eso es asunto de nuestro esposo. Nosotras las mujeres nos preocupamos con demasiada facilidad por el dinero. Un hombre está mejor equipado para preocuparse por tales cosas. La mayoría de los hombres prefiere trabajar duro en vez de preocuparse por el dinero. Esa es la manera en que Dios los hizo.

–Nosotras las mujeres somos diferentes. Las preocupaciones marchitan nuestro encanto y brillo femenino. Nos vemos deprimentes para nuestros esposos. No podemos funcionar apropiadamente en nuestro rol.

Por tanto, pongan las preocupaciones en los hombros de sus esposos. Póngalas adonde pertenecen. Permítanles proveer y dirigir el dinero, luego estimulen su confianza y verán cómo se ocupa de los problemas.

Conoce lo suficiente acerca de las finanzas para enfrentarte sola si es necesario

Debo añadir, sin embargo, que aunque nuestro esposo debería llevar la carga de las finanzas, necesitamos aún conocer lo suficiente acerca de lo que sucede para hacer frente a la situación en caso de que nuestro esposo nos sea quitado, o se enferme de gravedad. Vamos a ser realistas, las mujeres viven por más tiempo que los hombres.

–Pero mientras estén los dos fuertes y saludables, pongan todo en sus hombros, donde deberían estar.

Cómo organizar las finanzas

–Usted no está queriendo decir que nuestros esposos deberían encargarse de todas las compras, ¿verdad? – preguntó Elsy.

122

–No, nosotras nos encargamos de las compras de rutina, Elsy. Además, los hombres odian hacerlo.

Permítanme sugerirles un plan simple que funciona con la mayoría de las parejas. Algunas de ustedes quizás ya lo estén haciendo así.

Siéntense con sus esposos una vez al año y, BAJO SU GUIANZA, calculen cuánto dinero, tú, como ama de casa, necesitas cada semana para cubrir los gastos del hogar y tus necesidades personales. Esos son los gastos que se harían normalmente en los alimentos, ropa, aseo personal, combustible si tienes tu propio auto y cosas por el estilo. Pero no incluye la electricidad, hipoteca o cuentas por pagar. Esas cuentas son de interés de él.

Esa cantidad asignada a ti se convierte en tu presupuesto, y te es dado semanal o mensual por tu esposo y quizás también en parte por un subsidio estatal por tus hijos (para algunas mujeres). Esta cantidad es tuya para que la gastes como te parezca. No se te pregunta al respecto. Cualquier cantidad que ahorres por ser ahorrativa, te pertenece y lo gastas como quieras.

Todos los demás gastos incluyendo todas las cuentas por pagar por la casa, las paga tu esposo sin tú tener que preocuparte en lo más mínimo.

–Suena bien, – dijo Sonia con una sonrisa rara. –¿Y qué acerca de las inversiones? –dijo Diane.

–Sí, también las inversiones. No se preocupen por ellas. Suéltenlas. Confíen en él. No se metan en eso. Mantener a la familia es su área. Déjenlo que se preocupe él. Serás de mejor ayuda siendo una esposa femenina y encantadora.

Aún cuando pierda todo, con tu apoyo y el conocimiento de que él aprenderá de sus errores, se recuperará pronto. La mayoría de los millonarios se han visto en bancarrota varias veces en sus vidas antes de aprender lo suficiente como para ser grandemente exitosos con el dinero.

Helena dijo: –Mi esposo Spiros y yo llevamos la economía de nuestro hogar de la manera que usted nos ha dicho. Funciona muy bien.

123

–Sí Helena, así es, –dijo la profesora. –Mi esposo y yo lo hacemos así también. No me he tenido que preocupar por las cuentas por pagar por años. Muchos problemas se evitan usando este método.

–Suena idílico, –dijo Sonia.

Por qué deberías pedirle a tu esposo por tus necesidades financieras

Beth levantó su mano. –¿Sí Beth?

–En realidad no me parece tan bueno. Eso significa que si no estoy trabajando y quiero comprarme algo, y no puedo sacarlo del ahorro de mi presupuesto asignado para la casa, tengo que ir y rogarle a mi esposo que me dé el dinero. No me haría gracia alguna tener que hacerlo.

–Beth, esa es una actitud común en muchas mujeres, pero en realidad solo hay orgullo en el fondo de eso. Necesitamos poner de lado nuestro orgullo femenino. Eso no cesa de causarnos problemas en nuestro matrimonio.

Verán, a los hombres les encanta comprar cosas para las mujeres que aman profundamente, cuando pueden hacerlo y aún cuando no pueden. Esto los hace sentir masculinos, los estremece.

Sin embargo, un importante paso para despertar ese amor en los hombres es que les pidamos, no que le roguemos, por cosas que necesitamos. Aprenderemos más de esto en el secreto número nueve.

Una mujer que se mantiene a sí misma o que se sacrifica y se las apaña, no será amada con la misma intensidad que la mujer que le pide a su esposo para suplir sus necesidades.

Es mejor que nuestro esposo nos malcríe un poquito, de verdad que sí.

Cuando se te dan mejor las cuentas que a él

–Ángela, ¿tienes algo que decir?

–Sí, solo estoy tratando de interiorizar todo esto. Es muy diferente de lo que siempre había creído. De hecho suena demasiado bueno para ser cierto aunque me suena tan cierto. Tengo una pregunta, ¿y qué si la mujer es mejor que su esposo en el manejo de las

finanzas? Sé que lo soy, por lo tanto siempre me he ocupado de eso.

–Sí Ángela, la mayoría de las mujeres SON mejor que sus esposos en cuadrar los libros y los pagos. También puede ser un sentimiento emocionante y de alguna manera de poder masculino y satisfacción al hacerlo, especialmente cuando hay mucho dinero con el que lidiar. Sin embargo, ese sentimiento de poder y satisfacción pertenece en realidad a nuestro esposo. Nuestro viejo enemigo, el orgullo femenino, está rondando nuevamente.

Pero tarde o temprano, llegará el momento cuando no va a haber suficiente dinero. Entonces TÚ tendrás la preocupación y no tu esposo. Él está aislado de la carga y no experimenta el innato instinto masculino propio de tales circunstancias de trabajar más duro para ganar más dinero. Esto te coloca en una situación anti femenina por completo.

Otro problema común cuando llevas las finanzas es que a veces coloca a tu esposo en la situación en la que él tiene que pedirte dinero. Esto puede ser doloroso para su orgullo masculino. Él se siente menospreciado a sus propios ojos. Esto puede suscitar mucho resentimiento en su corazón y desatar muchas discusiones.

Y si te comprara un regalo caro, podrías pensar que el dinero pudo haberse invertido en algo más importante.

Casi con certeza pensarás lo mismo si se compra uno para él mismo.

Mujer Fascinante dice, –dale las finanzas a tu esposo, si no sabe cómo manejarlas, déjalo que aprenda.–

QUÉ HACER CUANDO TU ESPOSO SE METE EN DEUDAS CONTINUAMENTE

–Cherry, ¿quieres decir algo?

–Sí. Estoy de acuerdo con usted de que nuestros esposos deben llevar las finanzas, y el mío quiere hacerlo; pero siempre que se lo permito, siempre nos mete en deudas. Me pongo como loca. Siempre he tenido que devolverlas. ¿Qué puedo hacer?

–Eso ocurre con frecuencia, Cherry. Indefectiblemente esto es lo que hay que hacer, y es difícil. Cuando una mujer le devuelve las finanzas a su esposo, debe

olvidarse por completo de la posibilidad de retomarla.
ELLA TIENE QUE DARLE LA ESPALDA AL ASUNTO,
PASE LO QUE PASE. Sin controlar, sin preguntar.

Si hace un desastre, deja que ÉL sufra las
consecuencias. Manda a los cobradores con él. No lo
protejas de ninguna manera.

Él tiene que sufrir las consecuencias. Esa es la
ÚNICA manera que tiene él de aprender. Con el tiempo y
la experiencia aprenderá a hacerle frente a la situación.
Estén preparadas mentalmente para perder todas las
posesiones si es necesario, aunque raramente llega
hasta ese extremo.

Siempre recuerden, especialmente cuando lo vean
sufrir, ustedes están permitiendo que se forme un
hombre en él, uno que dice la Biblia que será para
siempre, que será tu compañero de por vida, tu Número
Uno.

Para decirlo de manera corriente, tu hombre será
mucho mejor cuando venza sus debilidades. No solo
será un proveedor más exitoso, sino que también tendrá
mucha más seguridad en sí mismo.

Tu hombre necesita sentirse un hombre de verdad
antes de que pueda amarte profundamente. No puede
sentirse un hombre de verdad cuando tiene que venir a
ti para pedirte dinero. No puede sentirse un hombre
verdadero cuando te ve agobiada por no ser capaz de
pagar una cuenta.

Ahora bien, es sumamente importante que cuando tu
esposo esté pasando por una crisis financiera que vivas
todos los secretos aquí mencionados. De otra manera
podría deprimirse demasiado como para enfrentarlo.
Debe sentirse sinceramente alabado y admirado por los
pequeños éxitos que vaya teniendo.

UN PLAN DE TRANSIGENCIA PARA LOS DERROCHADORES

Elsy dijo: –Me imagino que usted dice que funciona en
la mayoría de los casos, pero creo que hay todavía unos
pocos hombres que no aprenderán nunca a disciplinar
su impulso de gastar excesivamente. Tengo un hijo así.
El dinero ha abierto un hueco en su bolsillo desde que
era pequeño. No me imagino qué sucedería si su esposa
no controlara sus gastos.

–Sí Elsy. Esto puede ser un verdadero problema para algunos hombres y mujeres también. Sin embargo hay una respuesta. Si le entregamos completamente las finanzas a nuestro esposo y lo dejamos sufrir las consecuencias de su irresponsabilidad, y después de un año o dos no muestra ningún signo de dominar su impulso crónico de malgastar, podemos entonces recurrir a este plan de transigencia. Pero solo como último recurso.

En este plan, tu esposo deliberadamente te entrega todas compras grandes y los pagos a ti. Debe hacerlo voluntariamente y sentir que aún está en control de todo. Una manera de hacer esto es que se sienten ambos y bajo su supervisión, trabajen en un presupuesto anual juntos.

Como parte de ese presupuesto, él se asigna una cantidad determinada para sus gastos personales. Esto es lo opuesto de lo que discutimos anteriormente donde es a ti, la esposa, la que recibe la asignación. Su cantidad necesita recibirla de una cuenta bancaria personal para que su orgullo masculino no sea afectado por su esposa al darle dinero en efectivo cada semana.

No obstante, nunca deberá estar aislado de la verdadera situación económica. Él deberá dar un aporte en todas las compras mayores y debería autorizar los pagos a largo plazo. También deberá ver el balance económico al fin de mes.

Este plan es como un jefe de una pequeña compañía, que delega el cheque para los pagos y las compras a un empleado. El jefe sigue siendo el responsable y autoriza todas las compras al por mayor y ve los costos antes de autorizar el pago, aunque su empleado organiza los pagos y las compras con el presupuesto organizado por su jefe.

–Gracias Harmony, –dijo Elsy. –Eso parece una buena solución para un esposo derrochador.

Cómo tu esposo se siente cuando sales a trabajar

Ángela levantó su mano. –¿Sí, Ángela? – dijo la profesora. –Me gusta lo que oigo pero sigo intrigada acerca de algo. Comencé a trabajar nuevamente el año pasado como profesora en una escuela primaria. Mi esposo había acabado de montar su negocio de reparación de autos, por lo que la razón principal para volver a trabajar fue para ayudarlo con los gastos. Usé casi todo mi trabajo para gastarlo en las cosas de la casa. Pensé que me lo agradecería pero en vez de eso comenzó a criticarme más que antes. En serio me dolió. ¿Por qué no apreciaba lo que yo estaba haciendo?

Una mirada de preocupación se dibujó en el rostro de la profesora, luego dijo: –Ángela, si lo piensas bien, estoy segura que entenderás el por qué. ¿Te pidió tu esposo que fueras a trabajar?

–Bueno, no. estuvo en contra al principio pero necesitábamos el dinero y yo podía ganar más que él en ese momento.

– ¿Le estabas mostrando confianza a tu esposo en su habilidad para el negocio comenzando nuevamente a trabajar?

Ángela sintió que su cara se le quemaba, sus pensamientos se agolpaban. ¿Había sido ese el problema? Sin duda que no, pero él cambió tan rápido. Ella solo estaba tratando de ayudarlo.

La profesora continuó: –Un hombre necesita sentir que su esposa depende de él y confía en él. Él necesita sentirse importante. Necesita sentir que está sobresaliendo en su rol masculino de proveedor.

Casi siempre la decisión de una mujer de salir a trabajar empeora las dificultades en el matrimonio.

–Sí, lo que dices es cierto, –dijo Kathy. –Mi esposo no quiere que vaya a trabajar. Una vez lo hice por unos pocos meses pero ¡mira que se puso refunfuñón! Afortunadamente no ganaba más que él. No sé que hubiese sido de nuestro matrimonio si yo hubiese ganado más que él.

Diane levantó su mano. –¿Sí, Diane?

–¿Está usted diciendo que una mujer no debería salir a trabajar? –No Diane. Pero Mujer Fascinante dice que tiene un precio. Un esposo siempre se va a sentir más masculino cuando provee para su esposa por sus esfuerzos propios.

–A él le gusta sentir que de verdad lo necesitas, que dependes de él, que es importante. Te amará más tierna y profundamente cuando dependas de él. Esa es una parte importante de su sentimiento de realización masculina.

–Aún cuando sea su idea de que salgas a trabajar y sucede con frecuencia. Un carro más nuevo o un televisor más grande pueden ser ofertas muy tentadoras, perro él te amará más si puede ofrecer estas cosas para su familia por sus propios medios.

–Nosotras necesitamos también jugar nuestro papel, obviamente. Debemos tratar de vivir dentro del presupuesto que él nos da. Por lo general, las horas que puede trabajar son 40 ó 45 a la semana. No deberíamos pretender que trabaje horas extras o toda la semana, fuera de la compañía de su familia o en turnos nocturnos tan dañinos para la salud.

–Tampoco deberíamos esperar lujos que no nos puede pagar en el momento. Éstos vendrán después a medida que se desarrolle su carrera e incrementen sus ingresos; y esto casi siempre sucede cuando estimulamos la seguridad en sí mismo de nuestro esposo al vivir los principios de Mujer Fascinante.

RAZÓN MÁS COMÚN POR LA QUE LAS MUJERES CASADAS SALEN A TRABAJAR

–¿Por qué las mujeres SALEN a trabajar? Seamos honestas. ¿Cuáles son las verdaderas razones? Ángela nos ha dicho que salió a trabajar para ayudar monetariamente a su esposo.

No muchos esposos aprecian esto. No de verdad, aunque acepten gustosamente el dinero extra pero algo muere dentro de ellos, se sienten menos varoniles. Esto trae como consecuencia una reducción de su ternura y amor.

¿Cuáles son otras razones por las que las mujeres trabajan fuera de casa? –Aburrimiento, –dijo Diane. – Yo trabajo porque me aburre estar en la casa todo el día.

–Sí, el aburrimiento es una razón común, –dijo la profesora. – Pero, ¿hay razón para aburrirse en la casa? Aprenderemos cómo estar más a gusto en la casa en el Secreto Número Seis. ¿Alguna otra razón? ¿Sí, Beth?

–Sentirnos realizadas. Nosotras las mujeres trabajamos fuera para encontrar realización. Esa es la razón por la que tengo una carrera profesional. Ahora

Los niños necesitan el sentimiento de seguridad al saber que "Mamá está en casa" y "todo está bien"

estoy embarazada, pero aun planeo ocuparme de mi carrera luego del nacimiento del bebé.

–¿Sentirse realizadas? –dijo la profesora. – Sí, muchas mujeres piensan que van a encontrar satisfacción en un ambiente para hombres. Quizás puede que los dos próximos secretos te hagan pensar.

Permíteme decirte la verdadera razón por la que la mayoría de las mujeres casadas trabajan fuera del hogar. Sea que lo admitan o no, ¿no es para comprarse lujos? Vamos, seamos honestas. Sé que siempre podemos salir con razones más nobles, pero, ¿qué diríamos si nos preguntáramos a nosotras mismas?

Si no se me permitiese gastar el dinero que gano, ¿aún querría ir a trabajar? ¿O preferiría quedarme en la casa? Estamos pisando el terreno del orgullo femenino nuevamente.

Quiero que sepan que no estoy en contra de los lujos, pero con frecuencia pagamos un alto precio por ellos a costa del amor de nuestros esposos. Aun cuando él nos anima a trabajar, renuncia a parte de su masculinidad. Con bastante frecuencia es él quien quiere los lujos pero no obstante, no será capaz de ser tan tierno contigo como lo fue antes.

–No hay riquezas que valgan más que el amor humano. Pregunten a cualquier millonario solitario, sea hombre o mujer.

Las trabajadoras y otros hombres

–Existe otro punto con respecto a salir a trabajar que puede dañar seriamente nuestro matrimonio. El trabajo sitúa con frecuencia a una esposa en la rara situación de recibir instrucciones de otro hombre, y de trabajar con él en una relación muy estrecha con él.

Ella lo ve en su mejor faceta y luego regresa a su casa para encontrarse con su esposo en su peor estado. Esto puede con facilidad producir descontento con respecto a un esposo en cualquier mujer.

Cómo se sienten los niños cuando sus madres trabajan

La profesora prosiguió: –No es mi intención avergonzar a Beth, pero creo que obviamente no es bueno que una mujer trabaje cuando tiene en casa niños que aún no van a la escuela. Tampoco que trabaje hasta después que sus hijos han llegado a casa de la escuela.

Incluso nuestra conciencia nos dice que esto no está bien. Solamente ante una situación financiera grave, debería una madre privar a sus niños de su presencia por ir a trabajar.

Podríamos alegar acerca de la posibilidad de separar un tiempo de calidad para estar juntos y relacionarnos con ellos, pero lo que nuestros hijos necesitan es el sentimiento de seguridad de que –Mamá está en la casa–, y –Todo está bien–. Sencillamente necesitamos ESTAR AHÍ.

Una casa vacía produce inseguridad en los niños. Un psicólogo estudiantil dijo una vez que una queja frecuente que escucha de adolescentes con problemas emocionales es que –No hay nada peor que llegar a una casa vacía y esperar a que mamá llegue.–

Nuestros hijos son muy, muy importantes. Nosotras las madres tenemos un enorme poder de influencia sobre ellos para bien, para contribuir a la correcta formación de su seguridad en ellos mismos. Ellos necesitan saber que nosotras estamos ahí, en casa. Necesitan sentir que vamos a cuidar de ellos.

LOS PRIMEROS CUATRO SECRETOS SON LOS MÁS PODEROSOS

–Bueno, eso es todo por esta noche. Estos primeros cuatro secretos son los más poderosos. Tienen que ver con satisfacer las necesidades emocionales más profundas de nuestro esposo. Cuando logramos esto, él se siente estimulado a reaccionar y nos trata cariñosa y amorosamente. Al poner en práctica las verdades de Mujer Fascinante, provocamos que él se enamore profundamente de nosotras.

De hecho, podemos provocar que casi cualquier hombre se enamore profundamente de nosotras, por esto debemos usar sabiamente y con responsabilidad este conocimiento. Tentar al esposo de otra mujer es un pecado serio delante de los ojos de Dios. Nunca seremos felices de esa manera.

Los próximos seis secretos nos ayudarán a convertirnos en mujeres más satisfechas y fascinantes, más adorables para nuestros esposos por lo que no solo nos amará sino que también nos adorará.

Les prometo a todas que cuando los pongan en práctica a plenitud, tendrán por delante los días más felices de sus matrimonios.

Aquí tienen las dos tareas para esta semana. La primera puede que parezca un poco infantil para nosotras como mujeres, pero tendrá un serio y simbólico efecto para nuestros esposos. Bev, no me decepcionarás esta semana, ¿verdad?

–Haré todo lo posible,–dijo Bev sonrojándose más de lo normal.

Tareas: Secreto Número Cuatro

Tarea uno: confecciona un Certificado de Liderazgo hecho de cartón o haz algún otro símbolo de liderazgo que perdure toda la vida y regálaselo (toda la familia si es posible) a tu esposo. Dile (con verdadera intención en tu corazón) que de ese momento en adelante tú seguirás su liderazgo al 100%.

Tarea dos: si estás encargándote de las finanzas o de alguna otra tarea masculina, dile a tu esposo con tus propias palabras: *"No quiero más esta responsabilidad. Es una carga para mí. Tú eres un hombre, es mucho más fácil para ti."*

Nuestras visitantes de esta noche son Rosemary y Karen. Estoy muy agradecida de que hayan venido esta noche. Te escucharemos primero a ti, Rosemary, y luego a ti, Karen.

***

Rosemary (Historia Real)

–El momento decisivo en mi matrimonio llegó dramáticamente cuando aprendí de este curso acerca de la existencia de roles masculinos y femeninos.

–Durante los seis años que habíamos estado casados, mi esposo me daba todo su salario, excepto

una pequeña cantidad, para pagar las cuentas y gastarlo como yo quisiese.

–Después de la clase como la que tuvimos esta noche, conduje a casa con la decisión en mente de que no quería controlar más el dinero.

–Me acerqué a mi esposo para decirle que no podía llevar más la carga de lidiar con las finanzas, que él podía hacerlo mucho mejor que yo, que toda esa preocupación me estaba deprimiendo y que realmente no lo estaba haciendo bien.

–Bueno, sencillamente explotó. Me dijo: –¡Así que no quieres preocuparte, qué pena! ¡Pues vas a hacerlo porque yo no quiero encargarme de eso! ¡Si no has hecho un buen trabajo, es tu culpa y vas a aprender a hacerlo bien, y vas a seguir!

–Dio vueltas por la habitación diciendo que nunca había dado su opinión con respecto al dinero o lo que yo hacía.

–Le prometí que cambiaría. Se rio como si no me creyese. Yo comencé a llorar. Él estaba tan enojado que lanzó todos los libros y facturas a su reposapiés.

–Le pedí que leyera de mi libro de Mujer Fascinante, la parte en donde habla acerca del rol dado por Dios al hombre, de ser líder, proveedor y protector.

–Se quedó tranquilo por un momento, luego una pequeña sonrisa se dibujó en su rostro, me dijo que por favor le llevase todas las facturas, libretas bancarias y el talonario de cheques. Trabajó en ellos desde las 10:30 pm hasta la medianoche.

–A la semana siguiente me dio $25 y me dijo que eso era lo que le quedaba extra para que comprara algunas cosas que yo quería.

–En estos momentos mi esposo tiene todo el control sobre el dinero y yo soy sumamente feliz. Ahora le pido lo que necesito. Sé que me lo dará si puede.

Karen (Historia real)

–Mi gran problema fue el amor. No me habían enseñado lo que era el amor. Aceptar a mi esposo fue la clave para mí.

–¡Mira que lo amo ahora! No más selección. Él es demasiado perfecto. Tiene sus faltas, pero no muchas. Él es quien manda. ¡Qué lindo es tener a un hombre en quien apoyarse! Él es quien toma las decisiones. Desde que ha sido de esa manera, siempre las toma para mi beneficio y me consulta con frecuencia.

–Lo dejé a cargo del presupuesto. Era un desastre. Le dije cuánto me afectaba preocuparme por eso. Me enferma tener que pensar en las finanzas.

–El otro día le pregunté cómo nos estaba yendo. Me dijo: –No te preocupes. Lo tengo todo bajo control–. Y de verdad que sí.

–Me siento súper bien. No podría parar de contar. La felicidad que compartimos es la posesión más bella y preciosa con que contamos. Ya no miro con anhelo a esas pocas parejas de felizmente casados, saben, esos que sobresalen, porque somos una de ellas.

***

–¿No son esas experiencias encantadoras, chicas? Gracias a ustedes Rosemary y Karen.

–Con esto damos por terminada nuestra clase de hoy. Recuerden la experiencia que Rosemary acaba de compartir con nosotras. Ella recibió alivio de la carga de llevar las finanzas pocas horas después de la clase.

–De paso, ¿cómo les va con sus Libros de Amor?

Elsy sacó de su cartera un pequeño cuaderno rojo.

–Muy bien Elsy, –dijo la profesora sonriendo. –Nos vemos la próxima semana. Buenas noches.

***

CAPÍTULO OCHO

Secreto Número Cinco
Serenidad Interior

En la noche del viernes, a las 8:30, Ángela mandó a sus hijos a la cama y luego fue a casa de su madre a pedirle prestada la cortadora de césped.

Mientras venía de regreso y sin ella saberlo, Ted la llamó a la casa. Tiphony cogió el teléfono y se quedó hablando con su padre hasta que su madre llegó.

Ángela llegó pocos minutos después y estacionó el carro en la entrada. Mientras luchaba para sacar la pesada cortadora de césped del maletero, pasó mucho trabajo y perdió los estribos.

Cuando finalmente entró a la casa vio a David todavía tirado en el piso mirando la TV. Le colmó la copa.

Ángela explotó.

–¡David!–le gritó.– ¡Te dije que apagaras esa cosa y que te fueras a dormir! ¿Por qué no puedes hacer lo que se te dice? ¡Apaga eso ahora!

–Tiphony también estaba mirando,–dijo David de mal humor mientras se ponía de pie para apagarlo.

Ángela vio a Tiphony sentada en la mesa del comedor colgando el teléfono.

– ¿Y tú quién te crees que eres para llamar por teléfono a esta hora?–le preguntó.

–Era papá–dijo Tiphony.–Se acaba de comprar un móvil y estaba esperando para hablar contigo, pero te escuchó gritarle a David, me dijo adiós y colgó.

Ángela se horrorizó. Ted le había requerido varias veces por su mal temperamento y su voz áspera.

–¿Dijo algo más?

–Sí, dijo –Ay no, ella no ha cambiado ni un poquito.

–¡Bueno, si ustedes hicieran sencillamente lo que se les dice, yo no tendría necesidad de perder los estribos! ¡Su padre siempre se queja de que les grito, y eso es por culpa de ustedes! ¡Ahora, a la cama los dos!

Ángela se sintió completamente miserable mientras se preparaba para dormir. Quiso llamar a Ted para explicarle pero no tenía el número de su nuevo teléfono. Tendría que esperar hasta el lunes para poder llamarlo al trabajo.

Se deprimió toda el fin de semana. Quizás todos sus esfuerzos habían sido estropeados por esos segundos de ira.

Habló con Ami de lo sucedido el domingo en la iglesia.
–No puedes culpar a los niños, Anyi, –dijo Ami.–El problema es tu mal humor, no los niños. A los hombres no les incomoda si nos enojamos por una buena razón de una manera tranquila, pero no pueden soportar escucharnos hablar con un tono enojado o gritar. Eso no es propio de un comportamiento femenino. Es demasiado masculino.

Los hombres quieren que seamos mucho mejores que ellos. Quieren que seamos refinadas, alegres, dulces y femeninas.

Ahora bien, sin importar lo que hagas, no te justifiques con Ted. No culpes a los niños. Sencillamente discúlpate humildemente.

***

En la mañana del lunes antes de ir al trabajo, Ángela mandó a Tiphony a que la esperara afuera en el carro. David ya se había ido para la escuela en su bicicleta. Llamó entonces a Ted con la esperanza de que estuviese en el trabajo ya.

–Buenos días, Taller Jarden, –era la voz de Ted.

–La señora Jarden por aquí, –dijo Ángela alegremente, tratando de no parecer nerviosa.

–Ah, Anyi, –dijo Ted alegremente.

–Te llamo para pedirte que me disculpes por haber gritado a los niños el otro día cuando llamaste. Sé que tengo muy mal humor y voy a aprender a controlarme.

–Está bien Anyi, me alegra que lo estés intentando...he estado leyendo las dos cartas que me enviaste Anyi...me hacen sentir...bueno, algo como...

No tenía la certeza, pero a Ángela le pareció que Ted estaba tratando de aguantar las lágrimas. Por su voz se podría decir que estaba emocionado.

–Cuando te llamé el viernes en la noche, sentía que te amaba como antes y quise decírtelo, pero cuando te escuché hablar enojadamente, bueno, ...mi amor por ti pareció desvanecerse nuevamente.

Ted rompió a llorar. Ángela lo pudo escuchar. –Está llorando,–pensó.

–Ted, yo te amo. Lo siento mucho, de verdad. Te prometo que seré una esposa maravillosa y lo cumpliré si me lo permitieras.

–Anyi, tiene que ser diferente de verdad si yo regreso. Han sido muchas las heridas.–La voz de Ted sonaba mejor ahora.

–Dime lo que quieras Ted. Dime lo que te molesta. No me voy a sentir ofendida, te doy mi palabra. Dímelo por favor.

–Bueno ...básicamente es tu actitud malhumorada. ¿De verdad quieres que sea honesto? Bien, lo seré. Muchas cosas que dices hieren, Anyi. Tú pareces no darte cuenta de lo mucho que hieren y cuando te escucho hablando con palabras llenas de ira, mi amor por ti se desvanece dentro de mí.

–¿Qué más Ted? Dime, por favor.

–Bueno, tu hábito de fumar. No sé por qué tienes que fumar. Eso hace que la casa apeste y no es un buen ejemplo para los niños. Y además, esos pantalones negros que usas todo el tiempo...quiero decir, cuando vi a Ami la semana pasada, se veía tan bonita.

Ángela se sintió herida pero estaba decidida a seguir adelante. Era la primera vez que Ted se había abierto de esa manera desde los días en que estaban noviando.

–Estoy de acuerdo. Por favor, dímelo todo.

–Bueno, también tu cabello. Me encanta largo y brilloso y ahora está corto y rizado como el de un hombre. Sabes que me gusta largo. Además, te has puesto un poquito fofa. Sabes, los rollos de grasa no lucen muy sexy.

–¿Algo más?–preguntó Ángela, anhelando que no hubiese nada más.– ya dejé de fumar y comencé a correr nuevamente.

–No, no hay nada más que en realidad me moleste. A ver, no soy perfecto, eso lo sé. Lo peor es tu boca por la manera en que criticas a todo el mundo, y gritas, y te lamentas. Odio llegar a casa del trabajo cuando estás de mal humor.

Y podrías también mostrarme un poquito de aprecio de vez en cuando, he trabajado duro por ti y por los niños todos estos años y ahora tengo mi propio negocio. Me sentí bien la otra noche cuando dijiste que te gustaba mi furgoneta. Fue la primera vez en años que recuerdo que dijiste algo agradable acerca de mí.

Y tus cartas están lindas Anyi, incluso me hicieron llorar. No me avergüenza admitirlo. Mira, ya viene un cliente, me tengo que ir.

–Está bien, Ted. Adiós.

Ángela salió de la casa pasmada, herida y por alguna razón, eufórica a la vez. –Saber el problema es la mitad de la solución–, pensó. Ahora ya conocía el problema, o mejor dicho, los problemas y que sus cartas lo habían hecho llorar. No lo había visto hacerlo en años.

De repente sintió subir por su columna un fuerte estremecimiento por la emoción.

***

Salió temprano el miércoles para su clase de Mujer Fascinante. Estacionó el carro y mientras iba camino al edificio, un costoso auto paró en el borde. Su conductor, un hombre delgado, canoso y bien vestido, de unos 65 años, salió del auto, dio la vuelta y abrió la puerta del acompañante. Fue la profesora de Mujer Fascinante quien salió.

–Adiós, mi amor, –escuchó ella decir al hombre a la profesora, mientras le rodeaba el hombro con su brazo y le daba un beso en la mejilla.

Ángela se sintió emocionada, –¡Qué lindo!–, pensó. Sus ojos se encontraron con los de su profesora.

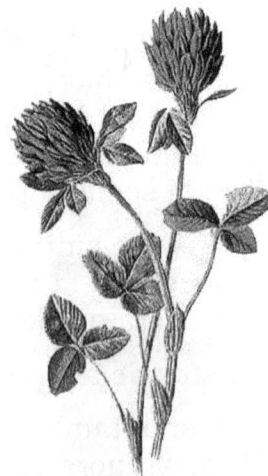

–Hola Ángela, –le dijo sonriendo.–Te presento a mi esposo Milton. Milton, ella es una de mis estudiantes.

–Mucho gusto, Ángela, –dijo Milton. Le estrechó la mano y le sonrió cariñosamente. Ángela se sintió ruborizar.

***

La clase comenzó a tiempo, como siempre. Todas las mujeres parecían estar de buen humor, según le pareció a Ángela, especialmente Bev.

Cuando la profesora les preguntó quiénes querrían compartir alguna experiencia, la mitad de las mujeres levantaron la mano.

–Helena, te ves muy feliz esta noche–dijo la profesora,–vamos a escuchar lo que tienes que decir.

***

Helena (Historia Real)

El domingo después del servicio, mi esposo y yo leímos juntos los pasajes acerca del rol del hombre y hablamos acerca de lo que significaba. Fue la primera vez que leímos la Biblia juntos.

Entonces esa noche, después de cenar, los niños y yo le dimos –La Vara de la Autoridad– la cual habíamos hecho con mucho entusiasmo. Le dijimos lo que ella significaba para cada uno de nosotros.

Él estaba sobrecogido y encantado y nos dijo –Trataré de ser un buen líder.–

–Toda la noche se quedó sentado con la vara entre sus manos. Varias veces nos dijo que habíamos hecho algo maravilloso.

***

–Muy bien, Helena,–dijo la profesora.–Qué idea más buena, una Vara de la Autoridad, me gusta.

Eso le dio a Ángela una idea. Le propondría a David que hiciera un cetro en su escuela en su clase de carpintería. Luego se la podrían obsequiar a Ted y decirle que él es el rey de ellos.

–Kathy, te ves sumamente feliz esta noche también. Ven y dinos lo que te pasó.

La Reina Victoria de Inglaterra, (1819–1901) con su esposo, el Príncipe Albert. Después de la muerte de su esposo, cuando ella tenía 42años, inspiró tanto a los hombres que la rodeaban que el Imperio Británico alcanzó su más grande expansión y floreció a su máximo esplendor

***

Kathy (Historia Real)

Esta semana fue el cumpleaños de mi esposo por lo cual le preparé un –Certificado de Liderazgo–. A él le encantó, se la ha mostrado a todo el mundo incluyendo a su jefe.

Su jefe le preguntó a su esposa por qué no hacía cosas como las que yo hacía, así que ella me llamó y me pidió que pasara por su casa un momento que se estaba buscando problemas con su esposo.

A mi esposo le gustó muchísimo el certificado y todavía alardea de eso.

Eso lo ha hecho sentirse más hombre y yo me siento más amada como mujer y más femenina.

***

–Gracias Kathy. Sí, la mayoría de las mujeres no se dan cuanta cuán poderosos son estos secretos de Mujer Fascinante hasta que los ponen en práctica. Los hombres son muy diferentes de nosotras las mujeres.

Bien, los cuatro secretos que hemos aprendido hasta ahora nos enseñan cómo satisfacer las necesidades masculinas de nuestros esposos. Dejar de aplicar alguno de ellos puede causar el fracaso de nuestro matrimonio.

Millones y millones de matrimonios alrededor del mundo fracasan porque las mujeres no conocen estas leyes. Casi todos estos matrimonios podrían ser restaurados y ser felices nuevamente, incluso después de años de divorcio. Sucede. Lo he visto suceder. Por favor, chicas, apliquen estos cuatro secretos. Aún cuando no vivan los otros seis, por favor, al menos, vivan esos cuatro y háblenles a otras mujeres de ellos.

Puede parecer que damos demasiado en Mujer Fascinante, pero la recompense es grande. Somos recompensadas muchas, muchas veces más. Es como cuando plantamos una semilla. Podemos plantar una pequeña semillita de manzana y pronto seremos recompensadas con cubos y cubos llenos de manzanas, año tras año tras año. A eso se parece el aplicar los secretos de Mujer Fascinante.

Los próximos seis secretos nos enseñan cómo convertirnos en criaturas más adorables y sumamente fascinantes para los hombres. Hoy veremos el secreto número cinco.

Este secreto es como el primero, es el fundamento para todos los que siguen. Es el más importante de los seis que restan.

Este secreto nos enseña cómo crear dentro de nosotras mismas dos cualidades espirituales. Cualidades que los hombres admiran profundamente en las mujeres. Todas las grandes mujeres que han inspirado a hombres a realizar nobles hazañas en los siglos que nos preceden, tuvieron estas dos cualidades. Mumtaz, de la que hablamos en el capítulo uno, las tenía.

La reina Victoria de Inglaterra también las tuvo. Su esposo, el príncipe Albert, murió cuando ella tenía solamente 42 años, dejándola sola con 9 hijos. Sin embargo, a causa de esas dos cualidades en su carácter, esta cariñosa y vivaz mujer, se repuso de ese revés e inspiró de tal manera a los buenos hombres que la rodeaban, que el Imperio Británico alcanzó su más grande expansión y poderío bajo su reinado.

Cuando tú poseas esas dos cualidades y vivas las otras leyes de Mujer Fascinante, el amor y la devoción de tu esposo no conocerá fronteras. Llegará a adorarte.

Sin ellas, limitaremos severamente la profundidad del amor que nuestro esposo pueda ser capaz de darnos; aún cuando pongamos en práctica el resto de los principios. Aquí tienen el secreto.

La profesora se volteó y escribió en la pizarra...

Los hombres encuentran fascinante la misteriosa serenidad interior de la mujer de la pintura "La Mona Lisa"

***

SECRETO NÚMERO CINCO

Los hombres admiran profundamente la serenidad interior y la bondad en sus esposas

–Usted tiene que estar bromeando,–dijo Bev riendo.– ¿Yo, serena y bondadosa? ¿Quiere saber cómo me dice mi esposo? ¡La cascarrabias!

La mayoría rió. Ángela no lo hizo. Ted también la había llamado así en algunas ocasiones.

–Tenemos la tendencia de vivir conforme a como nos llamen,–dijo la profesora.

–A veces esos apodos nos son adjudicados desde la niñez, pero podemos deshacernos de ellos y cambiar nuestras vidas al vivir el Secreto Número Cinco, si lo deseamos lo suficiente.

Por qué los hombres quieren que seamos mejor de lo que ellos son

Las dos cualidades de las que hemos estado hablando que debemos desarrollar si queremos que nuestro esposo nos ame profundamente son, –Serenidad Interior– y –Bondad–.

Los hombres bromean diciendo que sus esposas son su media mitad, esto tiene su fundamento en el deseo sincero de ellos de que seamos exactamente eso.

Esperan que seamos mejores que ellos. Más alegres, más bondadosas, más perdonadoras, más compasivas, más espirituales. También les gusta que tengamos una cierta serenidad misteriosa. Lo encuentran fascinante. Es por eso que la pintura de La Mona Lisa conmociona los corazones de tantos hombres. Pero no a muchas mujeres les importa.

Ningún hombre puede amar a una mujer malhumorada y resentida. Tampoco a una promiscua. Ni a una que discute ruidosamente todo el tiempo y le grita siempre a los niños. Ningún hombre puede ser feliz con semejante mujer.

Ángela se sintió incómoda.

–Pero una esposa que es alegre, serena, que tiene una personalidad buena y noble, es sumamente atractiva para un hombre. Ella satisface una profunda necesidad por lo sano y virtuoso en la vida de él.

Él necesita tal esposa para crear el ambiente femenino y pacífico tan necesario para renovar su espíritu.

Él quiere que una mujer como esa sea la madre de sus hijos, y los niños necesitan una madre así, si es que van a convertirse en adultos afables y cariñosos.

Podemos decepcionar mucho a nuestros esposos cuando bajamos los estándares. Algunas veces nuestros

A los hombres les gusta ponernos en un pedestal

esposos nos someterán a prueba, para asegurarse de que somos tan buenas como aparentamos. A los hombres les gusta alabarnos frente a otros, elevarnos por encima de los demás, como ponernos en un pedestal.

La serenidad, un resultado de la bondad

La profesora se volteó y subrayó la palabra serenidad en la pizarra.

–¿Cómo nos volvemos serenas?, –preguntó. Elsy levantó su mano.–¿Sí, Elsy?

–Viene de adentro, –dijo Elsy.

–Sí. Elsy está en lo cierto, –dijo la profesora.–La serenidad viene de dentro de nosotras. Es el resultado final de la bondad, ambas van de la mano. No podemos tener tranquilidad a menos que tengamos una conciencia limpia.

Cómo impacta la serenidad de una mujer a un hombre

–Aprenderemos esta noche a crear un espíritu tranquilo dentro de nosotras. Aprenderemos a ser más puras, más dulces por naturaleza, el tipo de mujer que inspira edifica a un hombre, a ser las mujeres que ellos puedan respetar, apreciar e incluso adorar.

–Usted quiere decir que vamos a hacer un milagro, – dijo Bev –Nuestro curso está lleno de milagros, –dijo la profesora sonriendo.

Cómo perdemos nuestra tranquilidad

–Primero vamos a ver lo que provoca que perdamos nuestra tranquilidad. La mayoría de nosotras la teníamos cuando éramos pequeñas. Eso era lo que nos hacía tan encantadoras ante los ojos de nuestros padres. ¿Cuál es la razón entonces por la que tenemos la tendencia a perderla a medida que crecemos? ¿Alguien puede decirme?

Elsy dijo: –Pienso que a medida que crecemos perdemos nuestra humildad infantil; cuando dejamos de escuchar a nuestra conciencia y comenzamos a hacer cosas malas.

Cuando una mujer es tranquila y alegre el amor de su esposo no tiene fronteras

–Perdemos el respeto a nosotras mismas al ser incapaces de controlar nuestras debilidades, como comer demasiado, –añadió Bev.

–Accedemos finalmente a la ira y le gritamos a nuestros padres cuando somos adolescentes. Al menos eso hice con mi madre,–dijo Ángela.

–Así es. Perdemos nuestra serenidad al hacer cosas que nuestra conciencia nos dice que están mal, especialmente durante la adolescencia. Mentimos, robamos, criticamos, chismorreamos, nos volvemos celosas o nos burlamos unas de otras, etc. Todas esas cosas destruyen nuestra bondad y por supuesto, nuestra serenidad.

La importancia del amor incondicional

Estamos infringiendo las leyes de Dios cuando hacemos tales cosas, –dijo Marina suavemente.

–Muy cierto, Marina –dijo la profesora.–Las leyes de Dios están basadas en el amor, en el amor incondicional. Cuando podemos amar a todas las personas incondicionalmente a costa incluso de nuestra propia comodidad, vamos rumbo a alcanzar la serenidad interior.

Creo que el amor incondicional por otras personas es la lección principal que debemos aprender en la tierra. Un abogado religioso una vez le preguntó a Jesús, –¿Cuál es el más grande mandamiento?–. Jesús le dio una respuesta clara. ¿Puedes recordarla Marina?

Marina sonrió,– Creo que sí, profesora. Jesús dijo:

"Amarás al Señor tu Dios con toda tu alma y con toda tu mente". Este es el primero y más grande mandamiento. El segundo, amarás a tu prójimo como a ti mismo. De esos dos mandamientos depende toda la ley.

La profesora sonrió.–Muy bien Marina. Tienes una memoria excelente. ¿Nos dices qué sucedió después?

–Muy bien, querida. Luego el abogado le preguntó, –¿Quién es mi prójimo? Para responderle, Jesús le contó la parábola del buen samaritano. Esta es la historia de cómo un hombre samaritano, mientras iba de viaje por el campo, se encontró con un extraño a quien lo habían dejado herido en el camino. Había sido apaleado y dejado por muerto por ladrones. Él se detuvo, y curó las heridas del hombre. Puso al hombre sobre su propio asno y lo llevó a una posada y lo cuidó toda esa noche. Al día siguiente le dio al posadero dinero para dos días para que cuidara al hombre y le prometió que le daría a su regreso más dinero si era necesario.

–Gracias Marina. Lo has explicado muy bien. Sí, la parábola del buen samaritano ilustra el tipo de amor incondicional que Dios quiere que tengamos los unos por los otros y especialmente por nuestros esposos.

Yo creo que el amor incondicional es la única vía para encontrar verdadera alegría en esta vida y en la venidera. Esa es la razón por la que imparto este curso, me proporciona un inmenso placer.

Cómo tomar buenas decisiones

Marina levantó su mano.–¿Sí Marina?

–Si en algún momento quiero asegurarme de que algo que quiero hacer está bien o mal, me pregunto a mí misma –¿Qué haría Jesús?–. Inmediatamente encuentro la solución. Siempre me funciona.

–Gracias Marina,–dijo complacida la profesora.–Eso funciona para mí también.

–Yo me pregunto a mí misma –¿Qué esperarían mis padres que hiciera en este momento?—dijo Beth.

–Sí, Beth, esa es otra buena idea.

Bien, hasta ahora hemos aprendido que para estar tranquilas debemos amar a la gente incondicionalmente y hacer siempre lo correcto sin importar lo que nos cueste. Para saber si vamos a actuar bien podemos tener en cuenta estas tres cosas al menos. Déjenme escribirlas en la pizarra.

1. Escuchemos la voz de nuestra conciencia.

2. Preguntémonos: ¿qué haría Jesús?

3. Preguntémonos: ¿qué esperarían mis padres que hiciera?

El poder de las emociones negativas

Por lo que podemos ver, no es tan difícil para nosotras saber hacer lo correcto. ¿Por qué es entonces tan difícil hacerlo?

Bev levantó su mano. –¿Sí, Bev?

–Yo sé la razón. Es porque nuestras emociones son más fuertes que nuestra voluntad. Esa es la razón por la que como tantos dulces. Es por eso que veo tanta televisión. Sé que no debería pero sencillamente no puedo dejar de hacerlo.

–Buena respuesta Bev. Estás en lo cierto.

Ángelo vio a Bev sonreír, se veía mucho más joven. Si tan solo hiciera algo con respecto a su cabello crespo y anaranjado.

–Ahora bien, estamos cerca de saber cómo llegar a nuestra meta de ser tranquilas. Ya sabemos que para tenerla debemos hacer siempre lo correcto. Aprendimos cómo saber si lo que vamos a hacer es lo correcto, pero nuestras emociones con frecuencia nos juegan una mala pasada. ¿Cierto?

Todas estuvieron de acuerdo con la profesora.

Ángela dijo: –Sí, lo que estamos diciendo es muy cierto. Ahora entiendo, pero me parece que son más nuestros actos y no nuestras emociones los que nos provocan la pérdida de la serenidad. Pensamientos negativos vienen a mi mente todo el tiempo pero me siento bien aún así, pero en el momento que los expreso es cuando me deprimo.

–Sí, eso es muy cierto. En realidad, lo que hablamos o hacemos tiene mucho más efecto en nuestra serenidad que solo nuestros pensamientos; pero las emociones suscitan pensamientos, y nuestros pensamientos dan lugar a las acciones. Por lo tanto, si nuestras emociones son buenas y nuestros pensamientos son puros, nuestras acciones también deberán serlo, ¿verdad?

Nuestra meta es mantener la calma y estar alegres, si no todo el tiempo, al menos la gran mayoría del tiempo. Solamente podemos alcanzar esto al estar llenas de bondad y practicar el amor incondicional.

Pero así como Bev señaló, nuestras emociones son poderosas, si podemos controlarlas para que casi siempre sean buenas y llenas de cariño, traerá como consecuencia que nuestros pensamientos y acciones sean siempre buenas y llenas de cariño. Tiene sentido, ¿verdad?

Hubo un murmullo de aprobación.

–Por esto necesitamos encontrar la manera de sacar las fuertes emociones negativas fuera de nuestras vidas. Mujer Fascinante nos enseña cómo hacerlo.

Vamos a aprender la manera de deshacernos de esas fuertes emociones negativas que no nos dejan mostrar lo mejor de nosotras.

Cuando hayamos aprendido a deshacernos de nuestras emociones negativas, vamos a aprender a incorporar a nuestras vidas emociones buenas y saludables.

Cómo deshacernos para siempre de nuestras fuertes emociones negativas

Ahora bien, las emociones negativas que nos controlan la mayoría del tiempo, vienen casi siempre de nuestro subconsciente o mente espiritual. Con frecuencia son activadas o empeoradas por desbalances nutricionales, especialmente con las fluctuaciones en los niveles de azúcar en el organismo. Vamos a aprender acerca de una buena nutrición en el secreto Número Siete. Sin embargo, los principales pensamientos se generan mayormente como resultado de malas experiencias sufridas, por causa de gente que nos ha indignado y herido a lo largo de nuestras vidas; acciones perjudiciales en contra de nosotras que nunca han sido perdonadas.

También, sentimientos de culpa por nuestros propios actos ofensivos en los que deliberadamente herimos a otros.

Cuando purificamos nuestras mentes de esos recuerdos dolorosos, tanto de los que nos han hecho como de los que hemos causado, un milagro comienza a ocurrir. Encontramos paz y tranquilidad en nuestras mentes, libramos nuestras vidas de mucha miseria.

Nos convertimos en mujeres sin emociones incontrolables, sin deseos de fumar, o de comer constantemente o de perder los estribos. Se acaban el nerviosismo, los tranquilizantes, la adicción a la televisión y el derroche en compras. Solo nos queda un dulce y quieto espíritu y un deseo tierno de ayudar a otros.

Los hombres encuentran fascinantes, muy atractivas e incluso misteriosas a tales mujeres.

–Suena demasiado bueno para ser verdad, –dijo Diane.

–Créanme que es cierto. Funciona. Ya tú has comenzado a andar por ese camino Diane. He visto grandes cambios en ti desde que comenzó el curso.

Nuestro subconsciente, o mente espiritual es muy poderosa para bien o para mal. Vamos a aprender a usarla para bien. Lo haremos en tres pasos.

En el primer paso, purificamos definitivamente nuestras mentes de toda herida, heridas que otros nos han causado.

En el paso dos, nos purificamos de todo sentimiento de culpa por las heridas que les hemos causado a otros.

En el tercer paso, reprogramamos nuestras mentes con metas y mensajes positivos y edificantes, de buenas semillas, por decirlo de algún modo, que llevarán fruto y nos proporcionarán serenidad todos los días de nuestras vidas.

Tenemos que dejar de culpar a otros o a las circunstancias por nuestros problemas

Ahora bien, antes de que comencemos estas tres etapas, es muy importante que dejemos de culpar por nuestros problemas a otros o a las circunstancias. Eso es solo una justificación que no nos permitirá avanzar. Debemos aceptar ahora la completa responsabilidad por nuestras vidas, vamos a tomar el control de ellas. Aquí tenemos el primer paso.

Primer paso: cómo limpiar tu mente de las heridas que otros te han causado

–Busquen una libreta o algunas hojas y un bolígrafo, vayan luego a un lugar tranquilo donde no sean molestadas. Tarde en la noche puede ser una buena opción o incluso en la cama. Pónganse en una posición cómoda y la que puedan dormirse con facilidad.

Si ustedes creen en el poder de la oración como yo, deberían orar primero por la ayuda de Dios. A él le gusta ayudarte en este tipo de cosas.

Luego relájate y calma tu mente para que tu memoria por sucesos pasados esté clara. Si otros pensamientos se agolpan en tu mente, trata de deshacerte de ellos al contar del diez al uno lentamente, un número por cada dos tomas de aire.

Si encuentras que relajar tu mente es aún difícil, respira profundo y lento. Tu barriga deberá subir y bajar cuando estés respirando apropiadamente. Relaja todo tu cuerpo cuando expires, especialmente el área de tu barriga. Deja que tu respiración fluya a través de este relajamiento de tu barriga. No la fuerces, déjala fluir suavemente.

Cuando tu mente esté completamente relajada, toma una hoja de papel y trázale una línea por el centro, desde arriba hasta abajo para que queden dos columnas. En la columna de la izquierda, arriba, escribe tu nombre o sencillamente –yo–. En la columna de la derecha, en la parte superior, escribe el nombre completo de tu padre.

Regresa a la columna de la izquierda, bajo tu propio nombre escribe, –*Ahora perdono a* (escribe el nombre completo de tu padre) *por este perjuicio*–.

En la columna opuesta, escribe el primer pensamiento negativo o el recuerdo de algo negativo que te venga a la mente.

Vuelve a la columna izquierda y escribe exactamente lo mismo, –ahora perdono (nombre completo de tu padre) por esta ofensa. Y en la próxima columna escribe lo mismo, algún otro pensamiento o recuerdo doloroso con respecto a él.

Continúa haciéndolo de esta manera hasta que ningún pensamiento negativo o algún recuerdo doloroso venga a tu mente. Deja que tu mente repase el pasado hasta donde puedas recordar. No retengas nada.

Si escribes algo por lo que no puedas perdonar a tu padre, mantente escribiendo esa misma cosa una y otra vez hasta que puedas sentir que EN SERIO LO HAS PERDONADO. Deberás poder reír cuando lo escribas y sentir amor incondicional en tu corazón por tu padre.

Si aún así no puedes lograrlo, arrodíllate y ora de todo corazón a Dios para que te ayude. Recuerda que

Dios te ama, así como un padre bondadoso y está esperando que le pidas ayuda. Aún si nunca antes en tu vida has orado a Dios, hazlo ahora. La oración es lo único que funcionará en casos difíciles. Eso es muy importante. Nunca encontrarás paz interior hasta que hayas perdonado a tu padre por alguna herida que te haya causado. Tienes que dejar el juicio por esas cosas malas en las manos de un justo Dios.

Marina intervino suavemente, –Sí, usted está en lo cierto profesora. Uno de los Diez Mandamientos es honrar a nuestro padre y a nuestra madre.

–Exactamente, Marina. No nos toca a nosotros juzgar a nuestros padres. Dios lo hará en su preciso momento.

Ahora bien, cuando oren, sencillamente hablen a Dios su Padre, con sus propias palabras, como si estuviese parado en la misma habitación con ustedes. Manténganse orando hasta que todo el resentimiento y la ira se hayan ido.

Asuntos sin perdonar y que nos causan ira hacia otras personas, especialmente hacia nuestros padres, es la razón principal para emociones negativas y difíciles de controlar cuando no nos sentimos bien.

¿Tienes alguna pregunta, Helena?

–Sí, amo mucho a mi padre. No creo que pueda recordar algo malo acerca de él.

–Yo tampoco, –dijo Ángela.

–Está bien,–dijo la profesora.–Si nada les viene a la mente cuando hagan la primera declaración con respecto a alguna persona, y pueden reír y sentirse bien en su interior, pasen entonces a la próxima persona. Hay toda una lista con la que trabajar. Comenzamos con nuestro padre porque es él normalmente quien tiene el impacto más profundo en nuestra personalidad.

Ahora, el próximo nombre será el de sus madres y escriben –*ahora perdono a* (nombre completo de sus madres) *por esta herida.*

Hagan lo mismo que con sus padres. Sigan escribiendo allá y acá, hasta que puedan leer todas las heridas y seguir sonriendo y sintiendo amor incondicional por sus madres.

150

Después de eso, sigan el procedimiento de la misma manera. Los próximos serán sus hermanos y hermanas, uno por uno.

Los siguientes serán sus maestros y profesores de la escuela. Pasen luego a sus esposos y luego a cualquier otro hombre que las haya herido.

Si has sido abusada sexualmente por un hombre, seguramente te será extremadamente difícil perdonarlo, pero TIENES QUE PERDONARLO. Esto es muy necesario. Nunca encontrarás tranquilidad hasta que lo hagas. Podría ayudar recordar que casi todos los hombres que abusan sexualmente de mujeres, han sido ellos mismos víctimas del abuso sexual de alguna manera cuando eran niños inocentes. Un hombre emocionalmente saludable generalmente no tiene un deseo de abusar sexualmente de una mujer.

No lo tomen a mal, no lo están dejando sin castigo al perdonarlo, lo están dejando en las manos de Dios para que sea Él quien haga justicia, sea en esta vida, o en la venidera. Dios es justo, Él te ama, Él se encargará de ese hombre, justicia será hecha, tenlo por seguro. Dios no te abandonará, Él sabe exactamente cómo te sientes. Dios promete en La Biblia que nos compensará por todo lo malo que nos han hecho y que secará nuestras lágrimas.

Pero su Hijo Jesús nos enseñó, que solamente cuando tengamos suficiente amor en nuestros corazones para perdonar a aquellos que nos han herido y somos capaces de orar por ellos, Dios, nuestro Padre Celestial podrá perdonarnos a nosotras nuestros pecados. La Oración Modelo habla de esto.

Por último, perdonamos a alguna otra mujer que nos haya herido. Es bastante difícil para una esposa perdonar a aquella que ha tenido una aventura con su esposo, pero sin el perdón, nunca encontraremos tranquilidad. Podemos confiar en que Dios arreglará lo torcido a su tiempo.

Algunas de nosotras puede que sintamos la necesidad de perdonarnos a nosotras mismas, por las fechorías pasadas que hemos hecho, eso lo veremos en el próximo paso, el segundo.

Quizás también sintamos la necesidad de incluir a Dios en nuestras declaraciones de perdón. Quizás lo hemos culpado por la muerte de algún ser querido, por tanto, pueden hacer una declaración de eso también.

Algo si quiero decirles, creo firmemente que Dios nos ama a cada una de nosotras, así como amamos a nuestros hijos y sabe lo que es mejor para nosotras. Si confiamos en él, todo obrará para bien al final. Ya verán.

Bien, ¿quedó claro este paso para todas? –¿Cuánto tiempo durará esto?,–preguntó Beth

–Bueno, eso depende de cuántos recuerdos y pensamientos negativos necesitemos escribir y desechar de nuestras mentes. Vamos a vaciarnos del veneno acumulado por años a través de este proceso. Mientras más veneno tengamos, más largo será el proceso.

Quizás puedan hacerlo en unas pocas horas o quizás van a necesitar continuarlo algún otro día, o en los días siguientes. La oración sincera puede acelerar el proceso.

Una manera efectiva de orar

Vamos a hablar un poco acerca de esto. La oración es una parte importante para lograr serenidad y bondad. No quiero interferir con sus creencias personales, pero he descubierto que la manera más efectiva para mí es orar a solas, y en voz alta, para poder escuchar las palabras que digo. También uso mis propias palabras, como si estuviese hablando con alguien a quien amo aquí en la tierra.

Dios responde nuestras oraciones sinceras cuando nos purificamos de toda ira, resentimiento y falta de perdón

Dirijo mis oraciones a Dios, mi Padre Celestial, a través del nombre de Jesucristo. Esa es la manera en la que Jesús nos enseñó a orar.

Dios nos ama profundamente y siempre está dispuesto a responder nuestras sinceras oraciones una vez que nos hemos librado de toda nuestra culpa, ira y resentimiento y falta de perdón en nuestros corazones.

Aún necesitamos hacer todo lo que esté a nuestro alcance, pero él construirá un puente entre lo que es humanamente posible para nosotras y lo que requiere de su ayuda.

Podemos comparar esto con el hecho de enseñar a nuestros hijos a que coman solos. Una vez que han aprendido, no esperamos tener que hacerlo nuevamente por ellos. Cuando nos piden que les enseñemos una nueva habilidad como cocinar algo nuevo, nos sentimos felices de mostrarle cómo hacerlo. Creo que esa es la manera en que nuestro Padre Celestial obra con nosotras.

Paso Dos: Cómo deshacernos de forma permanente de la culpa en nuestras mentes que les hemos causado a otros

Ahora bien, cuando nos hayamos librado de todas nuestras heridas, ira y resentimiento, seremos capaces entonces de librar nuestras mentes de la culpa. Esta es tan dolorosa como las heridas emocionales del pasado y tiene un efecto similar en nuestras mentes

¿Qué es exactamente la culpa? ¿Alguien puede decirme? ¿Marina?

–Sí profe, la culpa es un terrible sentimiento que tenemos cuando hemos herido a alguien al hacerle algo malo.

–Sí, Marina, o al NO hacer algo bueno.

La culpa destruye nuestra tranquilidad con más rapidez que cualquier otra cosa. Algunas de ustedes se sienten quizás culpables por los errores que cometieron al interactuar con sus esposos en el pasado; pero puede ser una buena cosa si aprendemos del dolor y produce cambios en nuestras vidas.

Por lo que, nuevamente, tomen papel y lápiz, encuentren algún lugar tranquilo y pacífico y relájense completamente. Si no pueden encontrar un lugar tranquilo en sus hogares, quizás puedan alejarse en sus carros a algún lugar, o ir a un parque.

Es importante que no estén bajo la influencia de alcohol, tabaco o tranquilizantes. Esto insensibiliza nuestra consciencia, es importante que la tengamos clara y activa.

Tome una hoja de papel y escriban en la parte superior, –Yo (escribe tu propio nombre) *he herido a las siguientes personas a lo largo de mi vida*–. Luego, por debajo de tu nombre tracen una línea por el centro de la página como lo hicieron anteriormente.

Comiencen en la columna izquierda a mencionar los nombres de todos, vivos o muertos, incluyendo ustedes mismas, y a Dios si es necesario, de aquellos ustedes creen que han herido al hacer algo malo en contra de ellos o en dejar de hacer algo bueno para ellos. A medida que escribas los nombres, coloca en la parte de la derecha el motivo por el cual te sientes culpable hacia ellos.

Comienza por los años de tu infancia. Quizás escribas al lado del nombre de tu madre, *–Robé $15 del monedero de mi mamá–*.

O quizá recuerdes haber tomado o destruido deliberadamente algo que pertenecía a tu hermano o a tu hermana. Puede que recuerdes algunas mentiras descaradas que les dijiste a tus padres, o a los maestros en la escuela, o algún chisme perjudicial a tus amigos acerca de alguien.

Quizás recuerdes las veces que les dijiste cosas hirientes a tus padres, a tus hermanos y hermanas, a tus amigos, a tu esposo y a tus niños. Este segundo paso puede tomar mucho tiempo. Un recuerdo que te haga sentir culpable puede traer muchos más.

Si te sientes culpable cuando los recuerdas, son dañinos para ti. Saca todo ese veneno. Ponlo en el papel.

Recuerda también aquellas cosas que no hiciste, como defender a alguien que estaba siendo intimidado en la escuela, o yéndose tras la multitud y haciendo cosas que sabías que estaban mal.

Cuando puedas dejar tu consciencia vagar libre como un pájaro, regresa de tu infancia y no menciones más nombres, escribe lo siguiente al final de la hoja:

Yo (escribe tu nombre) siento profundamente y me arrepiento por todo el daño que le he causado a estas personas. De ahora en adelante seré especialmente bondadosa con ellas, todo lo que pueda, y chequearé mi consciencia para probar la manera en que trato a los demás.

Si no puedes sentir arrepentimiento verdadero por algunas de las cosas que has escrito, ora pidiendo ayuda y luego vuelve a escribir la última declaración

nuevamente. Sigue haciendo esto hasta que sientas pesar por todas las acciones malas que hiciste y deseo de no haberlas cometido.

–¿Y si no puedo recordar el nombre de una persona?,–preguntó Bev.

–Buena pregunta Bev. Si no puedes recordar su nombre, pon una pequeña pista acerca de esa persona, por ejemplo, –la señora de la casa azul– o, –el señor que se cayó en la acera–. Con bastante frecuencia no recordamos o no sabemos los nombres de las personas que hemos herido pero asegúrense de incluir a todo el mundo en la lista, aún cuando tengan que usar hojas y más hojas.

Nuevamente Bev levantó su mano otra vez. Ángela se dio cuenta de que estaba sonriendo una vez más.

–¿Sí, Bev?,– le respondió la profesora con una sonrisa también.

–¿Y qué hacemos si no nos hemos confesado? Recuerdo haberlo hecho años antes de mi matrimonio. Fue un sentimiento placentero y puro, iba a Misa todos los domingos por aquel tiempo. Me sentía tan feliz y limpia. Pero eso no me duró mucho, mis viejos hábitos se llevaron lo mejor de mí,–el ceño fruncido volvió a dibujarse en el rostro de Bev y su apariencia se tornó años mayor instantáneamente.

–Sí, Bev tiene razón. Cuando nos arrepentimos delante de Dios podemos experimentar un sentimiento maravilloso de tranquilidad, por estar en paz con Dios y con los demás.

Podemos sentirnos de esa manera por el resto de nuestras vidas una vez que limpiemos nuestras mentes de heridas sin perdonar y nos arrepintamos de todos nuestros malos actos.

Para mí es muy útil también leer dos páginas de mi Biblia cada mañana. Me hace sentir más cerca de Dios, como más tranquila y sin preocupaciones, como una niña pequeña. Experimento ese sentimiento tan placentero de paz del que Bev habló.

Bev, puedes sentirte de esa manera nuevamente; todas podemos. El paso tres nos enseña cómo impedir que nuestros malos hábitos regresen.

Paso Tres: Cómo reprogramar tu mente

Lo que hemos hecho hasta ahora es deshacernos o limpiar nuestras mentes de todas las emociones negativas, heridas, ira, resentimiento y culpa. Es como desinfectar nuestras computadoras de virus.

Ahora necesitamos reprogramar nuestra mente con mensajes buenos y conmovedores para cambiar los viejos hábitos y crear nuevos. Tenemos que evitar que cualquier sentimiento negativo eche raíces en nuestras vidas.

Esto lo logramos usando una lista de metas. Una Lista de Metas es eso mismo, una lista de metas que queremos alcanzar en nuestras vidas. Es una herramienta poderosa para cambiar nuestras vidas.

Puedes estrujar y botar las listas que hagas en los primeros dos pasos, pero no lo hagas con la tercera.

Necesitamos leer nuestra Lista de Metas cada mañana y cada noche. Deberíamos hacerlo por el resto de nuestras vidas. La mayoría de los hombres son buenos en este tipo de cosas, ellos se trazan metas y las siguen. Nosotras las mujeres no somos tan así, pero funciona tanto para los hombres como para las mujeres. Cuando vean los resultados verán cuán emocionante es.

Nuevamente, encuentren un lugar tranquilo. Tomen otra hoja de papel, una pequeña y colorida esta vez. Una amarilla brillante es buena para esto porque no querrás perderla con facilidad. Encabézala con

–Lista de Metas– o puedes llamarla de la manera que prefieras, quizás te guste –Mis Metas–. El nombre no es tan importante. Una mujer a la cual le di clases la nombró –Tareas–.

Ahora vamos a escribir cinco metas positivas y conmovedoras. Deberán ser tan positivas que nos proporcionen edificación a nuestras mentes. Si alguna de ellas no te inspira o emociona cuando la leas, reformúlala hasta que lo haga.

Para la primera, tomamos nuestra más grande debilidad y la convertimos en una o más metas positivas. Por ejemplo, supongamos que somos adictas a la comida basura o no saludable y ahora pesamos 20 kilos por encima de lo que deberíamos, podríamos escribir entonces:

"Disfruto la comida natural y saludable como pan integral, frutas frescas, nueces y vegetales"

Y como segunda meta: *"Disfruto correr dos kilómetros cada mañana cuatro veces por semana. Me siento en forma y activa y peso 60 kg".*

Algunas en la clase rieron.

Es tan sencillo como eso,–dijo la profesora sonriendo. Escriban cada meta como si ya la hubiesen alcanzado, y cuando la lean cada mañana y cada noche, imagínense haciendo lo que han escrito. Véanse a ustedes mismas disfrutando comida sana. Véanse corriendo sin esfuerzo y esbeltas y en forma.

Es importante que las metas estén bien definidas. Pongan atención especial al hacerlas para que puedan fácilmente visualizarlas. Para la meta de correr como la que les mencioné, imagínense sus zapatos de correr y la ruta que prefieren.

Eso es todo, –dijo alegremente la profesora.

Supongan que gritarle a los niños es un problema para ustedes. Podrían escribir, *"Soy suave, tranquila y serena todo el tiempo"*, y como segunda *"Siempre hablo amable y suavemente a mis hijos"*, y en tercer lugar *"Siempre animo y alabo a mis hijos"*.

–¿Entienden hasta aquí? Pueden poner tantas como quieran, pero he descubierto que cinco o seis es mejor, y debemos chequearlas una vez a la semana.

He estado haciendo esto por años. Las repaso y vuelvo a escribir cada domingo en la noche, después que mi esposo se ha ido a la cama. Por lo general cambio unas pocas palabras mientras escribo y cuando he cumplido completamente una meta, añado otra. Es muy emocionante, siempre espero con ansiedad cada noche de domingo.

Planifico también mis actividades para la siguiente semana en ese momento, pero hablaremos de eso la semana próxima en el Secreto Número Seis.

En tus metas, trata de sacar tus cualidades naturales femeninas de humildad, amabilidad y amor.

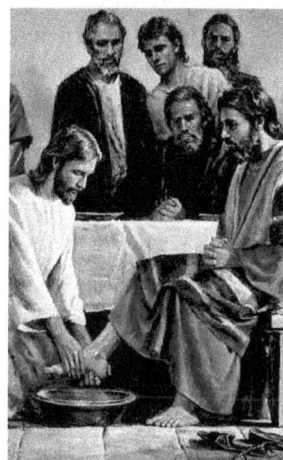

Tenemos que tener cuidado con el orgullo y el fariseísmo. Recuerden que aunque Jesús tuvo un poder enorme, fue lo suficientemente humilde como para lavar los pies de sus doce discípulos

157

No necesariamente tienen que ser metas, pueden ser verdades que necesitemos recordar. Una de las primeras que puse fue, –Dios me ama tanto como yo amo a mis niños–.

Quizás quieras añadir este pensamiento clásico y positivo a tu lista, –Cada día, en todos los sentidos, estoy mejorando y mejorando y mejorando.–

–Recuerden, tienen que leerlas cada mañana y cada noche. Léanlas en voz alta si nadie está escuchando y es muy importante que mientras las estés leyendo, imagines haberlas alcanzado ya.

Dejen la lista al lado de sus camas en la noche o en algún otro lugar donde de seguro las van a encontrar cada mañana y cada noche.

No compartan estas metas personales con alguna otra persona, ni siquiera con sus esposos, que sea solo entre tú y Dios. Manténgalas en sus mentes. De alguna manera pierden su encanto si las comparten con otros.

Las metas colectivas son diferentes, deben ser compartidas con todos los miembros del grupo, son una manera poderosa de alcanzar grandes proyectos, pero esta noche estamos hablando de nuestras metas personales y transformadoras.

–Me parece emocionante, –dijo Bev.– ¿Pueden creer que pesaba 60 kg antes de casarme? Ahora peso el doble.

–Sí que lo es, Bev,–dijo la profesora.–Funciona, no sé en realidad por qué, pero sé que funciona. He usado la Lista de Metas por años, era bastante gorda por ese entonces. Esa fue mi primera meta en la lista. Para ser honesta, mi vida se me hizo un desastre cuando pasé por la menopausia alrededor de diez o doce años atrás, pero ahora puedo decir que nunca me sentí más feliz o más satisfecha y mi salud está muy bien. Aprenderemos secretos para tener una buena salud en el Secreto Número Siete.

Ángela comenzó a sentirse animada con esto. Recordó haber encontrado notas donde Ted había escrito para sí mismo su meta de tener su propio negocio de reparación de autos. Recordó también cómo una serie de pequeños milagros habían ocurrido para hacerlo posible. Le

preguntó a la profesora, –¿Por cuánto tiempo debemos mantener la misma meta en nuestras listas?

–Bueno, como les dije antes, yo redacto nuevamente mi lista cada domingo por la noche, para que se arraiguen mis metas un poquito más en mi mente. Trato también de mejorar el estilo un poquito mientras las vuelvo a escribir. Tan pronto como siento que una meta ha sido alcanzada, o que un pensamiento alentador ha quedado arraigado en mi mente y que está produciendo el patrón adecuado de pensamientos, la quito y escribo otra. A veces siento la necesidad de volver a incluir un mensaje alentador que había puesto antiguamente, especialmente si me siento retroceder a un viejo hábito dañino.

Bien, nuestro tiempo se acabó pero quiero decirles que cuando ponemos en práctica los pasos de los que hemos estado hablando hoy, no podemos evitar ser más bondadosas y amorosas con los demás, también nos estimamos más y nos sentimos más satisfechas. Luego, tendremos la bella cualidad de la tranquilidad.

La bondad y la serenidad son muy necesarias para que nuestros esposos nos amen profundamente y nos aprecien, con el tipo de amor que los hará honrarnos enfrente de otros hombres y mujeres y protegernos ferozmente.

Pero debemos tener cuidado del orgullo y fariseísmo o pretendida superioridad moral. Recuerden que aunque tuvo un vasto poder, Jesús fue lo suficientemente humilde como para lavar los pies a sus discípulos.

Aquí tienen ahora sus tareas para esta semana, para que pongan en práctica todo lo que han aprendido.

***

TAREAS: SECRETO NÚMERO CINCO

TAREA UNO: (Paso Uno, Perdón, ver las páginas 147-152 para más detalles)

Relájate completamente. Divide una hoja de papel en dos columnas. En la parte superior de la columna izquierda escribe tu nombre. En la de la derecha, escribe el nombre de la primera persona de la lista abajo dada (ej, tu padre).

Luego, debajo de tu nombre, en la columna izquierda escribe: "Ahora yo perdono (nombre de tu padre) por esta ofensa"

En la columna de la derecha, justo en frente, escribe el primer pensamiento negativo o recuerdo que salga a tu mente. Sigue escribiendo la nota del perdón y justo al frente cualquier otro pensamiento o recuerdo negativo hasta que ya no te queden más por esa persona, y puedas sonreír y sentir amor dentro de ti por la persona en cuestión. Ora pidiendo ayuda si se te hace difícil perdonarla.

Comienza con tu padre, luego tu madre y luego los miembros más cercanos de tu familia. Continúa con cualquier otra de las mencionadas abajo que te hicieron daño de alguna manera.

Padre	Madre
Hermanos	Hermanas
Profesores de la escuela	Esposo
Otros hombres	Otras mujeres
Tú misma	Dios

***

TAREA DOS: (paso dos, arrepentimiento, ver páginas 152 - 153 para más detalles)

Relájate completamente. Escribe en la parte superior de una hoja de papel: "Yo (tu nombre) he dañado a las siguientes personas a lo largo de mi vida."

Divide el resto de la hoja en dos columnas y luego pon en la columna de la izquierda los nombres de esas personas, vivas o muertas, a las cuales has herido alguna vez. En la columna de la derecha, enfrente de cada nombre, señala resumidamente el hecho. Sigue añadiendo nombres y usando más hojas si es necesario hasta que tu conciencia quede totalmente limpia.

Luego, debajo de la lista de los nombres escribe, – *Yo (tu nombre) siento mucho todo el daño que le he causado a estas personas y me arrepiento. De ahora en adelante seré especialmente amable con estas personas, todo lo que pueda y vigilaré mi actitud al tratar con la gente.-*

Por último, en los días que le sigan a esta tarea, haz todo lo que esté a tu alcance para enmendar el daño causado a estas personas. Con los que no puedas hacerlo, pídele a Dios que los bendiga.

***

TAREA TRES: **(Paso tres, reprogramando tu mente, ver páginas 153 – 155 para más detalles)**

Comienza la lista de cinco metas positivas y conmovedoras. Expón tus debilidades como metas claras, positivas y detalladas que quieres alcanzar. Deja la lista al lado de tu cama y léela cada mañana y cada noche. Mientras lo estés haciendo, imagínate a ti misma habiendo ya alcanzado y disfrutando tu meta. Incluye también al menos un mensaje alentador en tu lista.

Ejemplo: *"Ahora disfruto correr 2km cada mañana, cuatro días a la semana"*

"Me siento en forma y llena de energía y peso 60kg"

"Cada día y en todos los sentidos estoy mejorando, mejorando y mejorando"

Reescribe tu lista de metas una vez a la semana, quizás en la noche del domingo, redactando nuevamente tus metas y mensajes alentadores y reemplazándoles a medida que los alcances o venzas.

Permítanme ahora presentarles a nuestras visitas de esta noche. Nos alegra mucho tener a Jocelyn y a Teresa aquí para que compartan sus experiencias de Mujer Fascinante. Jocelyn, ¿serías tan amable de comenzar tú y luego escucharemos a Teresa?

***

Jocelyn (Historia Real)

Había estado en el campo de batalla del matrimonio por doce años. Cada día batallaba por alcanzar lo que yo quería sacar de mi relación y eso me había pasado factura. Sufría de presión arterial emotiva y estaba amargada y resentida.

No había ganado ni una sola batalla, ni siquiera una pequeña. Estaba perdiendo terreno. Nuestros inocentes hijos estaban sufriendo. Mi esposo dormía en el sofá.

Sentía que ya no podía más. Fue en ese entonces cuando fui invitada a participar a las clases de este curso.

Ahora he renunciado a la guerra a favor de la paz. La tensión y el desánimo se han ido. Me siento feliz y segura. Realizo mis responsabilidades domésticas con regocijo en mi corazón porque le he cedido a mi esposo aquellas tareas que le pertenecían.

Mujer Fascinante me ha dado más victorias en cuatro meses de las que yo tuve en doce años y no peleé por obtenerlas. Me fueron dadas sin siquiera pedirlas.

Me siento amada y apreciada y eso es bello. Inclusive mi apariencia ha cambiado. Mi rostro tiene una nueva luz, mis ojos un nuevo brillo y real regocijo irradia de mi interior. Mis amigos me alagan por lo bonita que me veo.

Mi esposo está ahora haciendo planes para remodelar nuestra casa, incluyendo un nuevo cuarto para nosotros.

**

Teresa (Historia Real)

Siempre había leído mucho acerca del tema del matrimonio porque quería que el mío fuese feliz. De cada libro que leía sacaba algo útil y nuestro matrimonio parecía exitoso, pero siempre supe que no era eso lo que yo había soñado para mi matrimonio.

Pasamos por momentos extremadamente difíciles. Tenemos niños maravillosos y trabajamos muy duro para mantenernos unidos. Pero mientras más tratábamos de hacer funcionar nuestra relación, más nos frustrábamos y nos desalentábamos. Nada de lo que hacíamos parecía funcionar.

Le eché la culpa de nuestras dificultades al pasado de mi esposo. Él sirvió en el ejército en Vietnam y desarrolló un problema con el alcohol el cual ha

162

superado en este momento. Sufría también de
trauma de guerra.

En realidad creía que era una buena esposa.
Después de todo, había permanecido con él todos
esos horribles años. Con frecuencia pensaba en lo
diferente que hubiesen sido nuestras vidas si tan
solo él fuera diferente y si tan solo no hubiese tenido
tantos problemas.

Entonces, durante un tiempo particularmente
difícil, me enseñaron los secretos de Mujer
Fascinante. Comencé a ver que yo había cometido
serios errores. Me di cuenta de que todos nuestros
problemas NO eran por su culpa. De hecho, la
mayoría de ellos eran por la mía. Me sentí devastada
al darme cuenta por primera vez cuán equivocada
estaba.

Había tratado de ser una buena esposa pero de una
forma equivocada. En los libros que había leído había
mucha información errónea.

Mujer Fascinante me enseñó a ser la esposa que
mi esposo necesitaba. Algo dentro de mí parecía dar
saltos de alegría. Sabía que eso era lo correcto. Era
lo correcto y vi que era posible cambiar. Por primera
vez en mucho tiempo vi esperanza para nuestro
matrimonio.

Con frecuencia nosotras las mujeres hacemos lo
que sabemos para hacer que nuestros matrimonios
funcionen pero una vez que lo hemos tratado con
todo para ser amadas y apreciadas como lo soñamos
y aún no sucede, perdemos la esperanza.

Comencé a ver cómo mis actitudes frente al
matrimonio y mi rol como mujer habían sido
influenciadas por el movimiento feminista, los
anuncios televisivos y libros llenos de ideas
contrarias a los principios de Dios. Solamente
cuando cumplimos el rol que Dios nos ha dado
podemos sentirnos verdaderamente felices y
realizadas.

La mejor parte es que mientras lo hacemos
nuestros esposos se vuelven más felices y nos
encontramos siendo tratadas como reinas, y dejamos

163

de ser un estorbo para que nuestros hombres se conviertan en lo que Dios quiere que sean.

Estos principios de Mujer Fascinante han sido la verdadera llave para la felicidad en mi propio matrimonio. Cosas buenas han sucedido, superamos el desaliento y encontramos regocijo en estar juntos.

Tengo el esposo más asombroso del mundo y estoy en realidad muy agradecida a Mujer Fascinante por haberme mostrado finalmente a ser la esposa que mi esposo estaba necesitando.

***

–¿No sienten estremecimiento al escuchar experiencias tan bellas? Historias de hadas en la vida real con finales felices. Muchas gracias por haber venido esta noche a compartir sus experiencias Teresa y Jocelyn.

Veremos en esta semana cuán serenas y satisfechas podemos ser para nuestros esposos. Recuerden, es la mujer amable y comprensiva la que mueve el espíritu de un hombre, la mujer que es tranquila y alegre aún en tiempos de dificultad.

Que seamos todas siempre mujeres así al hacer lo correcto.

Bev, ¿te las estás arreglando para hacer tus tareas?

Bev sonrió y nuevamente se veía años más joven. –Hice la lista de las virtudes, –dijo.–Y ¿sabe qué? Él no es tan mal hombre después de todo. De hecho, él es mejor que yo; pero ¡vaya!, ¡mire que me ha inspirado esta noche a cambiar!

–Creo que nos ha inspirado a todas,–dijo Kathy sonriendo ampliamente mientras se ponía de pie para irse.

–Bueno, buenas noches para todas, –dijo la profesora complacida.

***

Más tarde esa noche, después que su madre se había ido y la casa estaba tranquila, Ángela se relajó en el sofá en la sala. Comenzó a calmar su mente, preparándose para el paso uno de su primera tarea acerca de perdonar.

Pero primero que todo, hizo lo que la profesora les había dicho y cerró sus ojos para orar por ayuda divina. Luego, tomando el bolígrafo, dividió la hoja en dos columnas y escribió su nombre en la parte superior de la columna izquierda y el nombre de su padre en la columna de la derecha. Luego escribió las palabras de perdón.

No esperaba que algún recuerdo malo de su padre apareciese. Lo había amado profundamente cuando estaba vivo, sin embargo se sorprendió de recordar sus pensamientos llenos de ira que vinieron a su mente después que su padre tuvo aquel mortal infarto.

En su profundo dolor en aquel momento, ese pensamiento había estado en su mente continuamente, *–si papá hubiese tenido mejor cuidado de su salud, este infarto no hubiese sucedido y mamá y yo no estuviésemos sufriendo esta terrible pérdida.–*

En vez de reprimir sus pensamientos como siempre lo había hecho en el pasado, esta vez lo aceptó. Sintió el deseo de escribir ese pensamiento en la columna de la derecha y lo hizo.

Luego escribió en la columna de la izquierda:
"perdono a mi padre por todo el daño que me ha causado"

Mientras escribía las palabras de perdón, sintió una inundación de ternura y afecto por su padre, más de la que había sentido antes. El pensamiento desagradable que había escrito de repente pareció perder todo poder para afectarle.

Lágrimas de amor llenaron sus ojos mientras cantaba en voz baja para sí misma la canción que tanto le gustaba *"Ay, mi papá"*

Ay mi papá, conmigo fue tan estupendo.

Ay mi papá, conmigo fue tan bueno.

Nadie pudo ser tan tierno y tan amoroso.

Ay mi papá, siempre me entendió.

Ningún otro pensamiento negativo vino a su mente con respecto a su padre, así que Ángela pasó a su madre.

Le tomó casi dos páginas a Ángela escribir todos los pensamientos negativos que vinieron a su mente con respecto a su madre. Se asombró de cómo llegaban y llegaban. Casi todos tenían que ver con el carácter mandón de su madre y las acusaciones injustas y llenas de ira que su madre le había hecho durante los años de rebeldía de la adolescencia de Ángela.

Finalmente fue capaz de escribir la declaración de perdón con toda la intención de su corazón. Para cuando terminó, sintió una nueva proximidad íntima y simpatía hacia su madre. Por primera vez se dio cuánta de cuán parecida era ella a su madre, especialmente a como era su mamá años antes.

Cuando llegó a la parte de perdonar a sus hermanos, se asombró de ver cuánto resentimiento albergaba todavía en contra de su hermano mayor, Robert.

Con frecuencia Robert la molestaba y era cruel con ella cuando eran jóvenes. Ella siempre había sido mejor que él en la escuela y por molestarla él todo el tiempo, ella en venganza le recordaba cuán estúpido era. Él era un muchacho muy alto y por eso ella lo llamaba Buey Estúpido. De molestarla pasó a ser cruel cuando ella comenzó a llamarlo así.

Por esto para ella el perdonar toda su crueldad le parecía injusto. Era él quien debía pedirle perdón a ella.

Recordó con amargura los años en que se burlaba de ella, la golpeaba y jugaba sucio con ella. Dondequiera que Robert encontraba una araña, se la metía en la espalda por la blusa. Se estremeció con solo recordarlo. Incluso se había emborrachado en la boda de ella y la había avergonzado profundamente.

Las heridas siguieron apareciendo en su memoria. Las escribió sin parar. Cuando terminó de escribir todas las que podía recordar ya era pasada la medianoche, pero seguía sin poder perdonarlo.

Se preparó para ir a la cama y se arrodilló para orar. Se había propuesto hacerlo cada noche y planeaba ponerlo como una meta en su Lista de Metas cuando la hiciera. Cuando estaba por terminar de orar añadió, –y por favor Padre Celestial, ayúdame a perdonar a mi hermano Robert por todo el daño que me ha causado.

Casi al instante ocurrió una transformación en la mente de Ángela. En vez de ver a Robert como un hermano mayor cruel e hiriente, lo vio por primera vez como un hombre, lleno de sensible orgullo masculino con una necesidad de ser superior a las mujeres en asuntos masculinos. Las primeras dos leyes de Mujer Fascinante vinieron s su mente, –Acéptalo como es y mira a su lado bueno– y –Admira sus cualidades masculinas.

Pudo ver cuán terriblemente debió haber provocado y herido el sensible orgullo masculino de Robert a través de los años con su lengua.

Recordó también algunas cosas buenas que él había hecho por ella en los últimos años. Ya se había olvidado de todo eso.

Un sentimiento de pesar y luego de amor por Robert la inundó. Su amargo resentimiento se desvaneció. Incluso decidió hacer una lista de las virtudes de Robert cuando terminara sus tres tareas de esa semana.

***

A la noche siguiente, el jueves, Ángela terminó el primer paso de la tarea sin más dificultades. Se sorprendió de que el nombre de Ted no le trajo ningún recuerdo doloroso. Fue capaz de escribir la declaración de perdón con amor.

***

El viernes en la noche Ángela comenzó el paso dos, el de arrepentirse de las heridas causadas a otros.

Mucho sentimiento de culpa sintió especialmente en relación con su madre, su hermano Robert y a Ted. Quedó impresionada al darse cuenta que las heridas causadas a su hermano y a Ted eran similares y se preguntó si había alguna conexión.

Más tarde esa noche, escribió su última declaración, expresando su pena y arrepentimiento y se sintió muy tranquila y estuvo a punto de llorar. Sintió como si pudiera amar incondicionalmente a cada persona en todo el mundo. No podía recordar haberse sentido nunca antes tan tranquila, con tanta paz y con su mente libre en toda su vida.

Cuando llevó su taza de chocolate vacía a la cocina, antes de ir a la cama, se encontró con otro reguero dejado por sus hijos.

No se llenó de ira, en vez de eso se le ocurrió descontarle una pequeña cantidad de dinero de lo que les daba cada vez que tuviera que limpiar algo por ellos, y ofrecerles también a cada uno un bono semanal cada vez que mantuvieran la casa organizada por una semana entera.

Cuando se retiró a dormir, todavía se sentía tranquila y llena de paz. Tiphony había regresado a dormir en su propio cuarto.

***

A la mañana siguiente, el sábado, Ángela se despertó temprano. No había tenido ni el más mínimo deseo de fumarse un cigarro. Cada mañana desde que había dejado de fumar se levantaba con un poco de deseo de hacerlo.

Sintiéndose descansada por el sueño y llena de energía, decidió salir a correr nuevamente. Salió justo después que salió el sol. La tenue luz matinal parecía arrojar una luz mágica sobre los árboles, las flores y los céspedes. Su cuerpo parecía tener energías sin límites y corrió los dos kilómetros completos a un paso regular sin detenerse. Luego caminó rápidamente de regreso a casa.

Era aún temprano en la mañana, cogió su libreta y la lista de las virtudes masculinas de Mujer Fascinante y se sentó en una parte sombreada del patio a refrescarse y a hacer la lista de las virtudes de su hermano.

Después de eso, le escribió una carta a Robert expresándole que lo aceptaba, y lo admiraba por sus talentos en el deporte y su capacidad para llevar los negocios, las que sobresalían notablemente en la lista de sus virtudes.

Su hijo David salió de la casa cuando ella estaba terminando la carta y le vio sus zapatos deportivos.

–Hola mama, ¿has ido a correr?

–Sí David. ¿Te gustaría ir conmigo la próxima vez?

–¡Na! Lo hacemos en la escuela todo el tiempo.

–David, ¿crees que puedes hacer un cetro en la carpintería de la escuela? Eres muy bueno haciendo cosas de madera. Sabes lo que es un cetro, ¿verdad? El

palo especial que usan los reyes. Luego podremos pasar todos a ver a papá y dárselo y decirle que de ahora en adelante él es nuestro líder, nuestro rey.

–¡Seguro! Puedo hacerlo,–dijo David alegremente.– Dibuja el cetro y lo haré para él.

***

CAPÍTULO NUEVE

Secreto Número Seis
Disfruta Tu Trabajo Hogareño

En la noche del martes, Ángela se sentó a la mesa del comedor para hacer su Lista de Metas. Después de más o menos una hora de pensar, escribir, tachar y volver a escribir, la completó.

Se sintió complacida consigo misma. Leer las metas y mensajes alentadores la hicieron sonreír y sentirse bien, incluso emocionada.

Las leyó nuevamente y luego hizo lo que la profesora les había dicho y se imaginó a sí misma habiéndolas alcanzado ya.

Mi Lista de Metas

1. Ted está en casa nuevamente conmigo, me ama y comparte sus ideas conmigo. Es un esposo maravilloso.

2. Corro 3 km, cuatro veces por semana y me veo delgada y saludable. Peso solo 53 kg.

3. Cada día, de muchas maneras, las cosas van mejorando y mejorando y mejorando.

4. Me siento tranquila y llena de paz y siempre les hablo suavemente a Ted y a los niños. Me encanta sonreír y cantar.

5. Admiro y alabo a Ted y a David en cada oportunidad que tengo.

Ángela sonrió nuevamente. Dobló su lista, la llevó a su habitación y la puso en su caja de cosméticos.

***

Llegó tarde a la clase al día siguiente, miércoles. Se le había olvidado que su madre no disponía de su carro esa noche. Recordó solamente a última hora que tenía

170

que pasar a recogerla para que viniera a quedarse con los niños.

Se sentía tensa por el estrés de la premura cuando entró a la clase. Se deslizó en una silla en la fila de atrás.

Kathy comenzaba a compartir una vivencia.

***

Kathy (Historia Real)

Mi esposo y yo siempre hemos estado felizmente casados, pero nos faltaba algo. Fastidiaba a mi esposo, era la jefa, les gritaba a los niños, tenía un temperamento violento, me encargaba del manejo de las finanzas y me sentía bastante miserable.

Si este curso no me hubiese ayudado iba a ir al psiquiatra. Todo eso quedó en el pasado, ahora no necesito un psiquiatra. Todos mis problemas conmigo misma no están completamente solucionados pero estoy en camino a ello.

–Gracias Kathy,–dijo sonriendo la profesora–Sí chicas, como aprendimos la semana pasada, por lo general podemos sanar nuestros problemas emocionales sencillamente haciendo tres cosas. Primero que todo, perdonando a todos aquellos que nos han herido, segundo, arrepintiéndonos del daño que le hemos causado a otros y, por último, cambiando nuestros malos hábitos con nuestra Lista de Metas.

Ahora, Helena, también tiene una experiencia que compartir con nosotras.

***

Helena (Historia Real)

Antes de tomar este curso pensé que mi esposo y yo teníamos un matrimonio normal. En estas semanas que han pasado, he estado practicando el aceptarlo tal y como es, y el ponerlo en primer lugar.

Dos semanas atrás, me llevó el desayuno en la cama por primera vez en alrededor de dos años. El fin de semana pasado estábamos los dos solos en nuestra habitación bailando cuando, a mitad de la pieza, me miró y me dijo –*Si todos en el mundo fuesen como tú, sería un mundo perfecto*–. Me dejó

171

sin palabras. Mi esposo nunca antes me había dicho algo como eso.

De hecho, antes de Mujer Fascinante, todo lo que yo hacía estaba mal desde su punto de vista.

Cuando el curso comenzó, para ser sincera, no dejaba de pensar –*¿Por qué no hacen algo similar para los hombres?, ellos son los que necesitan esto, no nosotras*–. Ahora puedo ver que era yo la que necesitaba cambiar, no mi esposo.

Pienso que ahora somos la pareja más feliz sobre la faz de la tierra y todo se lo debo a Mujer Fascinante.

–Gracias Helena. Eso estuvo hermoso. ¿No has comenzado tu Libro de Amor todavía? Ese es un cumplido muy bello de tu esposo que anotar.

Helena sonrió radiante, enrojeciéndose su piel color aceituna.–Sí, comencé mi libro esta semana.

Ángela se hizo el propósito de recordar comenzar el suyo también. Había tenido la intención de hacerlo pero siempre terminaba olvidándolo.

–Ahora,–dijo la profesora,–antes de que aprendamos el Secreto Número Seis, quiero que piensen cuidadosamente en esta pregunta. ¿Cuál es el trabajo más noble, digno de alabanza e importante en todo el mundo?

Todas quedaron en silencio. Beth levantó su mano. –¿Sí, Beth?

–Supongo que es ser el líder de un país, un primer ministro o un presidente.

–Sí, ese son trabajos importantes Beth, pero existe uno más importante que esos. Sin que se lleve a cabo correctamente, nadie puede regir efectivamente un país.

Marina levantó su mano. –¿Sí, Marina?

–¿Se está refiriendo a los ricos hombres de negocio y a los banqueros?

–¿Los jueces de la Corte Suprema?,–dijo Beth.

La profesora sonrió.

–El resultado del trabajo al cual me estoy refiriendo dura para siempre, no solo unas pocas décadas.

Elsy dijo:–Me parece que sé a dónde quiere llegar la profesora, el trabajo de la maternidad es el trabajo más importante en el mundo.

LA MATERNIDAD, EL TRABAJO MÁS NOBLE E IMPORTANTE SOBRE LA FAZ DE LA TIERRA

La profesora asintió con la cabeza como acostumbraba hacerlo cuando escuchaba una respuesta correcta.

–Gracias Elsy. Y sí, Elsy está en lo cierto. La vocación de la maternidad es el trabajo más noble e importante en el mundo y el que más recompensa trae.

Estamos de la mano con Dios, estamos formando seres eternos, niños que vivirán para siempre. Sí, nosotras las madres nos cogemos de la mano con Dios cuando traemos niños al mundo. Él nos ha dado la gran responsabilidad de entrenar sus confiadas y pequeñas mentes. ¿No es maravilloso? O, ¿qué otro trabajo hay que se le pueda comparar?

LOS DECISIVOS PRIMEROS AÑOS DE LA VIDA DE UN NIÑO

–La mano que balancea la cuna rige el mundo–, dijo Elsy.

–Muy cierto,–dijo la profesora.–Durante sus primeros años, y especialmente durante los primeros tres de la vida de nuestros hijos, sus pequeños caracteres se están desarrollando. Nos miran a nosotras, sus madres, como un ejemplo a seguir y su guía. Creo que nosotras las madres determinamos en gran medida en lo que sus pequeños e inocentes espíritus se convertirán cuando sean adultos.

Ser abuela nos trae nuevamente la satisfacción de criar niños de nuevo y sin los sacrificios

En realidad, no deberíamos quejarnos de los hombres. Nosotras las mujeres jugamos un papel sumamente importante en que sean como son. Si siempre criticamos a nuestros hijos, pueden llegar a ser ermitaños o brutos, inclusive monstruos a veces pero, si por el contrario los alabamos, los admiramos, y somos cariñosas con ellos, casi siempre se convierten en hombres buenos, nobles, compasivos y amables.

LA SATISFACCIÓN DE CRIAR NIÑOS FIRMES Y SEGUROS

173

¿Es fácil ser una buena madre? No, no es fácil. Toma muchísimos sacrificios. Significa mucha pérdida de sueños y a veces fatiga y los adolescentes pueden ser a veces muy, muy difíciles.

Pero todo eso pronto pasará. Crecen y abandonan el hogar, todo demasiado rápido. ¿Verdad, Elsy?

Elsy asintió, –sí, pero a veces regresan por un tiempo. Esto no siempre es una buena cosa. Parece como si volvieran a ser niños dependientes otra vez. Una vez que han dejado el hogar, siento que deberíamos animarlos a que continúen siendo independientes, por mucho que nos guste tenerlos en casa nuevamente con nosotras.

–Sí, Elsy tiene razón. Tenemos que soltar a nuestros hijos para que vuelen. A veces incluso necesitaremos empujarlos fuera del nido así como la mamá pájaro lo hace.

Cuando ya se han ido, miramos atrás y meditamos en los momentos tristes, los felices, en nuestros errores y en nuestros logros.

Este es un sentimiento conmovedor. ¿Quién ha escuchado la canción de *"Fiddler on the roof"* (El violinista en el tejado) llamada *"Amanecer, atardecer"*? El lechero judío la canta cuando su hija está a punto de casarse y abandonar el hogar.

La profesora cantó la canción con una dulce y pura voz soprano:

"¿Es esta la pequeña niña que yo cargué?

¿Es esta la pequeña niña que jugaba?

No recuerdo verla crecer.

¿Cuándo sucedió?"

Ay, esta canción me hace llorar. Es una dulce y triste canción.

Me encanta esa música. Pero aun cuando nos produce tristeza el hecho de que nuestros hijos se vayan del hogar, tenemos mucha satisfacción cuando vemos a nuestros preciosos hijos ser adultos felices y seguros, trabajar, casarse y criando a sus propios hijos. En realidad es muy satisfactorio. Nada más en el mundo se le puede comparar.

Sí, ser madres es un reto pero es también nuestra más grande fuente de satisfacción como mujeres. ¿Verdad, Elsy?

–Seguro que sí, –dijo Elsy.–Y ser abuelas nos hace vivir todo nuevamente y sin los sacrificios. Mis nietos me producen mucha alegría.

–Sí,–dijo la profesora,–nuestros preciosos nietos. ¿Cuántas abuelas tenemos aquí?

Elsy, Diane y Marina levantaron sus manos.

–¡Qué lindo!,–dijo la profesora–Elsy, háblanos de tus nietos.

EL GOZO Y LA SATISFACCIÓN EXTRAS DE UNA FAMILIA GRANDE

El rostro de Elsy se iluminó. –Tengo 18 nietos maravillosos y sencillamente los amo a todos muchísimo. A cada uno como si fuera mi propio hijo. Me mantienen atareada cuando vienen a verme, sin dejar de mencionar, pero en mi corazón me siento rejuvenecida.

Siento pena por las mujeres que limitan sus familias a solo uno o dos niños. Si solamente pudieran ver al futuro y supieran el gozo y la satisfacción que una amorosa familia grande puede traerles más adelante.

Sé que culpan al costo económico para mantener una familia pero mi esposo siempre tuvo salarios bajos pero yo me las arreglé. No salí a trabajar hasta que mi hijo menor fue adolescente, y solo por unas pocas horas al día. Y sí, Harmony, tienes razón, solo fue para comprar unos pocos lujos. Mi esposo en realidad no quería que lo hiciera, como nos habías dicho antes que los hombres hacen.

–Gracias por hablar de eso con nosotras, Elsy,–dijo la profesora–Estoy segura que fuiste una buena madre para toda tu familia.

–Espero que aún lo sea,–dijo Elsy–En realidad nunca me detengo. Siempre surgen problemas en los que les puedo ayudar. La vida nunca es aburrida con nueve hijos, se los puedo asegurar.

–Sé EXACTAMENTE a lo que te refieres Elsy, –dijo la profesora.

Nunca se lamenten por haber quedado embarazadas

Ya que estamos hablando de familias grandes, deberíamos entender que los hombres respetan a las mujeres que desean tener más hijos.

Aun cuando ellos no quieren tener más, ellos desean que nosotras sí.

Nunca deberíamos quejarnos por quedar embarazadas. Esto puede repeler y disminuir el amor de un hombre por nosotras. Nos degradamos como mujeres a sus ojos.

Yo también tengo una familia grande. Tengo ocho hijos, no tantos como Elsy y sí, he sufrido y me he sacrificado y he cometido errores, como todas, pero parece que todo ha salido bien con ellos. No son perfectos pero los amo.

Entonces sonrió felizmente,–Y ahora, cada año que pasa, a Milton y a mí nos miman más todos ellos. Todos están casados excepto nuestra hija menor. Tenemos veintiún nietos, incluso más que tú Elsy. Pronto serán veintitrés. Y como Elsy, los amo muchísimo.

Saben, me he ido tan lejos hablando de todo esto que no les he dado el siguiente secreto. Ya deben haber adivinado cuál es.

Se volvió a la pizarra y escribió...

Si no disfrutas tu trabajo hogareño es porque no tienes suficiente tiempo. Con frecuencia es el

***

Secreto Número Seis

El rol que Dios te dio fue de ser madre y ama de casa. Disfrútalo

Bev levantó su mano. –¿Sí, Bev?

–Espere un momento profesora. Me fascina ser madre, siempre me ha gustado. Especialmente mirar a mis niños cuando eran pequeños y estaban acurrucados en la cama en la noche. Se veían tan inocentes pero, ¿las tareas del hogar?–Bev hizo una mueca con la nariz.–¿Me está queriendo decir que debería disfrutar los quehaceres domésticos?

–Las tareas domésticas son como cualquier otro trabajo Bev, en parte placenteros, en parte no tan placenteros, pero por lo general placenteros si no

estamos muy apuradas. Siempre queda ese sentimiento de satisfacción cuando el trabajo está terminado y bien hecho.

La maternidad y el trabajo doméstico son nuestras profesiones de por vida

–Para disfrutar nuestro rol como mujeres necesitamos aceptar que la maternidad y las labores domésticas es la carrera que Dios nos dio. Nuestras familias realmente cuentan con nosotras para que realicemos bien este rol. Deberíamos sentirnos orgullosas de esto, hacerlo bien, y con feminidad.

La mayoría de las mujeres que no lo disfrutan, o están demasiado apuradas o están siendo influenciadas por los medios de comunicación que dicen que encargarse de la casa no trae satisfacción.

Nuestros instintos naturales femeninos son disfrutar la maternidad y las tareas del hogar. Casi todas las niñas disfrutan jugar con muñecas y casa de muñecas. A ellas les encanta jugar a que son madres.

Pero si estamos apuradas por el tiempo, por ir al trabajo o por una mala organización, ese disfrute nos está siendo robado.

Deberíamos preguntarnos a nosotras mismas ¿qué estoy haciendo con mi tiempo que es más importante que disfrutar mis labores domésticas? Con frecuencia es el trabajo de un hombre lo que nos está robando nuestro tiempo.

Helena, ¿levantaste tu mano?

–Sí. Mi madre siempre me ha enseñado que las mujeres somos más felices al ser amas de casa. Me siento muy feliz de ocuparme de mi casa, pero solo cuando lo hago bien.

Miss Taylor Caldwell, "La satisfacción viene del cumplimiento del rol femenino"

No existe felicidad duradera en una profesión fuera del hogar

–Estoy profundamente en desacuerdo con eso que están diciendo,–dijo Beth–Todas se están pareciendo a mi madre. Las labores del hogar no son para todas las mujeres. Como ya saben, estudio y trabajo a tiempo completo. Trabajo en una oficina de abogados a tiempo parcial y me ofrecieron que cuando me gradúe como abogada el próximo año, comience a trabajar a tiempo

completo con ellos. Pronto tendré mi bebé pero aún así voy a seguir con mi carrera profesional después de su nacimiento. Mi esposo apoya mi decisión. He puesto demasiados años en mi carrera para abandonarla ahora.

La profesora sonrió amablemente. –Gracias por ser tan honesta al compartir tus sentimientos con nosotras, Beth. Lo aprecio, en realidad lo aprecio. Sientes que toda tu educación será desperdiciada si no continúas con tu carrera.

Pero, ¿serán tu experiencia y educación desperdiciadas alguna vez? Me entrené y trabajé como enfermera antes de mi matrimonio. Esa experiencia me ha ayudado a mí y a mi familia, y me ha permitido ayudar a otros, cientos y cientos de veces a lo largo de mi vida, y aún me lo sigue permitiendo.

Una educación elevada ayuda a desarrollar nuestras mentes para que nos podamos seguir educando a nosotras mismas en el futuro. Nunca se pierde. Inclusive creo que nos llevamos nuestro desarrollo mental y espiritual a la eternidad. Creo que nuestras mentes viven eternamente.

¿Puedo sugerirte que tengas valentía y le pidas a tu esposo que honestamente te diga qué es lo que él prefiere que hagas? Tu hijo y los que traerás a este mundo van a necesitar una madre a tiempo completo más de lo que este mundo necesita a otra abogada. Los niños son para siempre, Beth. Estoy segura que el amor entre tú y tu esposo también será para siempre.

¿Puedo leerles a todas las famosas palabras de una escritora que me impactaron mucho? A través de su larga carrera, esta mujer, Miss Taylor Caldwell, recibió todo tipo de premios, incluyendo la Legión de Honor pero, más adelante en su vida, después de tres matrimonios fallidos, escribió estas palabras:

"No existe satisfacción verdadera en carrera alguna para una mujer como yo. No hay hogar, ni verdadera libertad, ni deleite, ni esperanza para el futuro, ni satisfacción.

Preferiría más bien hacer la cena para un hombre y traerles sus chancletas y sentirme protegida en sus

brazos más que todas las menciones y premios que he recibido en todo el mundo.

Mis propiedades y mis cuentas bancarias significan nada para mí, y soy solo una en medio de un millón de mujeres profesionales como yo.

No hay nada allí de valor real, no desde el punto de vista de una mujer porque la plenitud y la satisfacción vienen del cumplimiento del rol femenino"

Miss Taylor Caldwell

–Miss Caldwell está en lo cierto cuando dice que la plenitud viene del cumplimiento de nuestro rol femenino. Si una mujer va a estar completamente satisfecha, deberá ser exitosa en su hogar. No va a encontrar plenitud ni satisfacción duradera o felicidad en el mundo de los hombres.

Nuestros hijos necesitan sentir que ellos son más importantes que nuestras carreras. Sencillamente necesitan que "estemos allí" para ellos como el sol en el cielo. Para nuestros hijos un hogar no es un hogar si su madre no está.

Otra historia que tocó mi corazón es la que cuenta el evangelista de una iglesia Spencer Kimball, quien llegó temprano en el avión una ciudad donde iba a tener una reunión de misioneros esa noche. Fue primero para la casa de un ministro local. El atareado ministro tenía que salir pero le dijo al evangelista que se acomodara en su casa por lo que se instaló y trabajó por varias horas preparándose para el servicio que tendría lugar en la noche. Entonces, a media tarde ocurrió esto. Leeré las palabras textuales del evangelista.

Debieron haber sido alrededor de las tres de la tarde. El padre de familia estaba afuera trabajando, la madre estaba arriba planchando. La puerta del frente crujió al abrirse y la voz de un niño llamó: –¡Mamá!–

Escuché la amorosa voz desde arriba decir, –Estoy arriba, cariño. ¿Quieres algo?

–No mamá,–dijo el pequeño niño mientras daba un portazo y salía a jugar afuera.

En unos pocos minutos la puerta se abrió nuevamente. Otro niño entró y una voz un poquito más adulta llamó : – ¡Mamá! Nuevamente escuché la voz decir desde arriba,

–Aquí estoy cariño, ¿quieres algo?

–¡No!–fue la respuesta, y la puerta se cerró nuevamente y otro niño se fue a jugar.

Un poco más tarde, hubo aún otra voz de una chica de 15 años. Ella entró de prisa, sorprendida de encontrar un extraño en casa, por tanto llamó, –¡Mamá! En respuesta a esto, la voz de arriba volvió a decir. –Estoy aquí arriba cariño. Estoy planchando. Eso pareció satisfacer a esta chica completamente y se fue a sus prácticas de piano.

Un poco más tarde una cuarta voz se dejó oír, la de una chica de 17 años. La llamada se repitió y su madre contestó lo mismo, pero ella solo se sentó a la mesa en el comedor, esparció sus libros encima de ella y comenzó a estudiar. La madre estaba en casa, eso era lo importante, había seguridad; estaba todo lo que los niños parecían necesitar.

¿Te sientes culpable por trabajar pero por estar en la casa también?

Involúcrate con otras mujeres con intereses similares a los tuyos

Ángela: –Sí, todo esto tiene sentido para mí. Trabajo como maestra en una escuela así que al menos puedo estar en la casa alrededor de la misma hora en la que ellos llegan. Pero más o menos dos años atrás trabajé a tiempo completo por un corto tiempo en una oficina ayudando a uno de mis hermanos, desde las 9 am hasta las 5 pm. Me sentía muy culpable porque no estaba en casa cuando mis hijos llegaban de la escuela.

Eso pareció afectarles a ellos también. Mi hija comenzó a hacerse pipi en la cama durante la noche por lo que dejé de trabajar y me quedé en casa todo el día por un tiempo. Pero ¿saben qué? Todavía me sentía culpable. Sentía que me estaba estancando, la mayoría de mis amigas estaban trabajando.

Cherry se rió:–Sé exactamente cómo se siente Ángela ,–dijo–Culpable si nos quedamos en la casa y culpables si salimos a trabajar.

Todas rieron. La profesora sonrió y dijo: –¿Recuerdan lo que Elsy dijo en la clase antepasada? *–Cuando llevas el paso del mundo, pierdes el paso de Dios–.*

Mujer Fascinante nos trae de regreso al paso de Dios, al paso de la verdad y la bondad. A veces pienso, en el Día del Juicio, ¿qué le va a importar más a Dios,

180

cuántas palabras mecanografiamos en un minuto en nuestras oficinas o cuán bien criamos a nuestros preciosos hijos?

Recuerden el plan de Dios. El hombre provee y la mujer alimenta. Somos más felices cumpliendo nuestros roles individuales.

Mujer Fascinante anima a las madres a que dejen de trabajar en la calle cuando sea posible. Sí, quizás podamos comprar unos pocos lujos más que nuestros vecinos, pero eso no se puede comparar a las relaciones de amor y cariño que mantenemos con nuestros esposos e hijos si no los descuidamos; y tendremos mucho más tiempo libre para desarrollar nuestras mentes e interés, disfrutar al hacer las labores domésticas y pasar tiempo con nuestras amigas.

Cómo evitar aburrirse en la casa

Beth: – Usted dice cosas muy válidas y puedo ver que cree en lo que enseña pero yo me aburriría estúpidamente en la casa todo el día.

Elsy: –Estarás demasiado ocupada como para aburrirte una vez que nazca tu bebé, Beth.

–Lo que dice Elsy es cierto, –dijo la profesora–pero la razón por la que muchas mujeres salen a trabajar no es porque están aburridas por no tener nada que hacer, sino porque están aburridas por falta de compañía adulta.

–Eso es muy cierto,–dijo Cherry–No podría estar más de acuerdo. Mi esposo cree que deberíamos quitar todas las cercas en nuestro vecindario para que las mujeres puedan confraternizar más unas con otras y dejen de volverse locas.

–Hay mucho de verdad en lo que dice tu esposo, Cherry,–dijo la profesora,–Las mujeres de hoy en día vivimos en una manera antinatural. Nos encerramos a nosotras mismas solas en nuestras casas con nuestras costuras, lejos de nuestros padres, abuelos, hermanos y hermanas.

Sin embargo, los hombres confraternizan unos con otros en sus trabajos, lo cual es quizás la razón por la que ellos sufren menos desórdenes emocionales que las mujeres.

Algunas mujeres son extrovertidas y hacen amigas con facilidad, pero la mayoría no. Cuando combinamos esta separación de otras mujeres y las actitudes de las profesionales hacia las amas de casa, podemos entender por qué tantas mujeres hoy en día se deprimen, y a veces se vuelven –locas– como dice Cherry.

Entonces, ¿cuál es la respuesta? ¿Cómo podemos superar este aislamiento de otras mujeres?

Sonia levantó su mano. –¿Sí, Sonia?

–Solía sentirme como usted dijo, pero ahora, llevo a mi pequeña niña al Centro Recreativo, disfruto hablando con las otras madres y ya tengo una amiga nueva; nos visitamos constantemente. Eso ha cambiado mi vida.

–Mi iglesia,–dijo Marina–me ayudó cuando fui mamá por primera vez. Teníamos el día de las –Madres Jóvenes– cada miércoles, reuniones en las casa de cada una de nosotras. Las que tenían carro recogían a las que no teníamos transporte. Fueron días estupendos. No sé qué hubiese sido de mí sin mis amigas de la iglesia.

–Sí,–dijo la profesora mirando satisfecha–Sonia y Marina han encontrado la respuesta de nuestra pregunta. Para disfrutar nuestro rol como madres y amas de casa debemos...

Se volteó y escribió en la pizarra:

"Involucrarnos con otras mujeres que tengan intereses similares a los nuestros"

–Podemos confraternizar, coser juntas, hacer ejercicios juntas, aprender juntas así como lo estamos haciendo esta noche o sencillamente hablar unas con otras. Esa es la manera en la que se construyen amistades. En realidad nos estamos haciendo amigas a través de este curso. Para cuando terminemos tendremos un lazo de amistad entre nosotras que durará toda la vida.

La vida es tan rica y tan divertida con amigos, especialmente con aquellos amigos íntimos, aunque solo tengamos uno.

Y no se sientan culpables porque están en casa disfrutando mientras que sus esposos están fuera

Quedarte en la casa te da tiempo para leer al sol, escuchar música, crear o tocar tu propia música, disfrutar tus hobbies, desarrollar tus habilidades, educarte a ti misma y charlar con tus amigas

trabajando para mantener la familia. No es el papel de ustedes hacer eso, ese es el papel de sus esposos, déjenselo a él.

Por lo general, si ustedes están felices, ellos también lo estarán.

Por qué las mujeres necesitan la amistad de otras mujeres

Nosotras necesitamos la amistad de al menos una amiga íntima en quien confiar, alguien con quien podamos abrir nuestro corazón. Nuestro esposo es nuestro amigo, pero no puede satisfacer todas nuestras necesidades especiales.

De todas formas, a la mayoría de los hombres no les gusta hablar mucho. Investigaciones arrojan que nuestros cerebros femeninos están mejor desarrollados en las áreas de la comunicación. Nosotras podemos hablar 50000 palabras al día antes de cansarnos de hablar, pero la mayoría de los hombres solo pueden lidiar con 25000.

Esa es una de las razones por las que ellos no tienen muchas ganas de hablar cuando regresan a casa, ya han consumido su cuota durante el día.

Los hombres y las mujeres tienen también intereses diferentes. ¿A cuántas de nosotras nos interesan realmente los detalles mecánicos de los carros o las habilidades de los jugadores de fútbol?

La necesidad de retos en la vida de una mujer

Marina, ¿levantaste tu mano?

–Sí, querida. Saben, a veces pienso que me gustaría vivir como esas mujeres indígenas que siempre están juntas lavando las ropas en el río y buscando agua del pozo. Siempre se ven tan felices en la televisión, siguiendo solamente la tradición de sus madres, sin estrés.

Algunas en la clase rieron, otras asintieron.

La profesora sonrió,–Sí, tengo que reconocer que la mayoría parecen muy felices pero me imagino que tienen sus propios retos así como nosotras, Marina.

Creo que la vida ha sido diseñada por Dios como un reto para nosotras. Necesitamos el reto para crecer. La

Usa un calendario para introducir diariamente tus actividades y organizarte mejor

183

vida es una experiencia de aprendizaje. Dios nos está preparando para una vida futura más grande.

Para resumir lo que hemos dicho hasta ahora:

Primero: Mujer Fascinante enseña que tendremos más éxito al quedarnos en la casa y edificar a nuestros esposos e hijos que sumándonos al ejército laboral en la cacería con los hombres. Ningún éxito profesional podrá compensarnos por haber fallado en nuestros hogares.

Segundo: por lo general seremos esposas más agradables para nuestros esposo cuando llegan a casa, si por lo menos tenemos una amiga con quién hablar durante el día, aunque sea solo por teléfono. Las amigas íntimas son de vital importancia.

Tercero: quedarnos en la casa nos da tiempo libre para estar con nuestras amigas, disfrutar a nuestros niños, leer bajo un sol agradable, escuchar música, crear o tocar nuestras propias melodías, disfrutar nuestros hobbies, desarrollar nuestras habilidades y educarnos a nosotras mismas.

En general, sentimos mucha menos presión y almacenamos bellos recuerdos de momentos especiales con nuestros niños. Nos volvemos más femeninas y por tanto, más encantadoras para nuestros esposos.

La queja más común de los hombres con respecto a sus esposas

Ahora, pasemos a un punto muy importante, la organización. ¿Cuán organizadas somos?

Muchas mujeres tienen dificultades organizándose a sí mismas. Sé que puede ser difícil a veces con todas las demandas que se nos hacen, especialmente de parte de nuestros hijos, pero la mayoría de los hombres, con sus mentes bien organizadas son muy intolerantes con las mujeres desordenadas. Esa es la queja más común que hacen en contra de nosotras.

Ángela recordó la confusión que había tenido esa misma noche antes del curso acerca de la recogida de su madre para que se quedase con los niños, también cómo había tenido problemas para comenzar su "Libro de Amor".

Cómo organizarnos

−Sin embargo, existe una manera sencilla de organizarnos y es escribiendo las cosas que necesitamos hacer en el momento que decidamos hacerlas.

Existen varias formas de hacer esto. Yo uso uno de esos calendarios pequeños que algunos hombres de negocios usan, esos con pequeños anillos que se colocan sobre bases de madera o de plástico y que puedes pasar la página cada día.

Mantengo el mío cerca de mi cama y le tengo atado un bolígrafo con un hilo. No se ve muy elegante pero sirve un montón. Pueden ponerlo en la cocina si les parece mejor, o en cualquier lugar, siempre que lo puedan ver diariamente.

O pueden usar algo así como un diario; eso lo hice por un tiempo. El que te permite ver la semana completa es bueno. Puedes llevarlo contigo cuando salgas pero es muy fácil olvidar dónde lo dejaste. Yo nunca pierdo el mío de madera, siempre está al lado de mi cama.

Siempre que tengo una idea, o cosas por hacer o algo que comprar en el futuro, voy y la escribo en mi calendario en la fecha exacta que necesito hacerlo; luego no necesito preocuparme más por recordarlo.

Cada noche, me siento en mi cama y tacho las cosas que hice en el día. Eso es muy satisfactorio, traslado las cosas que no pude hacer para otro día en el calendario. Luego puedo relajarme e irme a dormir con la mente tranquila.

Mi esposo usa uno de esos programas en su teléfono para hacer lo mismo, pero yo prefiero papel y lápiz.

Cada mañana, justo antes de salir de la cama, leo mi lista de cosas por hacer en el día. Si tengo que hacer algo fuera de la casa, escribo una lista aparte de las cosas que necesitaré llevar en mi cartera.

Mantengo también una pequeña libreta y un bolígrafo en mi cartera para tomar notas si estoy fuera de la casa, luego en la noche las transfiero a mi agenda de mesa.

Un sistema como este funciona muy bien cuando tienes el hábito de usarlo diariamente.

Puedes usarlo también para llevar tus tareas hogareñas semanales, de cada dos semanas y mensuales tales como regar las plantas, limpiar las ventanas, sacarle brillo a los muebles de madera, excursiones regulares, reuniones y cumpleaños.

Algunas mujeres prefieren tener también una pizarra en la cocina. Escriben cada día del diario las cosas por hacer para la jornada en el orden que planean hacerlas. Una mujer de nuestro curso usaba el costado de su refrigerador. Escribía con uno de esos plumones que se borra con un paño.

Elsy levantó su mano, –¿Sí, Elsy?

–Existe un Viejo refrán que dice –*La tinta más débil es mejor que la memoria más buena.*–

–Gracias Elsy. Sí, eso es cierto, me gusta ese refrán. La profesora tomó su cartera. –Lo escribiré en mi agenda de cartera ahora mismo, para compartirlo en clases futuras.

A Ángela también le gustó el refrán. Buscó un bolígrafo en su cartera y lo escribió en letras pequeñas en la portada de su talonario de cheques. Escribió también debajo:

Comprar el libro de Amor

Comprar una agenda de mesa.

Comprar una pizarra para la cocina.

Cuando terminó de escribir su lista de cosas por hacer inesperadamente se sintió más relajada, se preguntó por qué pasaría esto; se dio cuenta de que ahora era libre de la ansiedad de tratar de recordar hacer esas cosas.

Sonrió satisfecha. Mujer Fascinante le estaba proveyendo la respuesta para todos sus problemas.

Lo que los hombres quieren de sus esposas como amas de casa

–Ahora bien,–dijo la profesora–vamos a mirar rápidamente algunas de las habilidades femeninas que necesitamos dominar para ser madres y amas de casa exitosas y mantener a nuestros esposos y familias contentos.

A medida que aumente el amor y la ternura de tu esposo hacia ti, más propenso será a ofrecerte su ayuda

Primero: preparación de los alimentos. ¿Cuán organizadas somos en esto? Los hombres buscan llegar a casa y encontrar una sabrosa comida que está lista en tiempo, pero aún el más plácido esposo se enfadará mucho con su esposa cuando ella sea tan desorganizada que siempre esté retrasada con la comida.

¿Y la ropa por planchar? ¿Está a tiempo siempre? ¿Hay suficientes toallas? ¿Medias? A los hombres les disgusta mucho cuando perdemos una de sus medias favoritas.

Bev rió estruendosamente. –Oigan, yo creo que hay un monstruo come medias viviendo en mi lavadora, y solo se come una de cada par. No me creerán con cuántos pares de medias incompletos ha terminado mi familia.

Todas rieron.

–Sí, debo admitir tener ese problema también,–dijo la profesora,–especialmente cuando mis hijos vivían con nosotros.

¿Cuántas de nosotras acumulamos esas medias por años, con la esperanza de que sus pares aparecerán?

¿No creen que guardamos demasiadas cosas en nuestras casas? Juguetes, ropas, artilugios, cosméticos, pastillas, revistas. Mientras más tenemos, más hay para desordenar. Como regla general, les sugiero que cualquier cosa no esencial que no hayamos usado por dos años, consideremos desecharlas. Podemos regalarla, venderla, reciclarla o botarla.

Otra cosa muy importante que se nos enseña aquí es tener una casa olorosa y limpia, con pequeños toques femeninos aquí y allá. Las plantas, la porcelana y las pinturas en las paredes son bonitas; objetos de arte y manualidades, especialmente si son hechos por nosotras también.

Puede que tu esposo no diga nada acerca de esas cosas, pero esos toques femeninos alegrarán su corazón.

Fuera de nuestra casa podemos plantar flores y plantas olorosas en macetas si no tenemos jardín.

Una casa olorosa y limpia es muy importante. Los hombres nos identifican con nuestros hogares. Si nuestra casa tiene mal olor y está sucia, ¿adivinen quién recibe la misma caracterización? Por esto, mantengamos nuestras cocinas, baños, la ropa y la ropa de cama limpia y olorosa. Recuerden que nuestra casa es el palacio de nuestro esposo y que él es el Número Uno. Asegurémonos de que esté limpia, organizada y cómoda para él.

Diane:–¿Podemos pedirle a nuestros esposos que nos ayuden con las labores del hogar?

–No, no deberíamos pedirle ayuda con el trabajo regular. Estamos hablando de cosas como lavar los platos y limpiar el piso con la aspiradora. No, a menos que sea un trabajo masculino o que requiera de mucha fuerza. Esperen que él se ofrezca. Si no lo hace, debemos sencillamente aceptarlo. Debemos recordar que las tareas del hogar son nuestra responsabilidad, no la de ellos. Él tiene sus propias responsabilidades por las que preocuparse.

Existen muchas habilidades que puedes desarrollar en la casa y muchas de ellas pueden ahorrarte dinero

Sin embargo, descubriremos que a medida que el amor y el cariño de nuestros esposos hacia nosotras aumente, más propenso será a ofrecernos su ayuda.

Aprenderemos más a pedir lo que necesitamos en el noveno secreto.

Cómo ser más interesante para tu esposo

Ahora bien, la otra queja más común que los esposos hacen de sus esposas es que son calladas y aburridas, que solo se interesan en los niños, el maquillaje, chismes y programas de televisión. Me gustaría que eso no fuese cierto pero con demasiadas mujeres es una queja válida.

Sin embargo, no me malinterpreten, los hombres no quieren que compitamos con ellos de palabras, o que tengamos debates con ellos o que sostengamos una discusión de hombre a hombre. Solo esperan que tengamos algún conocimiento de sucesos actuales y otras cosas de las que suelen hablar con frecuencia o que al menos mostremos interés en lo que están diciendo.

También les gusta que desarrollemos nuestras mentes y nuestras habilidades femeninas. Debemos siempre estar aprendiendo algo útil o creativo. Podemos lograr esto al leer mucho. ¿Pertenecemos todas a alguna librería? Si no disfrutamos la lectura, existen videos

educativos y DVDs disponibles en la mayoría de las
bibliotecas y además, clases nocturnas como este curso
de Mujer Fascinante.

Diane levantó su mano, –Si Diane

–Acabo de terminar un curso nocturno en arreglos de
flores artificiales. Me encantó. Voy a preparar todos los
regalos yo misma para esta Navidad. Pienso que el
dinero que ahorraré será más que el que me gasté en el
curso.

–Muy bien, Diane. Estoy segura que aquellos regalos
que hagas tú misma serán altamente apreciados por
quienes los reciban y ese es el tipo de hobby que
podemos compartir con un amiga.

Hay tantas habilidades femeninas que podemos
desarrollar en casa, y muchas de ellas nos ahorrarán
dinero. Bordados, confección de juguetes, decoración de
pasteles, decoraciones florales y todo tipo de trabajos
manuales podremos hacer.

Me encanta hacer mi propio pan integral, soy un
poquito fanática de los alimentos saludables. A la
mayoría de los hombres les gusta que sus esposas
horneen algo para ellos. ¿Qué otras ideas podemos
añadir?

–Solía escribir historias para una revista infantil, –dijo
Ángela.

–Eso es genial Ángela. –Yo cultivo rosas, –dijo Helena.

–Me gusta pintar, –dijo Diane.

–Enseño en una clase dominical para niños, –dijo
Marina.

–Excelente, muy bien, –dijo la profesora complacida,–
ustedes son un grupo muy interesante. Las quiero a
todas.

Sigan haciéndolo así toda la vida. Vamos todas a
desarrollar nuestro potencial al máximo. Dejemos
apagado por más tiempo nuestros televisores, seamos
más interesantes para nuestros esposos. Recuerden la
gran regla de la vida: *"Lo que no se usa, se atrofia"*.

Podemos de verdad disfrutar nuestras tareas
domésticas. Nunca estaremos aburridas si tenemos
amigas con quienes juntarnos y no hay mayor gozo en

este mundo ni trabajo más importante que estar involucradas con nuestros niños,

Pero es importante que tengan un descanso de los niños con frecuencia. Deben ir a algún lugar sin ellos al menos una o dos veces por semana. Los amarán y apreciarán más de esa manera.

Es aquí donde las abuelas somos útiles. Dénselos a las abuelas por un día, o por una noche. Permítanles malcriarlos un poquito, o hagan turnos con sus amigas, cuiden los niños de otra, dense un respiro unas a otras. Disfruten toda la casa para ustedes solas por un tiempo o salgan en una cita con sus esposos.

Los hombres respetan la maternidad

¿Están teniendo una idea de nuestro rol como mujeres así como Dios lo ideó? ¿No es retador y a la vez gratificante el ser madre y ama de casa?

Pero requiere habilidades, también sabiduría y mucho, muchísimo amor.

No nos dejemos influenciar por unas pocas mujeres descontentas que degradan nuestro bello rol. Los medios de difusión masiva siempre van a magnificar los conflictos y hacerlos parecer que están más diseminados de lo que en realidad están.

Los hombres nunca degradan la maternidad, ellos nunca degradan el rol de la mujer. Ellos aman y respetan a sus madres demasiado.

Este es un rol glorioso, un rol que brilla más y más a medida que nuestra familia madura. Creo que nuestra honra como madres y esposas se incrementa a medida que se incrementan nuestros descendientes, incluso por toda la eternidad.

RECUERDEN EL CRECIMIENTO ESPIRITUAL.

Creo firmemente que somos seres eternos. Necesitamos recordar nuestro crecimiento espiritual. Es fácil quedar atrapadas en puntos de vista seculares a corto plazo. Los poderes de la oscuridad y el engaño tienen una gran influencia en el mundo de hoy, especialmente a través de los medios. Por esto, vamos a difundir algo de luz y a alcanzar y ser bondadosas con aquellos que están fuera del círculo de nuestra familia.

Enséñales a tus hijos a orar y amar a Dios a través de tu ejemplo

Desarrollemos el amor incondicional del que Jesús habló. Recuerden la historia del Buen Samaritano de la cual Marina nos habló la semana pasada. Deberíamos ayudar a cualquier persona que lo necesite y siempre ser generosas.

Yo leo dos páginas de mi Biblia cada mañana. Me recuerda las cosas eternas. No veo mucha televisión en este momento, creo que debemos dejar este mundo y a nuestros amigos en un mejor estado que el que tenían por el hecho de habernos conocido. Estoy segura que todas creen lo mismo. Creo que Dios nos está preparando en esta vida para una vida más feliz en el mundo venidero.

Cómo ser tratadas con respeto por los profesionales

–Sonia, ¿tienes una pregunta?

–Sí, me gustaría pensar que las madres somos respetadas así como usted dice, pero cuando llevo a mi pequeña niña al doctor, él me trata como si yo fuera otra niña.

La profesora asintió con simpatía. –Sé exactamente cómo te sientes, Sonia. Incluso mi esposo ha sido culpable de esto. Es una verdad dura el que mucha gente, especialmente los profesionales ocupados que trabajan con la gente a diario se dan cuenta de nuestra autoestima y nos tratan como tal.

Pero a medida que mejore nuestra autoestima, así lo hará la cortesía con la que otros nos van a tratar.

Continua trabajando en el quinto secreto, Sonia, la serenidad interna. Esa es la llave. Haz tu lista de metas. Fíjate en la postura que adoptas. Párate derecha, con la cabeza en alto, la barbilla ligeramente hacia afuera y hacia arriba; aprende a sonreír fácilmente, ten una cadencia femenina en tu voz. Entonces, espera el cambio en la manera en que los profesionales han de tratarte.

Cómo criar a tus hijos con éxito

Bien, para terminar la lección de hoy, quiero darles esta lista de diez reglas a toda prueba para criar niños equilibrados. Vamos a leerlas juntas.

10 REGLAS PARA CRIAR NIÑOS EQUILIBRADOS

REGLA 1: Permíteles a tus hijos ser ellos mismos. Enséñales la diferencia entre lo bueno y lo malo y disciplínalos pero no trates de moldear sus personalidades a la forma que te gustaría que fuesen.

REGLA 2: alaba sus logros sin importar cuán pequeños. Alábalos varias veces más que criticarlos y nunca te burles de ellos.

REGLA 3: nunca compares un niño con el otro.

REGLA 4: siempre fortalece positivamente la imagen del padre de tus hijos.

REGLA 5: sé justa y siempre mantén tu palabra para que tus hijos puedan respetarte.

REGLA 6: permíteles ganar en contra tuya a veces.

REGLA 7: debes siempre estar unida a tu esposo en el mismo lado de la batalla.

REGLA 8: nunca protejas a tus hijos de las dificultades de la vida. Superar las dificultades es lo que ayuda a desarrollar el carácter.

REGLA 9: haz que tus hijos se ganen el dinero para sus gastos personales. Enséñales la retribución del trabajo.

REGLA 10: enséñales a orar y a amar a Dios, con tu ejemplo.

–¿Algún comentario?,–preguntó la profesora cuando hubo terminado de leer.

–Muy buenas reglas, –dijo Elsy–yo añadiría –Dales muchos abrazos cariñosos y léeles historias antes de dormir cuando son pequeños.

–Escúchales atentamente,–dijo Marina.

–Gracias Elsy y Marina. Sí, abrazar y escuchar a nuestros niños es muy, muy importante, y leerles libros desarrolla en ellos pasión por la lectura y los libros.

Aquí tienen entonces las tareas para esta semana.

Tareas: Secreto Número Seis

Tarea uno: Consigue una agenda de mesa con una página para cada día(o una ayuda similar) y planifica lo que harás en las dos semanas siguientes. Puedes incluir:

Obligaciones doméstica

Hobbies

Desarrollo de habilidades

Desarrollo espiritual

Ejercicios

Desarrollo de los niños

Actividades escolares y festivas

Música

Ideas

Compras

Reuniones con amigas

Excursiones familiares

Vacaciones

Citas con el esposo

Reuniones

Tiempo o excursiones sin los niños

Libros que buscar y leer

Visitas a librerías

Cumpleaños y aniversarios

TAREA DOS: **si trabajas fuera, haz una lista de todas las ventajas de renunciar a ello. Pídele a tu esposo que la lea y que luego honestamente te diga qué le parece.**

Nuestras dos invitadas de hoy son Charlene and Tessa. Es para mí un placer tenerlas aquí esta noche. Charlene, háblanos tú primero por favor y luego tú, Tessa.

Charlene (Historia Real)

Ay, la angustia que no necesitaba experimentar la pasé con mi hijo mayor. Tiene 20 años y había tenido siempre a su mami diciéndole qué hacer y cuándo por demasiado tiempo. Ahora puedo ver lo que causó su rebelión, ¡fui yo!

Regresó a casa este verano para ayudar a su padre en la granja y, con la ayuda de Mujer Fascinante las

cosas estuvieron más suaves de lo que habían estado en años.

Ahora sé mi propósito en esta tierra y cómo puede llegar la felicidad a una mujer. Nunca creí que una mujer fuese un maniquí que estuviese solo para decir –sí, mi amor–; pero no pude ser feliz de esa manera y eso fue por estar en competencia siempre con los hombres y en especial con mi esposo.

Tomaba decisiones por ambos y trataba de ayudar a mi esposo. Hice todo lo que estuve a mi alcance para hacerle ver que yo tenía un cerebro sobre mis hombros. Todo esto me envió lo más lejos posible de lo que yo en realidad quería, su amor.

Ahora es mucho más fácil. Es mucho más divertido tener todo el día para hacer por él las cosas que debería hacer. Los días románticos de nuestro noviazgo y primeros años del matrimonio están regresando. Ahora disfruto ser mujer, en realidad es divertido.

***

Tessa (Historia Real)

Durante la primera clase de Mujer Fascinante, muchas cosas de las que la profesora dijo me molestaron pero estaba pasando por problemas en mi matrimonio y pensé que mi manera de pensar cambiaría. Estaba frustrada con el trabajo a tiempo completo que yo disfrutaba y aún tener que hacer todo el trabajo en la casa. Esperaba encontrar la manera de hacer que mi esposo me ayudara con las tareas de la casa.

Bueno, no hace falta decir que he experimentado un cambio radical en mi postura. Nuestro matrimonio ha mejorado y me he sumado al entusiasmo de nuestra profesora y de otras compañeras de clase quienes de verdad creen en la existencia de dos sexos diferentes.

El cambio más importante vino cuando comencé a aceptar las pequeñas faltas de mi esposo como parte de él y me di cuenta de que probablemente nunca cambiaría. Eso me libró de la errónea creencia de

que yo debía enseñarle hasta que se diera cuenta de la –manera correcta– de hacer las cosas.

Todo el tiempo de nuestro matrimonio, mi esposo ha hablado sin cesar de comprarse un avión. Siempre he discutido con él acerca de factores como la seguridad, el costo, la frivolidad de éste, etc.

Finalmente le dije con todo mi corazón –Wayne, siempre has querido un avión, creo que te lo debes comprar, te lo mereces.

Él quedó muy feliz pero, al día siguiente, me dijo que en realidad creía que no debía comprárselo en ese momento, y me dio todas las razones que yo le había estado diciendo por años. Todo sucedió porque me puse de su lado en vez de batallar en su contra. Soy ahora más feliz también con mis tareas domésticas. Muchas gracias.

–Gracias Charlene y Tessa. Es un honor que hayan venido y hayan compartido sus experiencias con nosotras.

Para cerrar, quiero solo testificarles a todas ustedes lo mucho que disfruto siendo madre y ama de casa. Me encanta. Valoro mucho mi rol. En esta etapa de mi vida me siento repleta de satisfacción. No lo cambiaría por nada.

Buenas noches para todas.

***

A la mañana siguiente, de camino a la escuela, Ángela se detuvo en la gasolinera para buscar combustible para su carro. Cuando sacó su tarjeta del forro del talonario de cheques para pagar, se dio cuenta de las notas que había escrito la noche anterior en su talonario.

Por esto, durante el tiempo de almuerzo, fue hasta una papelería del centro y se compró un calendario del año siguiente y también una pizarra blanco brillante de mediano tamaño con pequeñas flores alrededor de la orilla para ponerla en la pared de su cocina, además de un rotulador azul que se borraba con un paño.

No pudo encontrar una agenda con cubierta rosada o roja para su Libro de Amor, por lo que se compró una libreta ordinaria y algunos papeles rosados para cubrirla.

Sintiéndose satisfecha consigo misma, regresó a la escuela.

***

Esa tarde le pidió a su hijo David que le fijara la pizarra en la pared de la cocina con los accesorios suministrados.

–Está bien mamá,–dijo alegremente.

Ángela se sorprendió por la disposición con la que David accedió a hacerlo. Fue entonces cuando se dio cuenta que él había visto en ello una tarea masculina. En los siguientes días David y Tiphony escribieron todo tipo de cosas en la pizarra hasta que la novedad les aburrió. Después de eso, Ángela la encontró sumamente útil para anotar las cosas que debía hacer y los artículos y alimentos que debía reponer y comprar. Tuvo muchas ganas de ver el advenimiento del nuevo año que se acercaba en unas seis semanas más o menos, cuando debería comenzar a usar su agenda.

***

CAPÍTULO DIEZ

Secreto Número Siete
Saca El Máximo De Ti Misma

El sábado en la tarde Ted pasó a recoger a los niños para llevarlos a su apartamento a ver un video.

Estaba lloviendo, así que Ángela se quedó dentro de la casa poniéndose al día con muchas de las tareas que había olvidado hacer en los últimos meses.

A medida que se le iban ocurriendo durante la semana, los había escrito en su cuaderno que llevaba en la bolsa o en la pizarra nueva de la cocina.

Más tarde, forró con papel rosado el Libro de Amor que había comprado. También le pegó su foto favorita de Ted y algunas pequeñas y coloridas fotos de flores en los bordes.

Salió y se sentó en el patio techado, fuera del alcance de la lluvia y escribió su primera frase en su Libro de Amor, las palabras que Ted le había dicho por teléfono, *–Tus notas estaban lindas Anyi, incluso me sacaron las lágrimas.–*

Después de escribir las palabras de Ted, se sintió relajada y tranquila. Se sentó y observó cómo la lluvia tardía de primavera caía, y disfrutó de la cálida humedad del aire y el verde exuberante del césped y los árboles.

Reflexionó acerca de su futuro. –¡Cuán maravilloso será cuando Ted regrese a casa!– pensó–será tan agradable acurrucarme a él en la noche, y no tener que salir a trabajar. Me gusta enseñarle a mis estudiantes pero es muy estresante tener que llegar a la casa a otro trabajo a tiempo completo. Será mucho mejor quedarme en la casa y hacer mis labores con excelencia, y visitar a mi amiga Ami. Quiero volver a comenzar las clases de piano y ponerme al día con la lectura, especialmente acerca de la salud.

La muerte repentina de su padre había despertado en Ángela un deseo profundo de saber más acerca de la salud.

Recordó nuevamente las palabras de su padre, –Todo saldrá bien, Ángela, ya lo verás.– Sonrió dulcemente y sus ojos se llenaron con lágrimas de amor por su padre.

***

El martes después de clases, llevó a sus hijos al Centro Comercial a comprar los víveres.

Estacionó su carro fuera del supermercado y le pidió a Tiphony que fuera a buscar las fotos que habían sido mandadas a imprimir mientras ella iba al supermercado a hacer las compras. David se quedó en el carro.

Cuando regresó, vio a David y a Tiphony mirando a las fotos y riéndose. Puso los víveres en el maletero del carro y fue a ver las fotos también. Se horrorizó cuando vió una foto suya que David había sacado de atrás, de dos semanas atrás.

–¡Ay no!,–dijo mirando a la foto– ¡Yo no estoy tan gorda! ¿verdad?

–Déjame ver, – dijo Tiphony, quitándole la foto de un tirón a su madre– ¡Ajá, tienes un culo gordo!

–¡Trasero! No culo– contestó Ángela bruscamente. –No uses esa palabra, es grosera.

–Bueno, tienes un trasero gordo entonces,–le respondió Tiphony devolviéndole la foto.

–Mamá tiene un culo gordo. Mamá tiene un culo gordo,–cantó David desde el asiento trasero.

Ángela se volteó lanzándole un golpe pero David se agachó y ella falló.

–No verás TV por eso esta noche, no voy a soportar tu frescura.

–Solo estaba bromeando mama,–dijo David.

–Bueno, yo no,–dijo Ángela sintiéndose incómoda. Ella ya se había dado cuenta por lo apretada que le quedaba la ropa, que había subido de peso pero no se había dado cuenta cuán grandes se habían puesto sus caderas. La pesa del baño había dejado de funcionar el año anterior.

Fueron a casa en silencio.

***

La noche siguiente, Ángela decidió caminar los tres kilómetros para llegar a su clase. El sol estaba agradable y ella disfrutó su caminata.

La fragancia del césped acabado de cortar y de las flores le llegaba de vez en cuando a medida que caminaba. Esporádicamente veía a alguien corriendo.

En dos ocasiones vio a mujeres de su edad corriendo, ambas se veían delgadas y ágiles. Ángela pensó en la meta que se había puesto la semana anterior de correr tres kilómetros cuatro veces por semana. Solo había podido salir por poco tiempo una vez desde ese entonces. Tendría que organizarse mejor.

***

–Buenas noches para todas,–dijo la profesora alegremente cuando todas estuvieron sentadas. Llevaba puesto un atractivo vestido blanco por la pantorrilla y llevaba una flor amarilla por encima de la oreja en su cabello plateado por los hombros.

Lucía delgada y llena de vida, como siempre, sin embargo, Ángela sintió alivio al ver que casi todas en su clase estaban tan rollizas como ella. Bev estaba bien obesa, incluso Diane, quien era delgada al inicio del curso, había subido de peso considerablemente en las seis semanas que llevaban encontrándose. Cherry estaba maciza y robusta pero era ágil en sus movimientos y constitución. Solo Kathy y Beth eran delgadas.

–Y bien, ¿quién va a compartir alguna experiencia tenida en esta semana por causa de Mujer Fascinante?

Muchas manos se levantaron. La profesora miró satisfecha.

–Bev, qué bueno que tienes algo que decirnos. ¡Excelente! Ven y dinos.

Bev se sonrojó mientras hablaba, pero se veía radiante.

Bev (Historia Real)

Mi esposo llegó tarde el viernes y esperaba que estuviese enojada con él, pero lo recibí con una sonrisa y él me contestó con una cariñosa palmadita. Más tarde esa noche, dijo que sentía mucho haber llegado tarde y que se sentía culpable.

Me dijo que le gustaba mi nueva actitud y que si yo iba a dar lo máximo de mí para complacerlo, él iba a tratar de complacerme también, y el sábado por la noche nos llevó a los niños y a mí a comer fuera y a una exposición.

–Gracias Bev, eso es maravilloso. Recuerden chicas, el momento más importante del día es el momento en que sus esposos llegan a casa. Este es un momento muy delicado para él, es el momento en que más apreciará un poquito de ternura y comprensión de tu parte. Esto puede hacer toda la diferencia en tu matrimonio.

Recuerden también no mencionar nada acerca de ustedes mismas o de problemas en la casa hasta que los hayas consolado y alimentado.

Ahora Diane, tú que levantaste tu mano, ven y comparte tu experiencia con nosotras.

Ángela quedó maravillada ante el cambio operado en Diane. No se parecía en nada a aquella mujer delgada y deprimida de la primera clase. No solo había subido de peso, sino que cada semana parecía ganar más confianza en sí misma. La debilidad se había ido de su voz, tenía dominio de sí misma y se estaba convirtiendo en una mujer guapa.

***

Diane (Historia Real)

En el pasado sentía que la maternidad era el único gozo real para mí como mujer. Solía envidiar a los hombres y su rol en la vida y en la sociedad. Me sentía atrapada en la casa y resentida por la posición de sujeción a los hombres en la que se les colocó a las mujeres.

Este nuevo concepto y respeto por mi sexo es una de las cosas más bellas que me ha sucedido.

Ya mi matrimonio es más feliz de lo que hubiese creído posible. Mi esposo tiene un nuevo brío en su andar y un nuevo tono de autoridad en su voz que me emociona. Finalmente estoy feliz y satisfecha de ser mujer.

–Muchas gracias Diane. ¿No es maravillosa la vida cuando vivimos de acuerdo los principios correctos? ¿No es maravilloso cuando nuestros esposos salen y nos lideran con autoridad y confianza?

Ahora, pasemos al secreto número siete. Este secreto es uno de los más desatendidos entre las mujeres casadas.

La profesora se volteó y escribió en la pizarra.

***

Secreto Número Siete
Saca el mejor partido de tu cabello, tu figura y tu salud

Bev gimió. La profesora miró alrededor y sonrió. –¿Qué sucede Bev?

–Usted se está metiendo conmigo.

La profesora rió –Lo siento Bev, pero la figura de una mujer es importante para un hombre.

–Mi esposo no se queja,–dijo Bev

–Los hombres saben que más les vale no criticar la figura de sus esposas, –dijo la profesora–pero eso no significa que están contentos con ella. La figura de una mujer significa mucho para un hombre.

–Sí, solo miren a sus ojos cuando una mujer curvilínea está cerca, –dijo Cherry torciendo sus ojos. –Especialmente cuando ellos piensan que no los estamos mirando.

La gordura puede ser atractiva para un hombre

–Ese no es un problema solo de Bev, es el mío también–dijo Ángela–. Estoy demasiado avergonzada como para decirles lo que mis hijos dijeron de mí ayer.

–Los niños pueden llegar a ser dolorosamente sinceros, –dijo la profesora–. Pero no seamos tan duras con nosotras mismas. Muchos hombres prefieren a sus esposas rollizas, pero lo que no les gusta es son los

Para tu esposo luces radiante y bella durante el embarazo, pero ese bello punto de vista solo dura hasta que el bebé nace

rollos de grasa alrededor de las caderas, los muslos fofos y la piel suelta y floja en los brazos.

Pero si nuestros contornos o curvas, como dice Cherry, son suaves, fuertes y proporcionales, nos encontrarán incluso muy atractivas aunque seamos rollizas o flacas.

Es la forma de reloj de arena que los hombres encuentran atractiva, no la delgadez. De hecho, descubrirán que la mayoría de los hombres consideran a las modelos modernas flacas como las más feas.

–Mi esposo dice que se ven espantosas,–dijo Cherry.

Por qué tu apariencia es importante para tu esposo

Beth levantó su mano. –Sí Beth.

–¿Nos está dando a entender que seamos objetos sexuales? Espero que mi esposo me ame por mi personalidad, no por mi apariencia.

–Bueno, Bev, para los hombres nuestros cuerpos y nuestro cabello SON partes de nuestra personalidad. Pueden tener una gran influencia en su amor por nosotras.

No puedes separar a un hombre de su sexualidad, está incorporada en su naturaleza, es una parte inseparable de él. Cuando una mujer combina el entusiasmo alentador, la humildad como de niña, la feminidad, su atractivo sexual con forma de reloj de arena y un cabello atractivo, se convierte en una criatura encantadora para un hombre, casi irresistible, especialmente cuando sonríe.

Por qué tu cuerpo sigue siendo atractivo para tu esposo cuando estás embarazada

–Puede que esté en lo cierto,–dijo Beth–pero ahora que mi estómago se está hinchando, mis contornos no son exactamente como los del reloj de arena. ¿Qué va a pensar mi esposo cuando me ponga aún más gorda?

La profesora sonrió, –La mayoría de nosotras nos sentimos feas y pesadas cuando estamos embarazadas, pero para nuestros esposos nos vemos radiantes y bellas. Están muy orgullosos de ellos mismos, se sienten demasiado masculinos. Para un esposo que ama a su esposa, el embarazo es misterioso y le satisface, inclusive lo ve santo y sagrado.

La mayoría de los hombres prefieren el cabello largo y suelto en una mujer

Por supuesto, su punto de vista optimista no
continúa después del parto. Necesitamos recuperar
nuestra figura tan pronto como sea posible.

Bueno, de nuestra figura hablaremos más adelante.
Hablemos primero de una poderosa ayuda para nuestro
atractivo, algo a lo que muy pocas mujeres casadas le
sacan partido, al menos desde el punto de vista de un
hombre, el cabello.

Los hombres con frecuencia describen a las mujeres por el color del cabello

–¿Nos damos cuenta en realidad de lo importante que
es el cabello para un hombre? ¿Se han dado cuenta que
es con frecuencia lo primero que un hombre nota de
nosotras?

Los hombres con frecuencia nos describen por el
cabello. Ellos hablan de rubias, morenas, pelirrojas y
pelinegras bellezas.

El cabello de una mujer es muy importante para un
hombre. Tu cabello es importante para tu esposo. A los
hombres les gustaría que entendiésemos esto un
poquito más, pero no quieren herir nuestros
sentimientos al criticarnos nuestra apariencia.

La mayoría de los hombres prefieren el cabello largo en las mujeres

El largo de nuestro cabello es importante. La mayoría
de los hombres, no todos, prefieren el cabello largo en
las mujeres. Recuerden que lo opuesto atrae. Para ser
atractivas a los hombres necesitamos mirar a lo que
ellos hacen y hacer lo contrario. La mayoría de los
hombres prefieren tener su cabello corto, por tanto,
pueden percibir a una mujer con el cabello muy corto
como masculina, especialmente si su figura está un
poquito pasada de peso.

Ángela no pudo evitar mirar de reojo a Bev con su
anaranjado cabello rizado. Bev parecía avergonzada y se
alisaba el cabello con su mano. Ángela sintió compasión
por ella.

–Yo tenía el cabello largo antes de casarme,–dijo
Kathy– pero costaba mucho trabajo mantenerlo.

–Sí, cuesta, pero vale la pena. Es muy atractivo para
un hombre ver a su esposa arreglarse ella misma y

cepillar su largo cabello enfrente de un espejo, es ultra femenino. Tu cabello no tiene que ser demasiado largo, pero sí lo suficiente como para alejarte de una apariencia masculina.

Ángela recordó cuando ella y Ted estaban noviando. Con frecuencia él le decía –Me encanta tu cabello–, y le pasaba sus dedos por entre el cabello, luego se lo levantaba y le besaba el cuello. Mmmm, qué sentimiento más tierno, cariñoso y agradable sentía cuando él hacía eso.

Ya Ángela había decidido dejarse crecer el cabello nuevamente después de la conversación con Ted por teléfono dos semanas atrás: –Me gusta largo y brillante.

Beth levantó su mano. –Sí Beth. Dijo el profesor. –Mi cabello está largo pero fibroso y sin brillo, y ha empeorado desde que salí embarazada, parece que se me cae todo, especialmente cuando me lo lavo.

–Cientos de cepillazos cada noche ayuda a mantener el cabello largo brilloso y sedoso, Beth. Pero parece como si tuvieras un problema de nutrición. Tu bebé agarra primero los nutrientes que tienes disponibles. Hablaremos de nutrición más adelante en esta clase.

Peinados que los hombres encuentran atractivos

Ahora, las maestras de Mujer Fascinante reciben con frecuencia reacciones fuertes ante lo que voy a decirles ahora.

Así que, aquí vamos ¿saben ustedes los peinados que resultan más atractivos para los hombres? Son los bellos peinados que hacemos con naturalidad para nuestras niñitas. Los hombres los encuentran muy atractivos en mujeres de todas las edades. Son una belleza y muy femeninos.

Tengo aquí algunas fotos de peinados que los hombres encuentran particularmente atractivos. Se las daré antes de irse para que las puedan estudiar en casa.

A juzgar por la reacción de las chicas del curso anterior a las que les enseñé, puede que crean que algunos están terriblemente pasados de moda, pero si pudieran mirar a través de los ojos de un hombre cualquiera, los encontrarán muy atractivos. La moda es

Es sumamente atractivo y súper atractivo para un hombre ver a su esposa peinarse y arreglarse su largo cabello frente a un espejo

irrelevante cuando se trata de lo que un hombre encuentra atractivo en una mujer.

El cabello suelto y brillante de una mujer es sumamente atractivo para un hombre, a él le parece encantador, especialmente cuando ella sonríe.

Aún cuando un hombre ha estado casado con una mujer por años y años, nunca se cansa de esto. Ella se ve tan femenina que él no puede evitar sentirse más masculino en comparación con ella. Recuerden lo que aprendimos en el primer secreto, a los hombres les encanta sentirse masculinos.

Por qué a la mayoría de los hombres no les gusta la permanente

¿Cuántas de ustedes se hicieron la permanente el año pasado?

La mayoría levantó la mano.

–¿De quién fue la idea? ¿De ustedes o de sus esposos? Hubo silencio.

–Fue idea de ustedes, ¿verdad?,–dijo la profesora.

–Aquí tienen un secreto poco conocido pero muy importante. Los hombres se sienten obligados a elogiar a una mujer cuando se ha hecho la permanente o se ha arreglado el cabello, pero por lo general lo hacen sin un entusiasmo genuino. ¿Por qué? Porque la mayoría de los hombres lo prefieren largo, suave y suelto, con un brillo natural.

El cabello corto como de un niño, o rizos de ondas cortas no tiene ningún atractivo para ellos, se ve demasiado masculino.

No estoy diciendo que debamos aparentar que somos aún jóvenes o ser *"vejestorios disfrazados de jovencitas"* como dice el viejo refrán, pero no hay nada malo con que una mujer madura mantenga estilos de pelados largos y amaneramientos femeninos. Los hombres los encuentran maravillosos a cualquier edad.

Incluso con mi edad, que ya se acerca a los 60, recibo aún el halago genuino ocasional de un hombre desde que me dejé mi cabello más largo. Un hombre le dijo a mi esposo que deseaba que las mujeres trabajaran más en su cabello a medida que envejecen. Algunos sencillamente no se sienten atraídos a los estilos de matronas.

Estilos que atraen a los hombres

–Pero el cabello brillante, natural, peinado con un estilo femenino como hacemos para nuestras hijas, son muy atractivos para ellos, especialmente con una cinta femenina, una flor o algún otro adorno.

Algunas en la clase rieron. Beth dijo, –¿Una cinta? Yo las deseché varios años atrás, cuando era pequeña. Ni muerta me verán usando una cinta a mi edad.

La profesora sonrió, –Con frecuencia veo esta reacción cuando enseño este secreto pero recuerden, necesitamos comenzar a ver a través de los ojos de un hombre. Nosotras encontramos la apariencia juvenil muy atractiva en un hombre, ¿verdad? Bueno, lo contrario es también cierto.

Si no creen que este sea un principio verdadero, pregúntenle a cualquier hombre qué tipo de peinado le gusta más en una mujer e insistan que diga la verdad. Recuerden, a los hombres no les gusta criticar la apariencia de las mujeres.

–Pero me anima mucho tener la permanente hecha, – dijo Diane

–Sí Diane, lo sé. La atención que recibimos en la peluquería nos levanta el autoestima pero hace muy poco para complacer a los hombres. Es probablemente mejor para nosotros gastar el dinero en arreglarnos las uñas o comprar ropas femeninas. Los hombres aprecian las manos y uñas bonitas y la ropa femenina.

El color del cabello tiene que ser natural

–¿Y qué de teñirnos el cabello? Me gusta hacerme a veces las iluminaciones–dijo Diane.

–Sí, cuando comienzan a salirnos las canas, teñirnos el cabello está bien, mientras tanto se vea brillante y natural; pero no deberíamos evitar los colores que no son naturales, el cabello no debe verse teñido.

Cuando mi natural cabello oscuro comenzó a llenarse de canas, comencé a ponerme reflejos oscuros en él. A mi esposo le pareció bien, de hecho, creo que lo prefería canoso. Sin embargo, un día salí y me hice poner un tinte rubio miel en todo el cabello. Pensé que se veía

precioso pero a mi esposo no pareció haberle gustado. No me hizo ningún cumplido, de hecho no dijo una palabra. Cuando le pregunté directamente qué prefería, me dijo que se había casado con una morena, no con una rubia. Por tanto, continué con mi color oscuro por unos años más.

–Como casi lo tengo completamente canoso, me tiño de gris plateado en este momento. Quizás no estoy practicando completamente lo que predico porque el gris plateado no es un color natural, pero mi esposo me ha dicho que le gusta y eso es lo que importa.

Sin embargo, teñirnos el cabello cuando aún somos jóvenes, difícilmente mejora nuestra apariencia a los ojos de un hombre. Una rubia despampanante puede ser impresionante para un hombre a un nivel físico, pero por lo general considera a esas mujeres como "artificiales" y "baratas" o como a "cualquieras". Él no se siente atraído al nivel en que desarrollará verdadero amor y el matrimonio.

El cabello natural tiene numerosos reflejos de diferentes tonalidades, pero el cabello teñido solo tiene una sola tonalidad y puede, por tanto, verse poco natural y feo para los hombres.

Algunos tonos poco naturales son tildados incluso de ordinarios y degradantes. Una vez mi esposo me hizo una confidencia, me dijo que cuando era soltero, los jóvenes solían referirse a las que se teñían de tonos rojo oscuro, muy popular entre muchas jóvenes en aquel tiempo, como –putas rojas.–

Por esto, lo natural es mejor, pero el cabello semi canoso en una mujer no es por lo general muy atractivo para nuestros esposos o cualquier hombre.

Los primeros cinco secretos de Mujer Fascinante son los más importantes

–Ahora bien, antes que sigamos más adelante con este secreto, quiero enfatizarles la necesidad de mantener un balance correcto con estos secretos.

Este séptimo secreto, el cual se trata de sacar el mejor partido de nuestra apariencia, es importante, y realzará nuestro atractivo y mejorará nuestra relación con nuestros esposos, pero este secreto y los que siguen no son tan importantes como los primeros cinco.

Muchas rameras con probabilidad cumplan este con perfección y pueden atraer a los hombres fuertemente a un nivel físico o lujurioso, pero nunca podrán ganar el amor de un hombre.

¿Por qué? Porque para que una mujer gane el genuino amor de un hombre, su atractivo físico debe estar combinado con bondad y serenidad interior, como aprendimos en el quinto secreto.

E igualmente importante, ella necesita satisfacer sus necesidades más íntimas, las que aprendimos en los secretos uno, dos, tres y cuatro.

Cualquier mujer sencilla que dé lo mejor de sí, y viva los primeros cinco secretos, ganará siempre el amor de un hombre, mientras que la encantadora belleza, que carece de bondad interior y de la comprensión de las necesidades más profundas de un hombre, fallará siempre.

El secreto de una figura bonita permanente

–Ahora, regresemos a nuestra figura. ¿Cómo podemos lograr mantenernos razonablemente en forma y tentadoras para nuestros esposos? ¿Cómo podemos deshacernos de los rollos de grasa, de los muslos fofos y de los brazos flácidos?

Marina levantó su mano. –¿Sí, Marina?

–Queridas, una vez ayuné por una semana. Perdí seis kg, pero ya saben, enseguida recuperé tres.

–Sí, ayunar puede ayudar mucho, pero la mayoría de nuestra pérdida inicial es agua. ¿Quién ha intentado con una dieta?

–No me mencione las dietas,– dijo Bev–¡Míreme! Me pongo más gorda después de cada dieta. –Y yo,–dijo Helena.

–Sí, ponernos a dieta nos baja de peso temporalmente,–dijo la profesora.–Pero por lo general lo recuperamos más rápido cuando suspendemos la dieta.

–Seguro,–dijo Helena.

–Aquí tienen algo para meditar,– dijo la profesora,– ¿Con qué frecuencia vemos a un niño activo con rollos de grasa? Casi nunca ¿verdad?. Cuando vamos al patio de la escuela, ¿qué vemos?, niños corriendo por todo el lugar, excepto los pasados de peso. ¿Y qué están haciendo éstos? Por lo general sentados por ahí, hablando.

Casi todos los niños activos parecen comer como caballos, ¿verdad? Especialmente cuando regresan a casa de la escuela. ¿Y qué es lo que más les gusta? Pasteles, biscochos, helados, perros calientes, hamburguesas, refrescos, chupachupa.

Todos los alimentos que engordan, pero ellos siguen siendo delgados, incluso flacos la mayoría de ellos. ¿Por qué?

– Porque siempre se están moviendo, quemando calorías, –dijo Cherry.

–Correcto Cherry, esa es la respuesta. En otras palabras, están haciendo ejercicios.

La profesora se volteó a la pizarra y escribió con letras grandes:

HACER EJERCICIOS

Algunas gimieron. –Yo sabía que esta no era mi noche, –dijo Bev.

La profesora sonrió, –Créanme chicas, si queremos estar físicamente atractivas para nuestros esposos, toda la vida, el ejercicio es un elemento esencial. Tengo 58 años y me encanta hacer ejercicios, me siento tan joven y en forma como en mi adolescencia.

Ángela quedó sorprendida al ver a la profesora correr en el lugar cerca de treinta veces y luego doblarse y tocar sus dedos de los pies cinco veces.

–Bev, yo estuve casi de tu peso unos doce años atrás, después de mi último hijo. Las dietas solo me hicieron ganar más peso cuando las hice.

Ángela vió a Bev alegrarse de repente y decir, –Bueno profe, vamos, dígame cómo lo logró. Haré cualquier cosa que funcione.

–Bueno Bev, todo lo que hice fue comenzar a montar bicicleta nuevamente y estar más tiempo de pie y menos sentada. También salí en largas caminatas por el bosque con mi esposo y mis hijos mayores.

Una vez que llegas a un cierto nivel de ejercicios tu cuerpo mantendrá normalmente su peso ideal

Gradualmente, en unos pocos meses, mi peso sencillamente se derritió. Todavía como más o menos la misma cantidad de comida pero solo una comida ligera en la noche y nunca estuve hambrienta todo el tiempo como cuando estaba a dieta. Mi esposo, mi hija y yo solo comemos algo ligero por la noche todavía. Ninguno de nosotros tiene problemas con el peso en la actualidad y parece que dormimos mejor que cuando teníamos una comida abundante.

Hoy en día, para hacer ejercicios, mi esposo y yo por lo general corremos y caminamos. Él es doctor y ha hecho un estudio acerca de la pérdida de peso. Parece que una vez que llegamos a un cierto nivel de ejercicios, nuestro cuerpo se mantendrá normalmente en su peso ideal, mientras tanto no comamos en exceso en las noches y nos mantengamos alejadas de las bebidas dulces. Los refrescos son una de los peores alimentos de todos para hacernos subir de peso. Eso incluye los dietéticos también. Los saborizantes artificiales que algunos tienen pueden dañar nuestro control del apetito.

Estar demasiado tiempo sentadas es la causa principal del aumento de peso

–Por eso, hacer ejercicios es la única respuesta. Estar demasiado tiempo sentadas es la causa principal del aumento de peso. Incluso estar en movimiento por la casa de pie, haciendo labores domésticas suaves, consume tres veces más las calorías que consumimos cuando estamos sentadas o acostadas. Consumimos 180 calorías por hora cuando estamos ligeramente activas y solo 60 cuando estamos sentadas o acostadas en la cama.

Piensen en esto por un momento. Este es un hecho muy, pero muy significativo, CONSUMIMOS TRES VECES MAS CALORÍAS AL ESTAR MOVIÉNDONOS QUE CUANDO ESTAMOS SENTADAS. Esa es la llave para la delgadez. Esa es la razón por la que los niños activos son delgados.

Caminatas rápidas, excursiones o montar bicicleta gastan más calorías, 250 por hora. Correr a ritmo regular gasta 700 y correr rápido gasta la enorme cantidad de 1100 calorías por hora. Esto se comporta de igual forma en todas las mujeres. Los hombres queman más calorías con sus músculos mayores que los nuestros.

Un kg de grasa, lo cual equivale a 2,2 libras para nosotras las viejas contiene alrededor de 9000 calorías, por lo que pueden ver, es solo cuestión de aritmética. Si quemamos 9000 calorías, habremos perdido 1kg de grasa, eso es 1300 calorías diarias en una semana. Esa es la razón por la que los corredores de largas distancias son tan delgados.

Otro gran beneficio de hacer ejercicios es que nos libera del estrés . Las cosas parecen dejar de preocuparnos tanto y dormimos mejor.

–Así es,–dijo Cherry entusiasmada–Comencé a hacer aeróbicos hace nueve meses en un gimnasio para mujeres. En ese entonces yo estaba como Helena. Lo siento Helena,–dijo Cherry sonriéndole alegremente,–Y mírenme ahora –. Se puso de pie y contoneó sus bien proporcionadas caderas, –Y la profesora tiene razón en cuanto al estrés. Solía ponerme tensa y resentida con mi esposo, ya no. Ahora sencillamente me siento como una mariposa.

–Sí, Cherry, es un buen ejemplo para nosotras,–dijo la profesora–Los aeróbicos, correr, o para las mujeres de senos grandes, caminatas rápidas, montar bicicleta, excursiones a pie, son ejercicios excelentes para permanecer delgadas y deshacerse de tensiones y preocupaciones.

Pueden también usar equipos en la casa como bicicletas estáticas, esteras, máquinas de remo y trotadoras mientras lees o ves televisión. La música siempre hace parecer que el tiempo pasa más rápido. Existen también los gimnasios para mujeres, como mencionó Cherry, hoy en día son muy populares.

Mi esposo Milton y yo corremos en el parque tres veces por semana. Vamos hasta allá caminando o en el carro y todavía monto mi bicicleta en calles poco transitadas. Lo disfruto, pero no con mucho tráfico. A veces voy a montar bicicleta con mis nietos a los parques.

No debemos dejar que hacer ejercicios se convierta en algo aburrido, es bueno hacerlo con otros si es posible.

Si decides correr, la cual es la manera más rápida de quemar grasa, usa zapatos adecuados para correr y hazlo en superficies planas y suaves en la medida de lo posible.

Es muy agradable correr y sentir el viento en tu cara. Me siento como una niña nuevamente, y parece apretar mi barriguita. Pero el correr no es para todas las mujeres.

Cantidad necesaria de ejercicios para permanecer delgada

–Ángela, ¿levantaste la mano?

–Sí, acabo de comenzar a correr también. Nos ha dicho anteriormente que su esposo descubrió que cierto nivel de ejercicios nos mantendrá en nuestro peso ideal. ¿Cuánto es eso más o menos?

–Me alegra que hayas comenzado a correr, Ángela, y esa es una muy buena pregunta. Sí, investigaciones recientes muestran que si hacemos los ejercicios suficientes como para duplicar nuestro ritmo cardíaco normal, por tres horas semanales, digamos por ejemplo, media hora diaria, seis días a la semana, y comemos con un apetito normal, con casi ninguna bebida dulce y no nos atiborramos de dulces, nuestro peso corporal deberá normalmente disminuir hasta que llegue a su peso ideal, y quedarse ahí. Y parece que funciona, ¿verdad, Cherry?

–Verdaderamente,–dijo Cherry–Yo he dejado de tomar bebidas dulces, inclusive jugos. Ahora en vez de eso, me como la fruta entera.

–Muy bien, Cherry. Ahora, si duplicar nuestro pulso es muy difícil para nosotras, lo podemos incrementar solo la mitad, pero por un tiempo doble, seis horas por semana o cualquier combinación dentro de la semana.

Tu ritmo cardíaco es la medida. Primero, conoce cuál es tu pulso cuando estás reposada. Por lo general es alrededor de 70 pulsaciones por minuto para las mujeres. En los hombres tiende a ser más bajo. Practica luego diferentes velocidades en los ejercicios y chequea el incremento del pulso. Puedes comprar pequeños aparatos electrónicos que lo hagan por ti, o sencillamente pon tu dedo en la arteria como yo y mídelo con un reloj.

Correr media hora al día mantendrá normalmente tu peso idea, te mantendrá relajada y dormirás bien

Por ejemplo, si escoges caminar rápido y tu ritmo cardíaco cuando estás en reposo es de 70, deberías caminar lo suficientemente rápido como para aumentar a 105, ese es el 50% de incremento, y ser capaz de mantenerlo por al menos media hora de una sola vez. Toma más o menos 20 minutos para que el ejercicio comience a ser en realidad efectivo. Ráfagas cortas no son tan efectivas para controlar el peso.

¿Está claro?

–Como el fango,–dijo Bev–soy inútil para las matemáticas. ¿Puede escribirlo en la pizarra?

–Bueno, trataré, Bev, aunque las matemáticas no es mi fuerte tampoco.

–Puedo hacerlo,–dijo Cherry–lo tengo calado en mi cerebro. Se dirigió a la pizarra, tomó el marcador y dijo,– Bien, digamos que nuestro pulso es de 70 latidos por minuto, cualquiera de estas tres combinaciones que les escribiré, nos da la cantidad de ejercicios de los que la profesora nos está hablando–luego escribió en la pizarra.

Pulsaciones en reposo (70) / Ejercicios a realizar

Incrementar el 50% requiere 105 pulsaciones = 6 horas por semana.

Incrementar el 75% requiere 122 pulsaciones = 4½ horas por semana.

Incrementar el 100% requiere 140 pulsaciones = 3 horas por semana.

–¿Tiene sentido ahora?–preguntó cuando terminó. La mayoría asintieron con sus cabezas mientras Cherry volvía a su sitio.

Bev dijo–entonces yo necesito ejercitar una hora diaria, seis días a la semana, con alrededor de 105 pulsaciones por minuto. ¿Podré así regresar a lo que era antes? ¿Cierto?

–Bueno, sí–dijo la profesora–eso es lo que dicen las investigaciones. O puedes hacerlo en dos períodos de media hora al día. Ha funcionado para Cherry y para mí y mi pérdida de peso parece ser permanente mientras siga ejercitando como siempre y comiendo normal, incluyendo solo una comida ligera en las noches y nada antes de ir a dormir. Me he mantenido en el mismo peso desde hace ya varios años.

–Bien, profesora, usted gana, espere la nueva Bev. Si usted puede hacerlo, yo también puedo, ¡sencillamente espere!

Había una determinación y una emoción en la voz de Bev que sorprendieron a Ángela. Ella también se sintió emocionada. Tenía sentido, ella siempre había sido delgada y activa antes de casarse.

La profesora le sonrió a Bev–Creo que en realidad lo sientes Bev, pero no exageres al principio. –Comenzaré esta noche–dijo Bev.

–¿Qué tipos de ejercicios son los mejores de todos?–preguntó Sonia

–Eso depende de lo que cada una disfrute, Sonia–dijo la profesora–para incrementar el pulso un 100%, se necesita algo muy enérgico como aeróbicos, correr, nadar o una máquina de remo, montar bicicleta o una bicicleta estática muy rápido, subir escaleras, o montañas o jugar baloncesto.

Para incrementar el pulso solo un 50% o un 75%, podemos hacer las mismas cosas pero a un paso más cómodo, o jugamos tenis, o hacemos algunos ejercicios como saltar en la cama elástica o caminar rápido.

Las caminatas rápidas son populares, son un buen ejercicio, especialmente cuando incluye algunas elevaciones o la compañía de una amiga. Pueden llevar pequeños radios con audífonos, o un Ipod como hace mi esposo cuando corre o camina solo por la noche a veces.

Como podemos ver en lo que Cherry ha escrito en la pizarra, un incremento promedio de un 50% del pulso una hora diaria, seis días a la semana o una hora y media diariamente cuatro días a la semana debe mantenernos delgadas. Me encanta salir a caminar por el bosque con mi esposo. Hay caminos muy bellos por las montañas por aquí.

Pero, largos períodos de ejercicios puede ser agotador cuando estamos comenzando a redefinir nuestra figura y estamos pasadas de peso, por esto, facilítate las cosas mientras ejercitas y disfrútalo. Una buena forma física se incrementa cuando hacemos ejercicios diariamente.

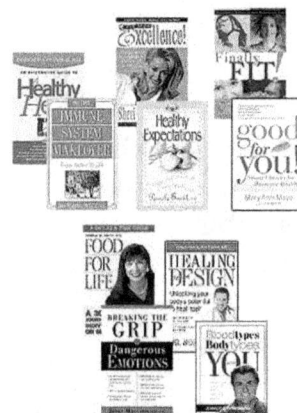

Obtén buenos libros de nutrición y chequea cuidadosamente tu dieta para ver si estás obteniendo todos los nutrientes necesarios. Los minerales son especialmente importantes

El aburrimiento es nuestro más grande enemigo para seguir haciendo ejercicios. NECESITAMOS SACAR DE NUESTRA MENTE LO QUE ESTAMOS HACIENDO. Una amiga o música, o escuchar la radio, o cintas, cualquier cosa que sea útil para distraer nuestras mentes del esfuerzo servirá.

Debemos mantener en mente una imagen del cuerpo firme y bien proporcionado que estamos obteniendo o recuperando. Deberá ser una meta en nuestra lista.

Pero no exageren, hacer demasiados ejercicios puede estresar nuestros cuerpos y hacernos sentir mal. Si algún día no se sienten bien, dejen de hacerlo ese día pero nunca, nunca se rindan. Hagan de ello una costumbre para toda la vida, disfrútenlo; yo lo disfruto.

Se asombrarán de lo enérgicas que se sentirán y cómo sentirán más calor en el invierno, y de lo relajadas y des estresadas que se sentirán. Hacer ejercicios nos protegerá también de la osteoporosis, lo cual es común entre las mujeres más adultas.

Ahora, como último punto, antes que pasemos a la nutrición: si escoges un ejercicio donde solo los músculos de tus piernas se usen, incluye algún otro que fortalezca los músculos de la parte superior de tu cuerpo, especialmente de tus brazos. Nadar y levantar pesas son en especial buenos para esta parte del cuerpo, o una máquina de remos, o el tradicional ejercicio de flexiones de brazos en el suelo y en una barra.

Y el último punto, cuando alcances tu peso ideal y por un período de tiempo encuentres que es imposible hacer los ejercicios con regularidad, pésate diariamente, tan pronto como incrementes 1kg, deshazte de él renunciando a unas pocas comidas, o la mitad de tus comidas o haciendo ejercicios.

Beth levantó su mano –¿Sí, Beth?

–Creo que hacer ejercicios está bien, pero estoy tan ocupada que no tengo tiempo para hacerlos.

–Beth, los ejercicios de las piernas son muy importantes durante el embarazo, nos ayuda a prevenir las feas várices.

También hay un viejo refrán que se aplica a todas nosotras, –*Aquellas que no tienen tiempo para hacer ejercicios, tendrán que encontrar tiempo tarde o temprano para las enfermedades.–*

Tenemos que planificar el tiempo de nuestros ejercicios, deberíamos usar nuestros calendarios o cualquier otra cosa que decidamos usar. Si solo esperamos a que el tiempo aparezca, difícilmente algún día lo hará.

Cómo comer para estar lo más saludable posible

–Vamos ahora a mirar más de cerca la nutrición y nuestra salud. Necesitamos estar saludables para ser fascinantes para nuestros esposos. Una buena salud saca cualidades en una mujer que son altamente atractivas para los hombres. Les pondré algunas de ellas en la pizarra.

Cutis fresco.

Cabello brilloso.

Ojos relucientes.

Viveza.

Voz alegre.

Optimismo.

–¿Tenemos estas cualidades?–preguntó la profesora. –Quizás antes del matrimonio,–dijo Kathy,–pero después de cuatro niños, ¿qué espera?

–Tonterías,–dijo Cherry–eso es solo una excusa que hacemos nosotras las mujeres. Yo era un desastre nueve años atrás, pero ahora me siento genial. No estoy alardeando pero todo el mundo me dice lo bien que me veo ahora. Todo lo que hice fue organizar mi dieta y hacer ejercicios con regularidad.

–Cherry tiene razón,–dijo la profesora–Mejorar nuestra dieta puede ayudarnos considerablemente. La mayoría de nosotras puede que esté comiendo demasiada azúcar, demasiada harina, bebiendo demasiada cafeína y no comiendo suficientes cereales, frutas, vegetales y nueces.

–Somos lo que comemos,–dijo Elsy.

Una tierna e inocente sonrisa es una ventaja incalculable para una mujer. Si tienes problemas con tus dientes, arréglatelos con el dentista

–Sí, eso es muy cierto. Y somos también lo que no comemos. Si no lo han hecho todavía, consigan unos buenos libros de nutrición y chequeen sus dietas cuidadosamente para ver si están obteniendo todos los nutrientes necesarios. Los minerales son especialmente importantes.

Si no los pueden pagar, pueden ir a la biblioteca.

Se asombrarán al descubrir cuán desbalanceadas son en realidad sus comidas. Sé que la mía y la de toda mi familia lo era. Ahora difícilmente nos enfermamos, ni siquiera de resfriados y ya no tenemos dolores de artritis y al parecer siempre tenemos energías suficientes.

Como una guía rápida, la mayoría de nuestros alimentos deberían ser cereales, legumbres, nueces, y vegetales blancos, amarillos y verde oscuro. Deberíamos tratar de evitar productos de harina blanca puesto que la mayoría de las fibras y de los minerales no están presentes y también evitar los refrescos, azúcar blanca, y grasas recalentadas y carnes procesadas.

Beth, el problema con el cabello quebradizo y que se cae que mencionaste anteriormente, parece un problema de nutrición. Puede que necesites más zinc y proteínas. El ácido fólico es muy importante durante el embarazo. Demasiadas preocupaciones o constantemente hacerse la permanente puede también deslustrar nuestro cabello. Una buena nutrición nos permite por lo general, recobrar el brillo en nuestro cabello.

Secretos para una vida saludable

Tenemos ahora tiempo para unos pequeños consejos de salud antes de terminar. Crear cosas bonitas parece siempre ayudar a la salud de una mujer. Por eso deberíamos incluir un entretenimiento creativo como parte de nuestro crecimiento personal.

Ir también tempano a dormir y levantarnos temprano es importante para una vida saludable.

–Me está hablando a mí nuevamente,–dijo Bev.

Todas rieron, la profesora sonrió,–no he terminado todavía Bev. Es muy bueno el aire fresco incluso durante el invierno, no deberíamos cerrar todas nuestras ventanas para que el aire no se vicie. Nuestros cuerpos necesitan aire completamente oxigenado para que podamos estar saludables. El oxígeno es muy importante para nuestra salud, morimos a los cuatro minutos de faltarnos éste.

Por supuesto, no necesitamos mencionar al cigarro, ¿verdad? Es muy dañino y desagradable para los no fumadores, completamente anti femenino y constituye un muy mal ejemplo para nuestros hijos.

Casi todos los hombres se resisten al hábito de fumar en las mujeres y la mayoría de ellos no fuman.

–Yo no estaba tan gruesa cuando fumaba como lo estoy ahora,–dijo Bev.

–Bev, los ejercicios te harán verte y sentirte como una adolescente nuevamente,–dijo la profesora

–Y si queremos disfrutar de una salud continua, necesitamos evitar los trastornos emocionales como enojarnos, o incluso demasiadas emociones. No deberíamos preocuparnos por el futuro o vivir en el pasado. Sencillamente vivamos un día a la vez.

Otra cosa, no deberíamos tomar nunca tranquilizantes o píldoras para dormir o al menos, nunca por más de una semana de una sola vez. Son alta, altamente adictivas; lo sé, lo digo por experiencia propia. Hacer ejercicios es una manera mucho mejor de relajarse y dormir bien.

Cantar y reír también nos relaja, o ir a la iglesia, o escuchar nuestra música favorita. Deberíamos disfrutar de música agradable cada día. Y lo más importante, debemos sonreír. Sonreír nos anima como nada más puede hacerlo, y hace que cualquier mujer se vea más bonita para un hombre.

¿Estorban tus dientes tu sonrisa?

Una preciosa e inocente sonrisa es una ventaja incalculable para una mujer. Debe venir fácil y espontáneamente. Si tienes timidez por tus dientes, ve a un dentista y arréglatelos. Sí, puede que le cueste a tu esposo mucho dinero, pero cuando te vea sonreír confiadamente, sabrá que valió la pena. Debemos hacer que nuestros dientes luzcan de la mejor manera posible, esto hará que nuestro esposo tenga más deseos de besarnos.

Bueno, eso es todo por hoy, chicas. Aquí tienen las tareas de esta semana.

Tareas: Secreto Número Siete

Tarea uno: pídele a tu esposo que te diga sinceramente, qué largo de cabello y qué peinados piensa él que te quedan mejor, y hazlo de esa manera para él.

Tarea dos: comienza un programa de ejercicios que puedas disfrutar y continuar toda tu vida.

Tarea tres: consigue algunos buenos libros de nutrición. Estúdialos cuidadosamente y elabora una dieta balanceada para ti misma, y para tu familia si la acepta.

–Nuestras visitas de esta noche son Lillian y Kate. Estas delicadas mujeres han encontrado la felicidad después de matrimonios destruidos al vivir los secretos de Mujer Fascinante. Gracias por haber venido esta noche para estar con nosotras. ¿Podemos escuchar primero de ti, Lillian, y luego de ti, Kate?

Lillian (Historia Real)

Escuché por primera vez de Mujer Fascinante cuando nuestro matrimonio iba en avalancha a un triste final, después de 32 años de matrimonio y seis hijos. Pero yo estaba resentida y pensaba, –¿y qué de mis sentimientos, no cuentan?–.

Las cosas iban de mal en peor, nos separamos y me fui a vivir sola en un apartamento rentado. Cuando llegaba a casa del trabajo en la noche, tenía tiempo para pensar y rememorar mi vida.

Pasé por un buen periodo de búsqueda de mi alma. Estaba lista para aceptarme como la culpable por nuestros problemas. Comencé a leer nuevamente y lentamente las enseñanzas de Mujer Fascinante con una mirada totalmente diferente. ¡Ajá, esa era la respuesta! ¿Por qué no pude verlo antes? Le agradecí silenciosamente a Dios por su ayuda. No tuve que fingir, lo sentía. Mi vida ha cambiado, estoy en casa nuevamente con mi esposo y hemos encontrado nuestro viejo amor renovado. Ambos estamos ansiosos de un futuro asombroso.

No esperes hasta que sea demasiado tarde para aplicar estas enseñanzas. No hay límite de edad para aplicar estos secretos. ¿Qué vas a perder? Créeme, funcionan.

Kate (Historia Real)

Había tenido tres matrimonios anteriores y el hombre con el que estaba comprometida había tenido dos. Estábamos a punto de romper con nuestro compromiso debido a mi actitud crítica. Durante ese tiempo había estado orando diariamente para poder descubrir cuáles eran mis errores, para que pudiera corregirlos antes de que fuera demasiado tarde.

Escuché luego acerca de Mujer Fascinante y tuve el extraño impulso de saber más. De alguna manera sabía que esa era la respuesta a mis oraciones, ¡y en realidad lo fue!

El primer día que lo apliqué, comenzó a poner sus brazos alrededor de mí mientras veía la televisión.

A las dos semanas, me dijo mientras me abrazaba cariñosamente, que había comenzado a amarme en los últimos días como lo había hecho antes. Me sentí tan feliz que rompí a llorar.

Nos casamos dos meses después y hemos sido felices desde entonces. Me trae flores, hoy me trajo un pote de Azalea sin ninguna razón aparente. Es la segunda vez que lo hace. Ninguno me trajo flores antes. Eso es lo que Mujer Fascinante ha hecho por mí.

–¿No son esas experiencias encantadoras?– la profesora miró a Ángela, luego sonrió y dijo,– Ángela, quizás pronto tú también serás capaz de compartir la encantadora experiencia de reunificarte con tu esposo.

Ángela enrojeció pero sintió cómo se elevaba su esperanza.

–Buenas noches a todas, las veo la semana próxima, pero antes que se vayan, aquí están las fotos de los peinados femeninos que más les gusta a los hombres.

En la próxima semana aprenderemos el secreto de hacer que los hombres nos presten más atención.

Esa noche Ángela se fue a la cama antes de lo normal, a las 10 pm. A la mañana siguiente se levantó a las 6:30 para ir a correr. Corrió y caminó sin parar por treinta minutos. Mientras disfrutaba la ducha después de llegar a casa, decidió correr los lunes, miércoles, jueves y sábados en la mañana. Alcanzaría su figura al lograr correr por treinta minutos sin parar. Sintió una sensación de salud y satisfacción cuando despertaba a David y a Tiphony a las 7:30 am.

Peinados que los hombres encuentran atractivos

CAPÍTULO ONCE

SECRETO NÚMERO OCHO
LA FEMINIDAD DELEITA A UN HOMBRE

David regresó el viernes a casa de la escuela ondeando el cetro de madera que había hecho para su padre y visiblemente satisfecho consigo mismo.

–¡Mamá, lo terminé!–gritó.

El cetro era de más o menos un metro de largo. David lo había hecho usando el torno de la carpintería de la escuela. Tenía diferentes curvas como una vara de una cortina costosa. Le había aplanado también una parte en el medio y le había grabado "PAPÁ, EL REY"

Ángela se emocionó al admirar el resultado, alabó y admiró a David.

–Has hecho un lindo trabajo, David. Estoy muy orgullosa de ti. Podemos teñirla y barnizarla mañana antes de dársela a papá.

David sonrió y se ruborizó de orgullo.

**

En la tarde del sábado, Ángela le enseñó a David cómo teñir la madera de una sombra caoba usando tinte y un pequeño trapo. Luego lo dejó que le aplicara una capa de un claro barniz.

Ya para la tarde estaba seco. David quiso llevárselo a su padre a su apartamento esa noche.

–No, David, se lo llevaremos la semana que viene,–dijo Ángela.

**

El domingo por la noche, Ángela horneó dos pasteles, uno para Ted y otro para los niños.

**

Al día siguiente, el lunes, Ángela le pidió a una compañera de trabajo que llamara al taller de Ted y pidiera hablar con su ayudante, luego Ángela cogió el teléfono.

–¿Eres tú, Alex?–preguntó.

–Sí, ¿quién habla?

–Soy yo, Ángela, la esposa de Ted.

–Ah, sí.

–Alex, mis niños y yo estamos planeando una sorpresa para Ted para hoy por la noche en su apartamento. Solo quiero asegurarme que estará allí. ¿A qué hora se va a casa normalmente? Él no está escuchando, ¿verdad?

–No, no, él está hablando afuera con un cliente. Bueno, no sé, normalmente se va de aquí a eso de las 5:30. A veces se va a tomar una cerveza pero probablemente se vaya directo a la casa puesto que hoy es lunes.

–Muy bien, me parece bien. No le digas nada, pero si te parece que se va a quedar hasta más tarde, ¿puedes llamarme a la casa después de la 3:30 pm? Todavía tengo mi número en el directorio a nombre de Ted.

–Ajá, está bien. –Adiós, Alex.

***

Esa noche Ángela se puso su vestido rosado nuevo y se ató al cabello una cinta blanca con un doblez en forma de flor que ella misma había hecho. Se sentía bastante nerviosa.

Diez minutos antes de las 6 pm, ella y sus niños salieron para el apartamento de Ted. Ángela pudo ver su furgoneta parqueada en la entrada.

–Hasta aquí, todo va bien,–pensó–Ay, espero que esté solo. Desde la partida de Ted, Ángela temía que llegara el día que lo encontrara con otra mujer.

Dejaron el carro en la calle y caminaron por la entrada de gravilla hasta el apartamento de Ted. Ángela llevaba la tarta de chocolate y David llevaba el cetro.

Ángela sintió su corazón latir con fuerza cuando tocó a la puerta.

La puerta se abrió de inmediato. Ted todavía tenía puesto su ropa de trabajo y se veía bastante sorprendido de verlos. Sonrió cuando vio la tarta de chocolate.

–¿A qué viene todo esto?,–dijo sonriendo aún.

–Mira lo que hemos hecho, papá,–dijo David, blandiendo emocionado el cetro con el que casi golpea la cara de Tiphony.

–Es de todos nosotros,–dijo Ángela–¿Dónde podemos poner tu tarta de chocolate, Ted?

–Entren, entren,–dijo Ted abriéndoles la puerta de par en par. Ángela quedó totalmente aliviada al ver que estaba solo.

Al entrar, pudo sentir una atmósfera de soledad en aquel apartamento de dos habitaciones con muebles baratos.

Ted había estado leyendo el periódico en la mesa y no había señales de estar preparando la cena. De pronto, Ángela sintió una pena sobrecogedora por Ted, un nudo se le hizo en la garganta.

Puso la tarta en la meseta de la cocina. Los chicos estaban hablando con Ted mientras él admiraba el cetro. Ángela se preguntó qué debía hacer después y susurró una oración pidiendo ayuda. Cuando lo hizo, una extraña confianza en sí misma pareció inundarla. Se dirigió a donde Ted estaba.

–David, Tiphony, es suficiente. Su padre ha tenido un día difícil. Ted, ese cetro es un símbolo para todos nosotros. Representa que te aceptamos como el líder y rey de nuestra familia. Si decides venir a casa y cuidar de nosotros, todos te prometemos seguir tu liderazgo al 100%.

Ángela pudo ver los ojos de Ted llenarse de lágrimas al escuchar estas palabras y rápidamente desvió la vista para que no se sintiera avergonzado. Los niños no parecieron notarlo.

–David y Tiphony, siéntense por allá y miren el televisor de su papá. Déjenlo cambiarse y descansar

mientras le preparo algo delicioso. Ted pareció agradablemente sorprendido, y de alguna forma aturdido.

Sin decir una palabra se fue a su habitación a cambiarse mientras Ángela buscó en la despensa y en el refrigerador algo de comida.

Cuando Ted regresó, Ángela fue a su encuentro y apretando su mano le dijo: –Siéntate y termina de leer el periódico. ¿Te gustaría una rica tortilla con cebolla y algo de yogurt y frutas de postre?

–Sería grandioso, Ángela,–dijo Ted, pareciendo pasmado aún. Recogió el periódico y se sentó en el sofá. Tiphony y David fueron y se sentaron a cada lado inmediatamente. Él soltó el periódico y pasó sus brazos por encima de ambos. Luego dijo: –Pásame el cetro, David, déjame mirarlo bien.

***

Un poco después, Ángela puso en la mesa el plato con la tortilla para Ted junto con el yogurt y la ensalada de frutas. También le cortó un pedazo de la tarta de chocolate.

–Tu tortilla está lista, Ted,–dijo. Ted estaba en ese momento leyendo el periódico mientras los niños miraban la tele. Dobló el periódico, recogió su cetro y se sentó a la mesa. Puso el cetro encima de la mesa, miró a su comida y sonrió.

–Se ve muy bien, Anyi,–dijo–Y huele muy bien también. El instinto femenino de Ángela le dijo que era hora de partir.

–Vamos, David. Vamos, Tiphony. Apaguen la tele y vámonos, dejemos a papa comer en paz.

–¿Podemos comernos un pedazo de tarta antes de irnos, mamá?–preguntó David.

–Tenemos el nuestro en la casa, David. Este es el de papá. Y diciendo esto, le pasó las llaves del carro a David y les dijo tranquilamente, –Por favor, vayan y espérenme en el carro.

Cuando ya se habían ido, Ángela respiró profundamente y se dirigió a la mesa donde estaba Ted.

Puso sus brazos alrededor de sus hombros y le besó su pinchuda mejilla.

–Adiós, Ted. Te amo mucho,–le dijo.

Cuando cerró la puerta detrás de sí, escuchó cómo Ted rompía en sollozos. No se volteó, sino que se apresuró por la entrada hacia el carro.

***

El martes en la noche, Ángela se estremeció al recibir la llamada de su hermano Robert. Él le agradeció por la carta que le mandó y se disculpó por la manera en que la había tratado en el pasado.

Ángela se sorprendió de notar afecto y carácter en su voz, todo lo contrario al tono monótono y frío que solía usar con ella. Era sorprendentemente como su padre.

***

A la siguiente noche, el miércoles, Ángela comió su habitual comida ligera. Lo había estado haciendo desde la clase de la semana anterior.

A David y a Tiphony no les pareció que era una buena idea, por lo que continuaron comiendo su comida habitual, especialmente David.

Sin embargo, Ángela estaba convencida que era sabio disminuir su alimento. Había comenzado a dormir mejor y se despertaba más dispuesta a la mañana siguiente.

Ya se estaba sintiendo más ligera, más activa y sus ropas se sentían más flojas en su cuerpo.

Para asistir a la clase de Mujer Fascinante, escogió su vestido rosado y el lazo blanco con la flor en vez de los pantalones que usaba normalmente.

Aunque soplaba un viento borrascoso y el cielo estaba nublado, decidió nuevamente ir caminando hasta su clase.

–Es bueno para mi figura, –dijo a su madre quien le había expresado su preocupación, –Cherry me traerá de regreso después.

A pesar del viento disfrutó su caminata. Su mente estaba serena, estaba contenta porque no había perdido los estribos ni una sola desde hacía una semana.

Ángela entró al aula y se sentó, vio cómo todas las mujeres se habían puesto ropas más femeninas así como nuevos peinados.

Bev se había teñido su cabello anaranjado con un tono moreno y, en vez de tenerlo rizado y llamativo, lo tenía lacio con algunas ondas. Llevaba puesto también dos aretes de oro. A Ángela le pareció que se veía bastante regia. Incluso su tez rojiza tenía una tonalidad más saludable.

Sonia se había hecho dos largas trenzas y llevaba una cinta amarilla en cada una.

Beth traía puesta una conservadora cinta color ámbar en su cabello.

Diane había perdido por completo su apariencia estresada y estaba conversando animadamente con Helena.

–¡Qué bonitas se ven todas esta noche!–pensó Ángela. Se sintió eufórica en su interior y sonrió a las demás mujeres y se relajó.

–Buenas noches, chicas,–dijo la profesora. Ángela se sorprendió de ver que llevaba una cola de caballo en su plateado cabello y llevaba puesto una sorprendente saya blanca por los tobillos con adornos de encajes a su alrededor a intervalos.

–Tengo que decirles que se ven todas resplandecientes esta noche, y veo peinados muy femeninos. ¿Estaba en lo cierto con respecto a los peinados que prefieren los hombres?

–Bueno, tengo que admitir que tenía mis dudas,–dijo Elsy–yo siempre he usado mi cabello corto pero finalmente reuní el valor suficiente para preguntarle a mi esposo cuáles peinados prefería. ¿Y saben lo que me dijo? ¡Me dijo que le gustaría verme con una coleta! ¿Yo? ¡Una abuela con una coleta! Sencillamente me eché a reír, pensé que estaba bromeando, pero no lo estaba. Ahora llego aquí y ¿qué veo? A mi profesora, quien es abuela también, con una coleta.

De cualquier forma, ya había decidido dejarme crecer el cabello un poquito más para comenzar pero no sé si pueda hacerme la coleta finalmente. ¿Qué van a pensar otras mujeres de mí?

La profesora rió y le dio la vuelta a su coleta, –Vamos, Elsy, atrévete. Mujer Fascinante nos enseña a complacer a nuestros esposos, no a complacer a otras mujeres.

Bueno, ya basta de peinados. ¿Ya hemos comenzado todas con nuestro programa de ejercicios? ¿Ya hemos resuelto el asunto de nuestra nutrición?

–Bueno,–dijo Bev–yo no sé las demás, pero usted me ha incentivado a resolver este problema con el peso de una vez y por todas y ¿adivine qué?, he comenzado a trotar.

Algunas en la clase rieron.

La profesora no, –Muy bien, Bev,–asintió–cuéntanos más.

–Bueno, ya hace tres noches que comencé, no me atrevo a correr de día, espero hasta que oscurece y el tiempo está agradable. Las primeras dos veces que salí, solo pude trotar lentamente por un minuto a la vez, comenzaba a resoplar con fuerza. Caminaba por un rato y comenzaba a correr de nuevo por otro minuto más. Pero en la tercera noche, ¡adivinen!, ¡corrí por tres minutos sin parar! Me sentí muy bien por el progreso y ¡caramba!, me sentí súper después de la ducha.

Ahora voy a ahorrar y a comprarme unos buenos zapatos para correr. Continuaré corriendo hasta que pueda mantenerme por media hora sin parar, así como lo hacía en la escuela. Me encantaba el atletismo. Así que, queridas, si por alguna casualidad ven a un hipopótamo trotar por su lado tarde en la noche, ya saben cómo se llama.

–Bev, mantente haciéndolo por unos pocos meses y ninguna de nosotras logrará reconocerte, dijo la profesora. ¿Qué dice tu esposo de esto?

–Já, se rió al principio, pero cuando se dio cuenta de que hablaba en serio, comenzó a animarme. Dice que me comprará un vestido nuevo y me llevará de vacaciones si logro ponerme tan delgada como cuando nos casamos. Ha cambiado muchísimo, estamos yendo a Alcohólicos Anónimos.

Y ¿saben qué?, él mismo los llamó. Yo no se lo pedí. No se ha dado un trago desde hace dos semanas y está ahorrando su dinero. Incluso vendió nuestro cortacésped de motor y compró una mecánica para poder hacer más ejercicios.

–Ay, Bev. Estoy tan satisfecha al oír eso,–dijo la profesora. Ángela pudo ver las lágrimas brillar en los ojos de la profesora.

Ahora voy a ahorrar y a comprarme unos buenos zapatos para correr. Continuaré corriendo hasta que pueda mantenerme por media hora sin parar, así como lo hacía en la escuela. Me encantaba el atletismo. Así que, queridas, si por alguna casualidad ven a un hipopótamo trotar por su lado tarde en la noche, ya saben cómo se llama.

–Bev, mantente haciéndolo por unos pocos meses y ninguna de nosotras logrará reconocerte, dijo la profesora. ¿Qué dice tu esposo de esto?

–Já, se rió al principio, pero cuando se dio cuenta de que hablaba en serio, comenzó a animarme. Dice que me comprará un vestido nuevo y me llevará de vacaciones sui logro ponerme tan delgada como cuando nos casamos. Ha cambiado muchísimo, estamos yendo a Alcohólicos Anónimos

Y ¿saben qué?, él mismo los llamó. Yo no se lo pedí. No se ha dado un trago desde hace dos semanas y está ahorrando su dinero. Incluso vendió nuestro cortacésped de motor y compró una mecánica para poder hacer más ejercicios.

–Ay, Bev. Estoy tan satisfecha al oír eso,–dijo la profesora. Ángela pudo ver las lágrimas brillar en los ojos de la profesora.

–Ahora bien, no dejes de trotar de ninguna manera. Eres un ejemplo de verdad. Te llamaré para que vengas a visitarnos y a compartir tu experiencia en algún curso venidero.

–¿Puedo decir una ahora?–preguntó Bev,– las cosas están comenzando a pasar de verdad en mi casa.

–Seguro, pasa al frente.

Bev (Historia Real)

Antes de comenzar en este curso de Mujer Fascinante, estaba a punto de rendirme con mi

matrimonio. De hecho, dos días antes de mi primera clase había ido a ver a un abogado para divorciarme de mi esposo. Estaba insoportable, bebía mucho, no tenía ningún interés en nosotros y cada semana salía y gastaba la mayoría de su salario.

Cuando le dije que había ido a ver a un abogado, me rogó con lágrimas en sus ojos que no lo dejara.

Tuve entonces mi primera clase de Mujer Fascinante, la de la aceptación. Fue un acto de auto renuncia a mis ideas. Tuve que admitir que yo también había cometido errores. ¿Podía ser mi culpa todo lo que sucedía por no haberlo aceptado?

Finalmente le dije que lo aceptaba de la manera que era. Le dije que había cometido muchos errores en nuestro matrimonio y que sinceramente trataría de comportarme mejor.

Una maravillosa y asombrada expresión apareció en su rostro y me dijo –¿Quieres decir que puedo salir y gastar todo el dinero que a ti no te va a importar?–

No ha salido ni una sola vez desde que he

comenzado a aplicar los secretos. Todavía tengo mucho que hacer, pero nuestro matrimonio mejora con cada semana que pasa.

–Ay, eso es maravilloso, Bev. Estoy muy orgullosa de ti. Te admiro por todo lo que estás haciendo.

¿Alguien más? Diane, ven.

Diane (Historia real)

Cuando escuché el séptimo secreto y comencé a ponerle más atención a mi apariencia, mi esposo comenzó a alagarme todo el tiempo lo cual hizo que mi autoestima y confianza subieran enormemente.

Recientemente mi esposo salió temprano en la mañana para visitar a su mamá. Cuando me levanté, encontré notas de amor pegadas por toda la casa para mí.

Fue entonces cuando me di cuenta de lo feliz que se había vuelto nuestro matrimonio desde que comencé a vivir los principios de Mujer Fascinante.

La mayoría de las mujeres tuvieron feminidad en abundancia cuando eran niñas pero de alguna manera, en algún lugar a medida que crecían, la dejaron a un lado o la sacaron de sus vidas

230

–¿No es lindo lo que acabamos de oír, chicas? Diane, recuerda escribir lo que decía cada una de esas notas en tu libro de amor, o pegar las notas en él. Me encanta leer mi Libro de Amor.

Ahora vamos a escribir el secreto de esta noche en la pizarra. Este secreto se basa en el secreto de la semana pasada, el séptimo, el de sacar el mejor provecho de nosotras mismas. Este nos enseña a ser notadas, admiradas y queridas por casi todos los hombres, especialmente por nuestros esposos.

***

SECRETO NÚMERO OCHO

LA FEMINIDAD DELEITA A UN HOMBRE

DEPENDER DE ÉL PROVOCA SU AMOR

Primero, ¿qué es feminidad? ¿Qué es esta cualidad de una mujer que deleita tanto a un hombre?

Helena levantó su mano. –¿Sí, Helena?

–Supongo que es lo opuesto a la masculinidad.

–Sí, excelente respuesta–dijo la profesora complacida–Esa es probablemente la mejor manera de decirlo. La feminidad es hacer lo exactamente opuesto a lo que lo hombres hacen.

El ser seres masculinos y femeninos es lo que hace que hombres y mujeres se sientan atraídos. Esto parece ser bastante obvio pero hay demasiadas mujeres que cometen el error garrafal de actuar como lo hacen los hombres para ganar su amor y respeto.

Sencillamente esto no funciona, de hecho, se consigue todo lo opuesto. Un comportamiento masculino en una mujer repele a la mayoría de los hombres.

Pero una mujer verdaderamente femenina es sumamente atractiva y encantadora para un hombre.

¿ERES TÚ UNA MUJER FEMENINA?

La feminidad y la pureza infantil son el alma y el corazón de Mujer Fascinante

–Vamos a mirar nuevamente a través de los ojos de un hombre. ¿Quién es una mujer femenina? ¿Qué es lo que le fascina a él de ella?

La profesora tomó la fotografía de una niña y la puso en alto. La niña tenía puesto un bello vestido de vuelos y tenía el cabello atado en dos coletas atadas con cintas. Sonreía tímidamente.

–Una pequeña niña como esta es lo que más se acerca al ideal de feminidad de un hombre. La mayoría de nosotras teníamos feminidad en abundancia cuando éramos pequeñas, pero de alguna manera, a medida que crecimos, la guardamos o la hemos sacado de nosotras.

–¿Nos está diciendo que deberíamos actuar infantilmente? Con certeza eso no atrae a ningún hombre–dijo Beth

–No, definitivamente no es eso lo que estoy enseñando, Beth. Chicas, no malinterpreten, por favor, este principio de Mujer Fascinante. No nos estamos refiriendo aquí al atolondramiento, la ingenuidad o a la risa tonta. No estamos hablando de egoísmo o de la voz quejosa de algunos niños. Beth está en lo cierto. Ningún hombre se siente atraído a semejante tipo de comportamiento inmaduro.

Ser infantil es diferente, es tener las nobles virtudes de un niño. Esas virtudes son la franqueza, la inocencia, la humildad, la confianza la dependencia y el encanto descuidado; cualidades que se encuentran en la mayoría de las niñas de alrededor de doce años de edad.

Muchas mujeres en estas clases de Mujer Fascinante, se resisten a la idea de permitir que estas cualidades infantiles que una vez poseyeron cuando eran niñas se re despierten en ellas. Ellas piensan que son un insulto para su inteligencia y su madurez. Ellas piensan que los hombres sensibles sentirán repulsión a semejantes comportamientos. Pero por el contrario, incluso los hombres de más grueso calibre se sienten altamente atraídos por estas cualidades en una mujer.

Una mujer que retiene o despierta nuevamente su humildad e inocencia infantil, es considerada encantadora y altamente atractiva para los hombres. Compruébenlo; verán que es cierto.

Una sonrisa aumenta tu atractivo para los hombres muchas veces más

Los hombres pueden sentirse repelidos por el rostro serio o con el ceño fruncido de una mujer

Marina levantó su mano, –Sí, Marina.

–Ser como niños es una cualidad bella a los ojos de Dios. Jesús una vez llamó a unos niños y les dijo a los adultos que lo rodeaban: *"de cierto les digo, a menos que se arrepientan y se vuelvan como niños, no entrarán al reino de los cielos"*

–Gracias, Marina. Fue muy oportuna tu intervención. La feminidad y la pureza como de un niño es el corazón y el alma de Mujer Fascinante, una encantadora mezcla de encanto infantil, vivacidad, serenidad y una dependencia de los hombres para obtener cuidado y protección.

La feminidad gana el corazón de un hombre. Casi todas las mujeres la tienen, pero con frecuencia necesita ser despertada otra vez.

Pero recuerden, estas cualidades femeninas solo intensificarán el amor de nuestro esposo cuando esté totalmente libre de resentimiento hacia nosotras. Es por eso que es tan vital que vivamos los primeros cuatro secretos para poder sacar el máximo de los últimos.

Vamos a ver detalladamente cuáles son esas características femeninas que atraen a la mayoría de los hombres.

POR QUÉ TU SONRISA DELEITA A UN HOMBRE

–Primero, nuestra sonrisa. ¿Por qué es nuestra sonrisa tan encantadora para los hombres? Porque es una señal de amistad, serenidad y contentamiento. Estas cualidades femeninas son altamente atractivas para un hombre.

Por otro lado, los hombres pueden repeler un rostro serio o con el ceño fruncido de una mujer. Unos labios tensos y apretados los desanima.

Pero los hombres se sienten sumamente atraídos hacia una mujer sonriente. Todas nos vemos más atractivas cuando sonreímos, de hecho, la sonrisa multiplica varias veces más nuestro atractivo delante de los hombres. Ese es el mejor rasgo de nuestra personalidad, incluso mejor que nuestro cabello o que nuestra ropa.

¿Recuerdan cómo hablamos de la importancia de nuestros dientes la semana pasada? Deberíamos

Más que cualquier otra cosa, la elección de las palabras de una mujer y el tono con el que las dice, edificarán o destruirán su matrimonio

arreglarlos en el dentista si están estorbando nuestra sonrisa.

Deja que tus tiernas emociones se muestren

–Vamos a hablar ahora de la ternura femenina. La ternura femenina es muy atractiva para los hombres, especialmente cuando la mostramos hacia los niños o los animales, incluso hacia las flores o las plantas, o cuando derramamos lágrimas por una historia triste o conmovedora.

Puede que nuestro esposo nos mortifique un poquito a veces, pero no debemos esconder nuestras emociones o retener nuestras lágrimas.

Nuestra ternura, nuestras lágrimas y también que nos mortifique lo hace sentir más masculino y fuerte. Su propia ternura y amor son despertados y avivados.

–¿Alguna pregunta hasta ahora? ¿Sí, Kathy?

–¿Cuáles son algunas de las cosas que nosotras hacemos que ellos encuentran que no son femeninas?

Cosas que los hombres encuentran poco femeninas en una mujer

–Bueno, Kathy, hay muchas por estos días. Vamos a hablar de las más comunes un poquito más adelante en esta lección.

En resumen, son las cosas que ellos hacen tales como beber alcohol, decir malas palabras, risas estrepitosas, decir chistes. Cualquier comportamiento ruidoso, bullicioso, incluso silbar, no es femenino a los ojos de un hombre.

Pero existen muchas más cosas que deberíamos evitar también como dar la mano demasiado fuerte, manejar un camión o incluso una camioneta, o un carro demasiado grande, o un carro deportivo de gran potencia o manejar una moto. Si no nos sentimos femeninas haciéndolo, deberíamos evitarlo.

Existe una Regla de Oro de Mujer Fascinante: "MIRA LO QUE HACEN LOS HOMBRES Y HAZ LO CONTRARIO"

–Puedo ver a dónde quiere llegar,–dijo Beth – pero es muy difícil cuando trabajas todo el día con hombres y haces el mismo trabajo que ellos.

234

–Tienes toda la razón, Beth, es difícil, es por eso que Mujer Fascinante enseña que no debemos tratar de tener éxito en un mundo masculino prepotente y agresivo.

Nuestra feminidad disminuye poco a poco sin nosotras darnos cuenta, sacrificamos nuestra delicadeza y nuestra gracia.

Por el contrario, un ambiente femenino realza nuestra feminidad, permite que nuestro encanto sea realzado, así como la luna, cuando sale de la ruda luz del día hacia su propio mundo en la oscuridad de la noche, son realzados su belleza y esplendor.

La enorme influencia de nuestras lenguas

–Vamos a hablar ahora de algo que tiene una gran influencia en nuestra feminidad y en nuestro atractivo para los hombres, de hecho, para todas las demás personas. Esa es nuestra lengua, la manera en que hablamos.

Que nuestro matrimonio sea un paraíso o un infierno va a depender más en cómo usemos nuestra lengua que en cualquier otra cosa que hagamos, –la voz de la profesora se puso seria–. Lo que estoy a punto de decir es sumamente importante y se aplica a todos los secretos de Mujer Fascinante. Más que cualquier otra cosa, la elección de nuestras palabras y el tono con el que las hablamos va a construir o a destruir nuestro matrimonio.

Permítanme repetirlo, MÁS QUE CUALQUIER OTRA COSA, NUESTRAS PALABRAS Y EL TONO QUE USEMOS PARA DECIRLAS, CONSTRUIRÁN O DESTRUIRÁN NUESTRO MATRIMONIO.

NUESTRA LENGUA NOS TRAERÁ FELICIDAD EN LA TIERRA O UN INFIERNO EN ELLA. NOSOTRAS DECIDIMOS.

Ángela se quedó pasmada ante el énfasis en la voz de la profesora. Las palabras tenían un profundo efecto en ella, en lo profundo sabía que eran ciertas.

–Por tanto, vamos a ver algunas pautas que podemos seguir.

Primero y más importante, tenemos que pensar antes de hablar. Deberíamos preguntarnos a nosotras mismas:

¿Es amable?

¿Es cierto?

¿Es necesario?

¿Cómo se va a sentir mi esposo?

Entonces, cuando hablemos, deberíamos formular lo que decimos de una manera positiva y amorosa. Puede que sea difícil de hacer cuando estamos enojadas o irritadas, pero es vitalmente importante. Eso cambia totalmente las cosas.

Cada cosa que le digamos a nuestro esposo deberá ser formulada y dicha de una manera positiva y amorosa, de otra forma, es mejor guardar silencio.

Vamos ahora a ver cómo esto funciona. Denme algunos ejemplos del diario vivir de lo que le decimos a nuestros esposos de forma negativa.

Por lo general ellos lo llaman regaño o crítica, o que le estamos poniendo el dedo encima.

Veamos si las podemos reformular de una manera positiva para mostrarles lo que quiero decir, las escribiré en la pizarra. ¿Quién va a comenzar? Muy bien, Sonia.

NEGATIVO	POSITIVO
¿Cuándo vas a cortar el césped? Se ve horroroso.	En este caso no decimos nada. Él puede ver que hace falta hacerlo. Esa es su área
No llegues a casa tarde esta noche, me oíste. Tengo que salir a las 6:30.	Tendré la cena lista para ti a las 5:30 esta noche, mi amor. Necesito salir enseguida. (Díselo cuando lo beses para despedirte en la mañana)
Casi no tengo combustible en el carro de nuevo, ¿Por qué no le echas un vistazo?	¿Está bien que use la tarjeta para llenar el tanque, mi amor? Casi no tengo combustible y sé que estás ocupado.
¿Por qué te sientas frente	Mi amor, arréglame por

A los hombres les gusta poner toda su concentración en una tarea difícil y aunque te amen, puede que se enojen cuando trates de hablar con ellos

al televisor a ver esos estúpidos programas todo el fin de semana? Hay un montón de trabajo por hacer. La tendedera se me está cayendo en pedazos.	favor la tendedera cuando tengas tiempo hoy. (Dilo con una sonrisa y quizás con un beso en su frente mientras le traes algo agradable, quizás una bebida fría.)
No me toques, no estoy de humor para tener sexo.	Mi amor, ¿te parece bien si esperamos a otro día que me sienta mejor? Date la vuelta y yo me acurrucaré en tu espalda.

–¿Pueden ver la diferencia?,–dijo la profesora.

Cuando formulamos nuestras palabras de una manera positiva y las decimos con amor, nuestras voces adquieren un tono agradable, dulce y melodioso para los oídos de un hombre es muy femenino.

Pero, cuando lo decimos de una manera negativa, crítica, o cruel, o incluso demasiado alto o enérgicamente, nuestras voces adquieren un tono desagradable e irritante para los hombres, inmediatamente puede provocar resentimiento.

Damos la imagen de ser bruscas, masculinas o gangosas (hablar con resonancias nasales). Esto provoca que su ternura o amor se marchiten así como orinar encima de una flor.

Cuando nuestro esposo nos escucha gritándoles a los niños tiene el mismo efecto sobre él. Él pierde su respeto por nosotras, caemos del pedestal al hablar así.

HABLA ALEGREMENTE CON UNA CADENCIA FEMENINA EN TU VOZ

–Por eso, a menos que se trate de un asunto sumamente serio, nuestras voces deberían tener un tono alegre, gentil y sonriente, debemos irradiar confianza y serenidad.

Cuando hablamos de esa manera, nuestra voz adquiere un tono musical que es muy atractivo para los hombres.

Beth levantó su mano. –No estoy segura de lo que quiere decir con –tono musical–, dijo.

–Bueno, no es tan fácil describirlo con las palabras, Beth. Lo opuesto debe ser un tono monótono. Probablemente la mejor manera de describirlo es comparándolo con el tono que usamos cuando hablamos con los bebés, algo un poco melodioso y música, lleno de amor y placer y sonriendo a medida que lo hagamos. Los hombres lo encuentran muy femenino y sumamente atractivo.

Algunas en la clase rieron.

–Es cierto,–dijo la profesora– nuestra risa debe tener también la misma cadencia musical. Debemos también ser espontáneas sin perder la gentileza.

Date cuenta de cuándo parar de hablar

–Ahora, por último, no deberíamos hablarle mucho a nuestro esposo cuando esté ocupado o preocupado. Por supuesto que cuando esté aburrido querrá hablar con nosotras un montón pero necesitamos tener cautela.

Tengan en cuenta si aparece algún signo de impaciencia, recuerden que a ellos no les gusta herir nuestros sentimientos al decirnos que nos callemos. Él disfrutará mucho más nuestra compañía si por instinto nosotras nos damos cuenta cuándo callar.

A veces los hombres necesitan que se les deje completamente a solas, por ejemplo, cuando están concentrados en una tarea difícil. A los hombres no les gustan las distracciones cuando están concentrados.

Nosotras podemos ser multitareas pero los hombres prefieren concentrar toda su atención a una tarea difícil. Con frecuencia se enojan cuando conversamos con ellos cuando están concentrados, aunque nos amen. A veces se disculpan después.

El encantador efecto que tu canto tiene en tu esposo

–¿Alguna pregunta?

Ángela levantó su mano. –¿Sí, Ángela?

–Me encanta cantar cuando estoy contenta. ¿Qué piensan los hombres de nuestro canto?

–Ay, gracias por mencionarlo, Ángela. ¿Qué cómo se sienten cuando nos oyen cantar? Les encanta. Cuando un esposo escucha a su esposa cantando dulce y

238

alegremente, se le levanta el ánimo, le inspira un sentimiento de amor puro.

No existe probablemente gozo mayor para un hombre que escuchar a su esposa cantar con un corazón alegre, ¿Por qué? Porque para él esto es como pura admiración. Esto le dice que tú estás feliz con la vida que él te está dando.

Ángela se dio cuenta de lo cierto que era. Siempre le había gustado cantar pero había estado tan deprimida en los últimos dos años que raramente había sentido deseos de hacerlo, y menos cuando Ted andaba cerca.

Un vívido recuerdo le vino a la mente. Fue un poco después de su matrimonio con Ted. Ella se había levantado temprano un fin de semana para ponerse al día con las tareas domésticas. Se encontraba en el salón y estaba de muy buen humor. Estaba cantando una de sus canciones favoritas, –La noche más encantadora del año–, cuando Ted salió del cuarto y entró en el salón, todavía en piyamas y la abrazó. Le dijo lo mucho que la amaba y luego bailó con ella por el salón diciéndole que siguiera cantando.

Ángela se emocionó con ese recuerdo y no pudo resistir cantar en voz baja para sí misma,

–Cuando estás enamorada,

 es la noche más bella del año...

Las estrellas comienzan a brillar...

–Elsy, ¿tienes una pregunta? –dijo la profesora.

–Sí, sé que a mi esposo le encanta escuchar a una mujer cantar pero, ¿y si usted es como yo que no sé cantar?

–Eso es absurdo, Elsy. Tú puedes cantar, apuesto a que cantas muy bonito en la ducha.

–Bueno, sí, quizás. Pero eso es diferente, nadie me está escuchando.

La única diferencia es tu confianza en ti misma,– dijo la profesora–¿Por qué no escribes este mensaje en tu lista de metas –Ahora disfruto cantar en presencia de mi esposo– ? ¿Qué te parece?

–Ay, no creo que pueda hacerlo, –dijo Elsy visiblemente preocupada.

–Por favor, Elsy, trata de hacerlo. Una vez que rompas el hielo será más fácil. Es en realidad encantador para un hombre escuchar a su esposa cantar, pero debemos tratar de guardar la melodía y decir las palabras correctamente. A ellos les gusta que las cosas estén técnicamente correctas, incluso en asuntos románticos.

Vamos a resumir las Reglas de Mujer Fascinante para la feminidad cuando nos dirigimos a los hombres.

1. Decir nuestras palabras positiva y amorosamente.

2. Nuestra voz deberá ser alegre, clara, confiada y suave.

3. Nuestra voz deberá tener un tono melodioso como el que usamos para hablarles a los niños.

4. Deberemos ser capaces de reír libre y frecuentemente, pero no con voz tan alta.

Esas cualidades son femeninas y altamente atractivas para los hombres, pero mucho más atractivo es cantar de manera femenina y reír con una risa espontánea y femenina.

GESTOS Y COMPORTAMIENTO FEMENINOS QUE ENCANTAN A LOS HOMBRES

–Ahora pasemos a los gestos y comportamiento femeninos. Son las acciones y los gestos naturales femeninos que atraen tanto y fascinan a los hombres.

Recuerden nuevamente la Regla de Oro, "MIREN LO QUE HACEN LOS HOMBRES Y HAGAN LO CONTRARIO"

¿Son los movimientos de tus manos y muñecas femeninos y delicados? ¿Hacemos pleno uso de nuestros ojos? A los hombres sencillamente les encanta las expresiones femeninas de los ojos como ensancharlos o balancearlos o pestañear. Lo digo en serio.

También hacer pucheros infantiles o darle vueltas al cabello con los dedos. Muy encantador para ellos. Incluso dar una patadita al piso cuando estamos enojadas, cruzarnos de brazos y dar la media vuelta y alejarnos con la barbilla levantada. Fascinante para ellos. No me pregunten el por qué, así es.

Cuando una mujer se viste de manera femenina tiende a actuar con feminidad

Y ¿cómo caminamos? A los hombres les gusta vernos caminar erectas y sonriendo con pasos ligeros y cortos. Les encanta que las mujeres sean elegantes, ágiles y tranquilas como una bailarina tahitiana del hula hula. No con largos pasos o zancadas ni balanceando nuestros brazos. ¿Por qué no, Cherry?

–Es demasiado masculino,–respondió Cherry riéndose.

–Exactamente,–sonrió la profesora–Y lo mismo se aplica en la manera de sentarnos, no deberíamos pasar una pierna por la rodilla como lo hacen los hombres, o sentarnos con las piernas abiertas, o pararnos con las manos en los bolsillos.

Evita decir chistes

–Ahora hablaremos del humor. Tenemos que ser muy cuidadosas con esto, el humor puede ser en realidad un campo de minas en nuestras relaciones con los hombres.

Tenemos que tener un sentido de humor alegre y sonriente. Puede ser también correcto bromear con ellos gentilmente aquí y allá acerca de sus rasgos masculinos cuando esté solo, pero nunca, nunca bromear de él o hacer un chiste acerca de él en presencia de otros hombres o mujeres.

Pero ya sea en privado o en público, a menos que lo hagamos sentir más masculino, y eso es raro, nunca lo va a apreciar.

De hecho, si se burla de su masculinidad, de CUALQUIER manera, se sentirá herido profundamente. QUIZÁS NUNCA LO OLVIDE.

Esto es tan serio para un hombre que en una situación de noviazgo esto puede matar su amor por ella, definitivamente.

Su relación con ella terminará en ese mismo momento. La mujer con frecuencia quedará desconcertada y el hombre no revelará la razón real. Por lo tanto, por favor recuerden, bromear o burlarnos de nuestro esposo o de cualquier hombre o de tu hijo acerca de sus defectos masculinos puede herir profundamente su orgullo.

SECRETOS DE MUJER FASCINANTE

SECRETO NUMERO OCHO
LA FEMINIDAD DELEITA A UN HOMBRE

Además, el comportamiento de una mujer que cuenta chistes y hace comentarios inteligentes en compañía mixta es visto por la mayoría de ellos como demasiado masculino. Es degradada a sus ojos como mujer.

LA ROPA FEMENINA QUE ES MUY ATRACTIVA PARA LOS HOMBRES

–Ahora pasaremos al muy importante tema de nuestra ropa, nunca, jamás subestimen el efecto a largo plazo que nuestra ropa puede tener en los sentimientos de sus esposos por ustedes. Esto puede tener un efecto profundo en su subconsciente en su relación contigo.

Esta es también otra área, como nuestro cabello, donde muchas mujeres, especialmente las casadas, no sacan el mejor partido de su feminidad. De hecho, la mayoría de la ropa para mujeres hoy en día repele a los hombres, en vez de atraerlos y ellos sufren en silencio.

A ellos sencillamente no les gusta criticar la apariencia de una mujer. Quizás nuestro comportamiento sí, pero no nuestra apariencia. No está en su naturaleza hacerlo.

Dos maravillosas excepciones son, la manera que vestimos a las niñas y la manera en que se visten las mujeres de la India, con sus coloridos y femeninos Sari. Todas hemos visto fotos de mujeres nativas africanas con su ropa colorida y femenina. Aquí tenemos nuevamente nuestra norma,–dijo levantando la foto de la niña nuevamente–Los vestidos, vuelos y suavidad, los colores y diseños brillantes o claros, los tejidos sedosos y delicados son definitivamente agradables y femeninos. Cuando nos vestimos de manera femenina, tenemos la tendencia de actuar de manera femenina.

Sí, ya sé que no está muy de moda, pero las modas de las mujeres no le interesan mucho a los hombres y quizás para nada. De hecho, algunos modelos de ropa para mujeres son bastante masculinos, la mayoría es femenino pero aún así, no son muy atractivos para la mayoría de los hombres.

Debemos evitar todos los estilos adaptados y cualquier pizca de masculinidad tales como puños, bolsillos y solapas o cuellos de camisas. Mientras menos nos parezcamos a los hombres en nuestra manera de vestir, más atractivas seremos para ellos.

Ellos tienden a usar ropas ásperas, un poco opacas y oscuras. Por esto, les gusta que usemos ropas ligeras, coloridas y suaves que realcen nuestra figura femenina; o ropas que caigan sobre nuestros cuerpos, como un vestido ligero. Un vestido de cuerpo entero puede ser muy atractivo en reuniones sociales.

Deberíamos evitar los pantalones anchos, los chores, abrigo y chaquetas hechos de materiales toscos, o cualquier otro tejido que los hombres usan o ropa holgada, no tienen ningún encanto para ellos, los repele. Los overoles son lo peor de todo.

Deberíamos evitar también los zapatos pesados y las medias.

–¿Y qué de los jeans o pantalones de mezclilla?,– preguntó Ángela conociendo en su corazón cuál iba a ser la respuesta.

–Demasiado masculino, Ángela, –dijo la profesora sonriendo– Los jeans, especialmente los holgados, son monótonos, feos y masculinos a los ojos de la mayoría de los hombres. No te van a decir nada, pero el efecto deprimente sobre ellos es muy real y a largo plazo esto puede ser muy dañino para la relación, especialmente si nos vestimos de manera femenina mientras estuvimos noviando.

Por supuesto, hay momentos en los que necesitaremos usar pantalones. En esas ocasiones, los pantalones ligeros de algodón con colores brillantes y llamativos o patrones y pegados a las piernas pueden ser muy atractivos para los hombres, con tal que nuestra figura se vea bien. Pero los jeans y en especial los pantalones holgados, por lo general repelen a los hombres.

Si tienen que usarlos, pónganse algo más ultra femenino para balancear el efecto masculino. Un top (prenda de vestir femenina, por lo general corta, que cubre la parte superior del cuerpo y puede llevarse en el interior o en el exterior) colorido y suave quizás, o un adorno para el cabello, o un lazo o aretes.

A los hombres tampoco les gusta ver los tirantes del ajustador o cualquier otra prenda interior expuesta.

Nunca deberemos ser descaradas con nuestra vestimenta, esto es lo más importante. Los hombres nos prestarán atención, pero no nos respetarán. Los hombres sencillamente no respetan a las mujeres que exponen sus cuerpos en público. Un hombre no puede respetar a una mujer promiscua sin importar lo mucho que se sienta atraído sexualmente por su cuerpo.

Deberíamos hacer algunas de nuestras propias ropas. Una mujer que confecciona su propia ropa, especialmente vestidos, es vista como ultra femenina por los hombres y aún más cuando le añade toques femeninos de su propia invención. A tu esposo le encantará el hecho de que ninguna otra mujer en el mundo tiene un vestido como el de ella. Eso la hace ver extra especial a sus ojos.

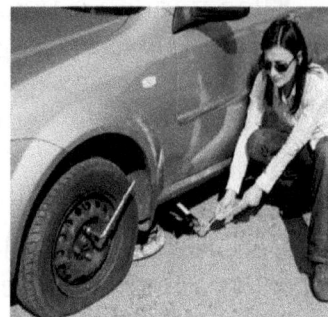

No hagas esto cuando haya un hombre que lo haga por ti

¿Se ve tu maquillaje natural?

Kathy levantó la mano.

–¿Sí, Kathy?

–¿Tiene algunas reglas para el maquillaje?

–Sí, Kathy, no deberíamos exagerar. Nuestro maquillaje deberá realzar nuestra apariencia fresca y natural, lo cual les gusta mucho a ellos. Lo ideal sería que ellos ni siquiera se den cuenta que lo estamos usando.

Eviten especialmente excesos de azul alrededor de los ojos y tonos no naturales de lápiz labial. Este tipo de falsedad disminuye la habilidad de un hombre para sentir ternura y amor hacia una mujer.

Puede que se sienta atraído a un nivel sexual por el mensaje que él cree que esa mujer con exceso de maquillaje está transmitiendo.

El perfume y el exceso de joyas también transmite una imagen de falsedad. Seriamente estas cosas le quitan el mérito a la frescura y naturalidad que suscitan el amor de un hombre.

Algunos hombres odian el perfume en las mujeres, especialmente cuando se echan demasiado. Mi esposo es uno de ellos. Él dice que huelo muy bien sin perfume así que, solo un poquito si lo tienen que usar.

244

Además, los cosméticos y las joyas no pueden competir nunca con una sonrisa tierna y una voz melodiosa y femenina, con más frecuencia le quitan el mérito.

¿Puede acaso un perfume o las joyas aumentar el amor de un padre por su hija? Creo que todos sabemos la respuesta para eso.

POR QUÉ DEPENDER DE ELLOS PROMUEVE SU AMOR POR NOSOTRAS

–Ahora, la segunda parte de este secreto es el poderoso efecto que tiene nuestra dependencia de un hombre. Ser dependientes de nuestro esposo puede tener un poder muy fuerte sobre él. Esto provoca su más profundo amor y deseo de protección. Pocas mujeres se dan cuenta del poderoso efecto que tiene sobre un hombre la dependencia de una mujer hacia él.

¿Tienes una pregunta, Ángela?

–Sí, ¿qué exactamente quiere decir usted con dependencia? –Dependencia es cuando a los hombres les parece que queremos su cuidado masculino y protección.

Por supuesto, esto no se aplica a nuestro rol femenino de ser madres y amas de casa. Los hombres esperan que seamos y necesitamos ser capaces en esas áreas.

Pero en las áreas no femeninas de la vida, mientras más parezcamos confiar en ellos, más adorables nos volveremos para ellos.

Este es otro de los poderosos principios de Mujer Fascinante que puede cambiar por completo nuestra relación matrimonial, definir si nuestro esposo nos va a amar de verdad. Déjenme decirlo de esta manera:

MIENTRAS MÁS TU ESPOSO SIENTA QUE TÚ QUIERES SU PROTECCIÓN Y SUS HABILIDADES MASCULINAS, MÁS ADORABLE Y ATRACTIVA TE HARÁS PARA ÉL.

Cuando dependes de un hombre, su sentimiento masculino de fuerza y poder es muy agradable para él, incluso sobrecogedor a veces. Él anhela tomarte entre sus brazos y protegerte para siempre.

Pedirle a un hombre que te ayude con un trabajo pesado lo hace sentir masculino y por tanto incrementa su amor por ti

A veces nosotras las mujeres nos sentimos así con respecto a los niños pequeños cuando ellos están enojados, o heridos, o perdidos. Este es un sentimiento poderoso y conmovedor; crea y construye un amor profundo.

Las niñas, con su aire natural de incapacidad en las cosas masculinas, suscitan estas emociones ponderosas en sus padres y así sucede con nuestros esposos. Cuando él siente que confiamos en él y dependemos de él, se despiertan en él poderosas emociones y profundo amor; pero incluso pueden verse bloqueados por el resentimiento. Por tanto, debemos asegurarnos de vivir primeramente los cuatro primeros principios de Mujer Fascinante.

PÍDELE SU AYUDA EN TAREAS MASCULINAS

–A causa de este principio, no nos estamos aprovechando de un hombre cuando le pedimos que cambie una rueda de nuestro auto, o que quite una araña. De hecho, se siente más hombre.

Si aún está resentido contigo, o muy ocupado, puede que se queje un poco, pero sentirá una sensación de satisfacción masculina y orgullo después que te haya ayudado y, lo más importante, su amor por ti aumentará.

No deberíamos esconder de él ningún miedo que tengamos, miedo a la oscuridad, a las arañas, a los ruidos extraños o incluso al mucho tráfico. Puede que nos mortifique un poquito cuando le comentemos acerca de estos miedos, pero esto lo hará sentirse fuerte y masculino, especialmente cuando nos agarremos temerosas a él.

LAS MUJERES INDEPENDIENTES NUNCA GANAN EL CORAZÓN DE UN HOMBRE

–¿Pueden entender este importante principio de Mujer Fascinante? Un amor profundo se desarrolla en un hombre cuando le pedimos que haga cosas masculinas por nosotros. Esa es la razón por la que debemos dejar de hacer cosas masculinas, si es posible, no hacer ninguna, especialmente cuando hay hombres alrededor. Eso incluye levantar cosas pesadas y cualquier otra cosa que nos haga sentir poco femeninas.

La sonrisa de un hombre es su manera de elogiar a una mujer. Mientras más te sonría tu esposo, más te ama y más fascinante te estás volviendo para él

Una mujer que no confía en un hombre nunca ganará su amor. ¿se han dado cuenta alguna vez de cómo la mayoría de las solteronas y feministas tienen un aire de capacidad y autoconfianza acerca de ellas? Que no se pregunten por qué no pueden ganar el corazón de un hombre. Los hombres puede que respeten la opinión de tales mujeres, pero no las pueden amar y apreciar mientras que las mujeres amables y dependientes atraen a los hombres como abejas a las flores.

APARENTA INCAPACIDAD EN TAREAS MASCULINAS

–Beth, ¿levantaste tu mano?

–Sí, pero ¿y si eres una mujer capaz? Quiero decir, yo no soy del tipo dependiente e incapaz.

–No tenemos que ser incapaces, Beth, sencillamente parecerlo para ellos, y solo en tareas masculinas. Esto nos sale con naturalidad a la mayoría de nosotras, las niñas son expertas. No fue difícil para nosotras conseguir que nuestro padre le echara aire a las gomas de nuestra bicicleta, o que le cogiera los ponches, ¿verdad?

Seamos honestas, hay un grado de desempeño de papeles en las relaciones masculinas y femeninas así como en las normas de educación formal. Los hombres saben bien que en situaciones de emergencia, la mayoría de las mujeres pueden hacer cosas masculinas bastante bien pero aún así, prefieren que parezcamos indefensas ante las tareas masculinas, tales como, usar una llave inglesa o darle marcha atrás a un carro.

Los hombres también actúan, ¿sabían?. Ellos fingen no saber hacer cosas femeninas como cambiar a un bebé, o coser un botón. Raramente harán estas cosas porque su carácter es diferente, pero pueden también hacerlas si tienen la necesidad así como nosotras podemos hacer cosas masculinas en caso de necesidad.

Es sencillamente como las normas de educación formal, no esenciales, pero sí hacen la vida más fácil y placentera.

Por esto, dejen que sus hijos y esposo sientan que su ayuda y protección masculinas son necesarias y apreciadas. Déjenlos sentir que no te las puedes arreglar sin ellos. A los hombres les encanta sentirse de esta manera. A la mayoría de nosotras nos gusta sentirnos así también una vez que nos hemos adaptado a esto nuevamente. Nunca más quiero cambiar una goma, siempre consigo que mi esposo le ponga el combustible a mi carro; no me gusta levantar esa cosa para llenar el tanque en la gasolinera.

Los esposos que tienen esposas independientes a veces llegan al punto de asustarlas al manejar demasiado rápido, o llevándolas en bote sencillamente para disfrutar el sentimiento de protección y masculinidad que sienten ante el miedo de ellas.

¿SE SIENTEN LOS HOMBRES APAGADOS POR LAS MUJERES INTELIGENTES?

Beth levantó su mano nuevamente. –¿Sí, Beth?

–Si los hombres son tan valientes, ¿por qué tantos de ellos se sienten asustados ante una mujer inteligente?

–Bueno, Beth, no creo que sea tanto la inteligencia de una mujer lo que lo aleja sino más bien ese aire masculino de reto que muchas mujeres inteligentes proyectan.

Una mujer nunca hará que un hombre se sienta masculino al aparentar que ella es más capaz que él en asuntos masculinos o venciéndole en una discusión.

También, muchos hombres tienen recuerdos dolorosos de su sensible infancia al ser frustrados o abatidos por maestras en la escuela.

–¿Es por eso que la mayoría de las maestras son solteronas?–preguntó Cherry con una sonrisa descarada.

La profesora sonrió, –la inteligencia es una ventaja incalculable para una mujer cuando ella comprende Mujer Fascinante. Una mujer educada e inteligente puede ser sumamente fascinante para un hombre hasta tanto no menosprecie su masculinidad.

Todo lo que necesitamos recordar es que a los hombres les gusta exceder a las mujeres en las tareas masculinas. Puedes sin problema exceder a un hombre en música, idiomas o biología, pero no le hagas saber que eres mejor que él en matemáticas o en ingeniería.

EL ENCANTO INFANTIL EN UNA MUJER DE CUALQUIER EDAD ES MUY ATRACTIVO PARA UN HOMBRE

–Bueno, esto es todo por hoy, feminidad y dependencia; dos cualidades muy atractivas en una mujer a los ojos de la mayoría de los hombres.

Bastante encantador para algunos. Con frecuencia un hombre tímido creerá que no es merecedor de tan asombrosa criatura. Las ganadoras de concursos de belleza con frecuencia dicen esto, sin embargo, este es más un problema para nuestras hijas solteras que para nosotras.

Para nosotras que ya tenemos esposo, recordemos cómo éramos cuando niñas, cuán emocionadas nos podíamos poner, nuestra sensibilidad para maravillarnos, nuestra belleza, nuestros bellos vestidos y peinados, nuestra inocencia infantil, nuestra encantadora feminidad.

Los hombres se sienten muy atraídos al encanto infantil en mujeres de cualquier edad, así como las mujeres se sienten atraídas al entusiasmo infantil en los hombres adultos.

Re despierta tu feminidad infantil si es necesario. Inténtalo y verás. Mientras más masculino lo hagas sentir, más te amará y te apreciará.

MIRA ATENTAMENTE SU SONRISA–LA SONRISA DE UN HOMBRE ES UN PIROPO PARA TI

–Quizás tu esposo sea demasiado tímido como para halagarte, por eso espera en vez de alago su sonrisa. La sonrisa de un hombre es su manera de decirle un piropo a una mujer. Mientras más él te sonría, más fascinante te estás volviendo para él.

Ángela sintió un cálido consuelo en su interior. Las últimas tres veces que había visto a Ted, él le había sonreído.

Ahora, tenemos un montón de tareas femeninas retadoras. La primera puede ser difícil pero es la más importante. A los hombres por lo general no les gusta decir cosas hirientes acerca de sus esposas, pero sean persistentes y denle bastante tiempo para pensar antes de contestar, puede merecer la pena abundantemente.

La quinta tarea, la del vestir, es una a largo plazo. No pretendo que la completen en esta semana, pero traten de obtener el muestrario en esta semana y hagan que él seleccione un vestido para que ustedes lo hagan.

***

TAREAS: DEL SECRETO NÚMERO OCHO

TAREA UNO: **dile a tu esposo con tus propias palabras: "querido, quiero ser más femenina para ti, por favor dime la verdad. ¿Qué es lo más poco femenino que ves en mí?"**

Cuando te lo haya dicho, formula la solución de manera positiva e incorpórala a tu Lista de Metas. Repite la primera tarea como una determinación para cada año nuevo.

TAREA DOS: **Por dos días completos en esta semana, piensa antes de hablar y dile cada frase a tu esposo de una manera positiva y amorosa con una voz melodiosa y una sonrisa. Observa la diferencia en su reacción.**

TAREA TRES: **Canta donde él te pueda oír al menos una vez en esta semana.**

TAREA CUATRO: **Pídele a tu esposo que analice honestamente todo tu ropero, incluyendo los zapatos, la ropa de dormir y trajes de baño y que califique cada uno de ellos como femenino o no femenino. Luego desecha, o planea desechar cualquier cosa que él encuentre que no es femenina.**

TAREA CINCO: **Pídele a tu esposo que escoja lo que él considera que sea un vestido sumamente femenino de un muestrario y haz el vestido tú misma. Pídele ayuda a otra mujer si es necesario. Añade algunos toques femeninos adicionales al vestido que a tu esposo le guste, para hacerlo único para ti personalmente.**

TAREA SEIS: **Deja de hacer al menos una actividad masculina que has estado haciendo, déjala a tu esposo. Puedes decirle: *"No me siento muy femenina haciendo esto"***

¿Alguna pregunta?, –preguntó la profesora.

–Sí, –dijo Helena–¿Y si mi esposo encuentra que mis ropas son neutrales?

–Tómalo como una clasificación masculina, pero no las deseches, recuerda que la mayoría de los hombres son reacios a criticar.

Lo que también les recomiendo, chicas, es que, cuando con éxito hayan logrado que sus esposos clasifiquen sus ropas, pídanles que vuelvan a clasificar entre las femeninas las que son ultra femeninas para ellos. Pueden pedirles que las clasifiquen de la siguiente manera:

A. A él le encanta verme con esa ropa.

B. Está bien.

C. No le gusta verme con esa ropa.

Prepárense para algunas sorpresas, ¿Alguna otra pregunta?

–No estoy muy segura acerca de la tarea de cantar, –dijo Elsy.

–Trata, Elsy. Espera la sonrisa de aprobación de tu esposo. Recuerden todas, la sonrisa de sus esposos es un cumplido para ustedes.

–Yo no soy muy buena cosiendo, –dijo Kathy– Me encantaría hacer mis propios vestidos, pero nunca aprendí cómo.

–Invita a una amiga para que te ayude, Kathy. Te va a gustar,–dijo la profesora.

–Yo te ayudaré,–dijo Bev,–Yo me hago la mayoría de mi ropa.

–¿De verdad, Bev?,–dijo Kathy resplandeciendo,–te tomo la palabra.

–Sí, hacer un vestido es algo que siempre he querido hacer,–dijo Beth,–haría un buen descanso de todo mi estudio. La mayoría de mi ropa no me está quedando bien. Me podría hacer un par de vestidos para el embarazo en las vacaciones de Navidad.

La profesora sonrió, –Yo misma me hice este vestido que tengo puesto con la ayuda de una amiga. Mi esposo lo escogió de un muestrario, también escogió el material de las muestras que le traje a casa. A él le encanta vérmelo puesto.

Nuestras dos visitantes son dos mujeres encantadoramente femeninas, Mary y Sally. Mary, ¿puedes empezar?

Mary (Historia Real)

Déjenme decirles cómo desechar un vestido café cambió mi matrimonio.

Tengo un vestido café que en particular encuentro muy cómodo cuando me lo pongo. Es para estar en la casa y oh me encanta. Después de haberlo usado por un tiempo, mi esposo me dejó saber cuán mal le caía ese vestido. De todas formas, seguí usándolo porque pensé, –Bueno, es solo para estar en la casa–.

Luego comencé a notar que mi esposo llegaba a casa del trabajo con lo que parecía una actitud negativa. Entonces se me ocurrió que yo había estado usando ese horrible vestido café mucho últimamente debido a mis muchas limpiezas de primavera.

Mi casa relucía, pero yo no me veía –más joven que la primavera–. Bueno, me ocupé de buscar un muestrario para batas de casa muy femeninas con pequeños fruncidos y escotes y mangas campesinas. Me hice varios para no tener excusas.

Esa noche cuando llegó, había que verle la mirada de aprobación que tenía en su rostro. Sonrió y me preguntó si eso significaba que iba a botar el –viejo saco café–. No le di una respuesta definitiva. Lo voy a cortar por la mitad, envolverlo y dárselo en el día de las madres. Sí, incluso un vestido puede cambiar un matrimonio.

Sally (Historia Real)

Mi esposo es encantador, apuesto y adorable. Cuando nos conocimos sentí que el –caballero Galahad– había venido a buscarme.

Pero no mucho tiempo después de habernos casado, comenzó a estar un poco distante, calculador y cauteloso. Después de unos años de su frialdad me pregunté si mi matrimonio tenía futuro.

Le di vueltas al asunto por un año tratando de recolectar todas las pistas que pudiera encontrar.

Fue entonces cuando vine a Mujer Fascinante. Mi primer paso fue dejar de lado su parte oscura y concentrarme en la radiante. Ese paso lo calentó un poquito.

Mi ropa parecía ser un punto débil. Pocas cosas en mi ropero parecían ser femeninas, ligeras, claras, encantadoras o infantiles. Decidí, por tanto, usar esas pocas y dar las otras.

Tengo un conjunto que puede ser usado tanto con sayas como con pantalones. Si me pongo la saya, me halaga pero si me pongo el pantalón no me dice nada.

Me puse entonces uno de mis vestidos femeninos nuevos, fui hasta él y le dije suavemente, –¿Puedo dejar de hacer el trabajo pesado para ser una mujer más femenina para ti?– Él pareció sentirse halagado, estuvo de acuerdo y se ha encargado de ello desde entonces o contratando hombres si ha sido necesario. ¡Qué alivio decirle adiós a todo eso!

Continué usando la receta para la feminidad, gentileza, ternura y delicadeza. Después de unas pocas semanas me dijo –Qué femenina te has vuelto, en especial últimamente–.

Nuestro matrimonio ha mejorado mucho. Ahora confía en mí con facilidad. Es más generoso con su corazón y con su dinero. Los ánimos están elevados. Un millón de gracias a Mujer Fascinante.

–Y un millón de gracias a ustedes dos, Sally y Mary. Es muy cierto que lo opuesto atrae. Para atraerlos y deleitarlos debemos ser tan diferentes de ellos como sea posible. Nos vemos la próxima semana, buenas noches para todas.

Mientras Cherry llevaba a Ángela a la casa, conversaron animadamente lo que habían aprendido en las últimas semanas en el curso.

Ángela sintió un creciente vínculo de amistad hacia Cherry. Siendo ella una mujer bastante reservada, disfrutaba la compañía animada y extrovertida de

Cherry. Sintió que Cherry también disfrutaba de su compañía.

Vivían ambas cerca la una de la otra y Ángela sintió que estaban destinadas a convertirse en grandes amigas.

***

CAPÍTULO DOCE

SECRETO NÚMERO NUEVE
PIDE SENCILLAMENTE CON UNA
SONRISA

El sábado por la mañana amaneció claro y soleado. Ángela se levantó temprano y fue a correr.

Se las arregló para correr por 20 minutos sin parar antes de quedarse sin aliento. Caminó por unos minutos para recobrarse, y luego corrió los cinco minutos de regreso a casa.

Después de ducharse comenzó a revisar toda su ropa. Puso a un lado todos los pantalones masculinos de color oscuro y los suéteres gruesos.

En el fondo del ropero vio su vestido acampanado rojo brillante con mangas blancas y cuello adornados. Ted se lo había comprado mientras estaban de novios.

Ella no se lo había podido poner desde que quedó embarazada de David, sin embargo, ahora estaba más delgada que lo que había estado en años por lo que decidió probárselo. Le quedaba apretado por las caderas y los senos pero se sobrecogió al ver que entraba en el vestido.

Se puso también el cinturón de vinilo grande de color blanco que venía con el vestido. Aguantando la respiración pudo colocárselo por el hueco que solía ponérselo cuando aún era soltera.

Se miró en el espejo y se veía bien. La grasa alrededor de su cintura casi había desaparecido y sus brazos se veían más delgados y las caderas se veían un poquito más delgadas.

Decidió entonces en ese preciso momento, proponerse cómo meta perder el peso suficiente en los próximos días para ponerse el vestido cómodamente en la próxima clase de Mujer Fascinante.

Sonrió al ver su reflejo en el espejo, algo que por lo general encontraba difícil de hacer. Se le levantó el ánimo y sintió deseos de cantar en voz alta.

–¿Por qué no?,– pensó, –esta es una de mis tareas para esta semana de cualquier manera.

"Ay, qué mañana tan bella,

Ay qué día tan bello

Me siento muy bien

Todo está a mi favor."

Continuó cantando mientras preparaba el cereal del desayuno para ella y para los niños. Su ánimo era contagioso. Cuando vinieron David y Tiphony al comedor ambos sonreían de oreja a oreja.

–Estás feliz hoy, mamá,–dijo David.

–Sí, es una mañana muy bella, David,–dijo Ángela con una voz melodiosa–Me siento feliz y los amo a los dos muchísimo.

Los rodeó con sus brazos y los besó en las mejillas, primero de un lado y luego del otro.

A David le dio un poquito de pena pero su sonrisa fue aún más amplia cuando se sentó a comer su desayuno.

Ángela fue a su clase nuevamente el miércoles en la noche. Llevaba puesto el vestido rojo con su cinturón blanco.

Desde el sábado en la mañana había disminuido sus comidas a la mitad y había salido a correr cada mañana y cada noche. Todas las noches había dormido como un bebé.

Ahora el vestido le quedaba perfecto.

Su cabello había crecido lo suficiente para hacerse una pequeña cola como a su padre le gustaba cuando era una jovencita.

Mientras caminaba por una calle principal, un carro lleno de jóvenes ruidosos le pasó por al lado. Tocaron el claxon y le silbaron. Ángela se sintió avergonzada y halagada. Era la primera vez que le sucedía desde que se había casado.

Mientras caminaba por el centro se encontró con Brian, un amigo de Ted que salía de un restaurante.

–Hola, Ángela,–le dijo mientras la miraba de arriba abajo con una obvia mirada de aprobación

–Hola, Brian,–le respondió con un tono melodioso en su voz y sonriéndole.

–¡Vaya! Te ves muy bien esta noche. ¿Puedo llevarte a algún lugar?

–Gracias, Brian, pero solo iré hasta un poquito más adelante.

–¿Cómo está Ted?

–él está bien.

–Bueno, hasta luego, Ángela.

–Hasta luego, Brian.

Ángela siguió su camino sintiéndose complacida. Su instinto femenino le había dicho que Brian la había encontrado atractiva.

Llegó temprano a su clase, una de las primeras. A medida que las otras llegaban una a una, notó que todas vestían de manera femenina esa noche. Hasta ese día, la mayoría había usado pantalones.

Esa noche, todas llevaban puesto vestidos o sayas excepto Cherry, quien tenía puesto pantalones ceñidos color crema con llamativos patrones naranjas. También tenía puesto una blusa amarilla y un pequeño pañuelo alrededor de su cabello que le combinaba, trenzado en la espalda. Incluso Beth llevaba puesto un vestido de embarazada blanco.

La profesora estaba visiblemente encantada, –¡Qué lindas se ven todas hoy!–dijo con sus ojos brillando,–y muy fascinantes para los hombres,–añadió.

Ahora, ¿quién tiene una experiencia femenina que compartir con nosotras?

Casi todas levantaron las manos, incluyendo Ángela.

Una niña sabe por instinto cómo hacer para que su papá satisfaga sus necesidades

–Beth, escuchemos la tuya y luego la de Ángela. Escucharemos también la tuya, Helena y la tuya, Marina. Hoy tenemos una pequeña clase.

***

Beth (Historia Real)

Decidí tratar de vestirme bien en vez de ponerme pantalones deportivos; no porque mi esposo se hubiese quejado alguna vez, nunca lo hizo, pero cuando me vio con el vestido me dijo, –Oye, qué bonito verte vestida como una niña al menos por una vez, de verdad te ves muy bonita.–

***

–Y él tiene razón, Beth,–dijo la profesora,–te ves sumamente bien con ese vestido blanco.

Beth sonrió tímidamente y se sentó. Luego se puso de pie Ángela y le contó a las chicas cómo había bajado de peso hasta tener el que tenía cuando era soltera, cómo fue capaz de acelerar el proceso en solo unos días comiendo solo la mitad de lo acostumbrado y corriendo en las mañanas y en las noches. Les contó cómo logró la meta que se había propuesto de usar cómodamente el vestido rojo que llevaba puesto, y de los silbidos que había recibido de elogio mientras caminaba a la clase y del cumplido de Brian.

***

Helena (Historia Real)

Recuerdo que hace unos años atrás mi esposo estaba jugando toscamente con los niños a tirarlos al piso y mi hija quiso que se lo hiciese a ella también. Tan pronto como la cogió, sintió la diferencia por su fragilidad y automáticamente fue gentil e incluso le dio miedo jugar con ella por temor a ser demasiado rudo y herirla.

Recuerdo que le pregunté por qué no me trataba con la misma gentileza. Me dijo, –Sabes, de alguna manera perdiste tu feminidad cuando discrepas conmigo y cuando gritas tan alto cuando estamos discutiendo–.

Eso me dolió, pero ahora admito que era verdad. En esos días tenía que pelear para no convertirme en

una frazada de piso. Ahora sé hacerlo mejor, he llegado a entender mis errores. Estoy recobrando mi status femenino ante los ojos de mi esposo. Lo estoy edificando y siendo más femenina, puedo ver su reacción de entusiasmo.

Mariana (Historia Real)

Disfruto coser y me hago la mayoría de mi ropa, pero el otro día, mi esposo me comentó acerca del vestido femenino que me había hecho por la tarea de la semana pasada.

Me dijo lo mucho que apreciaba que me vistiera bonita para él. Me dijo también que esperaba que nunca dejara de hacerlo.

Luego me preguntó que si podía tirarme una foto con un profesional porque él quería una para su billetera y otra de tamaño grande. He estado casada por años y nunca me había pedido una fotografía mía.

***

Los dulces ojos negros de Marina brillaban por las lágrimas cuando se sentó.

–Ay, podría escuchar sus exitosas historias toda la noche,–dijo la profesora,–muchas gracias a todas.

El secreto de esta noche nos enseña cómo hacer para que nuestros esposos nos digan que sí cuando les pedimos cosas que necesitamos o, le pedimos que haga algo por nosotras.

Se volvió a la pizarra y escribió:

***

Secreto Número Nueve

Para obtener tus necesidades de parte de tu esposo, solo pídele con una sonrisa, así como una niña le pide a su padre

Algunas en la clase se rieron.

–¿Nos está diciendo que deberíamos sentarnos en sus rodillas?,–dijo Cherry con una risita.

–¿Por qué no, Cherry?, –dijo la profesora– Esa es una encantadora manera de pedirle a tu esposo algo que necesitas.

Este secreto es muy simple. Conseguir que tu esposo te diga que sí es fácil cuando sabes cómo hacerlo, pero la mayoría de las mujeres no saben cómo. Piden de la manera equivocada y son rechazadas la mayoría de las veces, y con frecuencia hacen enojar a sus esposos al mismo tiempo.

Cómo pedir lo que quieres

–Ahora bien, cuando éramos niñas, ¿tuvimos alguna dificultad en obtener lo que queríamos de nuestros padres? ¿No?

¿Cómo una niña obtiene lo que desea de su padre? Es simple, solo se lo pide con una sonrisa.

Solo es una simple petición, sin ofrecer razones, solo *"Papi, ¿podrías por favor...?"* o *"Papi, ¿puedo por favor?"*

Sin indirectas, sin explicar, sin justificaciones, sin discutir el asunto, solo una petición sencilla con una sonrisa, un por favor, y quizás un toque.

–O sentarse sobre sus rodillas, –dijo Cherry con una sonrisita.

–Sí, una niña pequeña se sienta con frecuencia en las rodillas de su papá cuando le va a pedir algo, o lo toma de la mano o pone su brazo alrededor de su cuello.

Pero lo más importante es que sea una petición sencilla, con una sonrisa y un por favor.

Ángela sintió nuevamente la dulce confirmación interna llenando su ser de que lo que estaba escuchando era verdad. Recordó que esa era la manera en que ella solía pedirle a su padre lo que necesitaba, y él pareció siempre deleitarse al complacerla. ¿Funcionaría eso con Ted? Una estremecedora idea comenzó a formarse en su mente.

Respeta su posición de liderazgo

–¿Por qué creen ustedes que esa manera de pedir las cosas es tan efectiva, chicas?, –preguntó la profesora.

Marina levantó su mano.–Sí, Marina.

–Porque las niñas son confiadas y dependen mucho de su padre. Ellas lo hacen sentir fuerte y masculino, así como hemos estado aprendiendo.

–Muy buena respuesta, Marina. Sí, chicas, Marina tiene razón. La manera en que una niña pide las cosas muestra que ella respeta la autoridad de su padre. Ella le permite disfrutar su rol masculino de líder y proveedor, y él sencillamente no puede evitar complacerla.

Exactamente lo mismo funciona con nuestros esposos. ¿Por qué? Porque cuando nos sometemos, lo colocamos a él en su lugar de liderazgo y autoridad. Lo hacemos sentirse masculino y fuerte.

Por esto, nuestro esposo querrá hacer lo que le pedimos si tienen la posibilidad, y disfrutarán el hacerlo para nosotras, especialmente la sensación de placer que les da por complacernos. Y lo que es más, su amor por nosotras incrementará también.

Un hombre hará todo lo que pueda para satisfacer los deseos de la mujer que ama. Mientras más ella se someta a él y dependa de él, más grande será su deseo de complacerla.

Pero una vez más les digo, esto solo sucede cuando él ha sido completamente liberado de todo resentimiento hacia nosotras.

Muchas mujeres en realidad despiertan resentimiento por la manera en que le piden las cosas a sus esposos.

¿Cometen ustedes estos errores comunes?

¿Cómo le piden las cosas la mayoría de las mujeres a sus esposos? Katy levantó la mano. –Sí, Kathy.

–Soy probablemente como la mayoría de las mujeres, –dijo Kathy mostrando rápidamente su amplia sonrisa,– Si quiero algo de mi esposo, comienzo generalmente dándole pistas de lo que quiero. Luego le hago sugerencias, y si eso no funciona y aún no obtengo lo que quiero, comienzo a exigirle y a discutir y a insistir hasta que en el mejor de los casos él cede ante lo que quiero solo para tener un poco de tranquilidad.

–Buena respuesta, Kathy y gracias por ser tan honesta. Sí, muchas mujeres siguen ese mismo procedimiento. Primero dan pistas. ¿Funciona? No con frecuencia, ¿verdad?

¿Y qué de sugerir? Sí, puede funcionar a veces, si él está de buen humor y lo que queremos lo beneficia a él también.

¿Exigir? No, eso en realidad provoca resentimiento en un hombre.

¿Y discutir? Sumamente inefectivo. Eso incluso provoca que se oponga. La mayoría de los hombres pueden echar por tierra cualquier número de razones lógicas que le pongamos delante.

Los hombres son muy buenos en eso pero solo lo hacen para proteger su posición de líder porque al discutir con ellos, piensan que les estamos diciendo que no respetamos su opinión. Solo puede poner a salvo su sensible orgullo masculino al vencernos en un desacuerdo.

Insistir solo pone las cosas peor, mucho peor. Esto causa un profundo resentimiento en nuestros esposos y en nosotras también cuando no conseguimos lo que queremos.

Y cuando nuestro esposo cede y obtenemos lo que queremos, es a costa de su amor por nosotras. Su orgullo es herido tan seriamente que su corazón puede estar lleno de resentimiento por días o semanas, incluso por años en algunos hombres. Es muy importante que no cometamos esos errores comunes.

Sencillamente pide con actitud reverente, con una sonrisa y un por favor

–Pero qué diferencia tan grande cuando pedimos a la manera de Mujer Fascinante. Solo con una simple petición, con una sonrisa, un por favor y una voz melodiosa.

No necesitamos explicar por qué necesitamos o que estamos pidiendo. Para la mayoría de los hombres es suficiente saber que es nuestro deseo.

Tu esposo te amará más si lo dejas malcriarte un poquito

Cuando pidan de esta manera, por lo general obtendrán una respuesta favorable inmediatamente y sentirán también la calidez de su amor hacia ustedes.

¿Por qué? Es por una virtud noble que Dios ha puesto en el corazón de todos los hombres. Es tan importante que entendamos este principio que quiero escribírselos en la pizarra. La profesora se volteó y escribió:

–Un hombre ama más a una mujer cuando puede hacer cosas para complacerla, y cuando se puede sacrificar por ella.–

–Esta es una maravillosa verdad de Mujer Fascinante. Mientras más tu esposo sienta que te está complaciendo, más te amará y apreciará.

Por qué es mejor para tu esposo mimarte

–Por esto, no debemos dudar en pedir lo que necesitamos. No debemos ser tan sacrificadas, para nuestros esposos es mejor mimarnos un poquito.

Nosotras las mujeres tenemos la tendencia de arreglárnoslas sin tener algunas cosas y nos consolamos al sentirnos superiores moralmente, pero cuando hacemos estas cosas, le robamos el gozo a nuestros esposos de complacernos.

Ay, esto es muy importante de notar, MIENTRAS MÁS ÉL SIENTA QUE NOS ESTÁ COMPLACIENDO, MÁS PROFUNDO SE HARÁ SU AMOR POR NOSOTRAS.

Cosas que no deberías pedir

Elsy, ¿tienes una pregunta?

–Sí. ¿Existen cosas que no deberíamos pedir?

–Sí, Elsy, EXISTEN cosas que no deberíamos pedir.

Hay cosas que deberían salir espontáneamente del corazón de nuestros esposos. Cosas como el amor, la ternura, y la mayoría de los regalos o que nos saquen a pasear a algún lugar.

Estas cosas solo tienen un valor real cuando salen de su corazón sin tener nosotras que pedirlo. Ya lo harán cuando vivan a plenitud Mujer Fascinante.

Pedir regalos

–Ahora vamos a hablar de los regalos. Para la mayoría de los aniversarios, como nuestros cumpleaños o Navidad, donde saben que por tradición sus esposos les comprarán un regalo, pueden pedir con antelación lo que quisiesen que les regalaran. Probablemente se sentirá aliviado. A la mayoría de los hombres no les gusta la incertidumbre y tener que tomar la difícil decisión de comprar un regalo.

Pero los regalos de todas las ocasiones fuera de éstas deberán ser espontáneos. Tendrán mucho más significado para ti. Algunos hombres puede que te pregunten qué quieres, otros preferirán sorprenderte.

Si te pregunta lo que quieres, respóndele con una sonrisa. No justifiques tu pedido. Solo dile que te encantaría eso como regalo. Que eso es todo lo que quieres por ahora.

Puedes incluso ofrecerte para comprarlo de parte de él. Probablemente se sienta aliviado una vez más. De todas formas, muchos hombres no son muy buenos comprando regalos para mujeres y muchos odian ese tipo de compras.

Pero no deberíamos pedirles cosas que en realidad no pueden pagar a menos que sean cosas excepcionales como arreglarnos los dientes.

Tampoco deberíamos pedirle que haga algo o que compre algo que degrade su masculinidad o vaya en contra de sus principios.

Por qué muchos hombres son reacios a comprar regalos

–Ahora que estamos hablando de regalos, deberíamos entender que a los hombres no les gusta la obligación comercial de tener que comprar regalos por el día de las madres, el día del Amor o incluso en los aniversarios y como les dije antes, a muchos hombres no les gusta salir a comprarlos. Si tu esposo es así, acéptalo, pero dile que no necesitas que te dé algo por esas fechas. Puedo ver por algunos de sus ceños fruncidos que va a ser algo difícil de hacer, pero él quedará sumamente aliviado y puede que te compre regalos por impulso o quizás, con más probabilidad, te mostrará su amor en muchas otras maneras, tales como siendo especialmente bondadoso y considerado, o llevándote a algún lugar o de vacaciones a algún sitio en especial. Lo que sea que haga por ti, muestra regocijo en una manera femenina.

La exuberancia infantil al mostrar tu agradecimiento alegrará y emocionará su corazón masculino

Cómo mostrar agradecimiento de forma femenina

Esto es muy importante. En el momento que tu esposo haga algo por ti o te dé un regalo, tienes que mostrar tu agradecimiento hacia él de manera femenina.

¿Cómo lo hacemos? ¿Cómo nuestras niñas pequeñas le muestran agradecimiento a sus padres?

Cherry levantó su mano, –Sí, Cherry.

–Bueno, cuando mi pequeña niña recibe un regalo de su papá, se emociona, salta, los ojos le brillan. Algunas veces da palmadas. Luego le da un abrazo fuerte y un beso.

La profesora asintió con la cabeza.

–Muy bien, Cherry. Ellas se ponen eufóricas y dicen que su regalo es el mejor, o la cosa más bella en todo el mundo. Y, ¿qué sucede? A papá se le dibuja en el rostro una sonrisa de oreja a oreja.

A los hombres les gusta que las mujeres adultas se emocionen también, así como las niñas pequeñas. Para ellos esto es fascinante y encantador. A ellos sencillamente les encanta que nos emocionemos con las cosas que ellos hacen por nosotras. Lo encuentran muy femenino.

Cuando nos comportamos de esta manera, ellos disfrutan mimarnos y engreírnos. Nuestro gozo y placer es su recompensa.

Un *"gracias formal"* o aún peor: *"eso es muy caro"* no los alentará a ser generosos.

Pero nuestro regocijo infantil o incluso lágrimas de gozo, alegrarán y estremecerán su corazón. Lo harán sentirse masculino y protector.

Sé que muchas mujeres son serias o reservadas por naturaleza pero aún podemos despertar la pequeña que está dentro de nosotras. Incluso los niños más serios pueden mostrar entusiasmo, sonrisas y espontaneidad.

Cantar en su presencia puede ayudarnos a ser más extrovertidas. Eso me recuerda algo, ¿cómo te va con esa tarea, Elsy?

–Ay, Harmony, todavía estoy tratando de reunir el coraje suficiente, –dijo Elsy–pero ya he comenzado con mi Lista de Metas y lo he puesto como la primera.

–En ese caso, estoy segura que pronto lo estarás haciendo, Elsy. Las listas de metas son cosas poderosas.

Por qué algunos hombres no ayudan en la casa

Sonia levantó su mano y habló con timidez. –Creo en lo que dice acerca de pedir las cosas como lo hacen las niñas pequeñas. Mi papá todavía hace cualquier cosa que le pida, pero si le pido a mi pareja que corte el césped, me dice que lo hará pero la mayoría de las veces no lo hace. Si yo no las hiciera, nos llegaría hasta las rodillas. Y lo mismo sucede con cualquier otro trabajo masculino que haya que hacer en la casa. Pero sí va enseguida a ayudar a cualquier otra persona si viene a pedírselo.

La profesora sonrió, –He escuchado de este problema tantas veces, Sonia.

Existen cuatro razones principales por las que un hombre no ayuda en la casa. Mujer Fascinante puede superarlas todas.

PRIMERA RAZÓN: él no tiene las energías para ello. Puede que esté trabajando demasiado fuera de la casa o tenga la salud deteriorada o está demasiado pesado.

SEGUNDA RAZÓN: está deprimido por causa de los abrumadores problemas. La depresión socava las energías de un hombre y es la causa muy común para la aparente holgazanería.

TERCERA RAZÓN: él no tiene las habilidades o el dinero que hace falta y es demasiado orgulloso para admitirlo.

CUARTA RAZÓN: se siente resentido con su esposa y no tiene deseos de complacerla de ninguna manera.

Cómo hacer para que tu esposo le preste atención al trabajo en la casa

Vivir los principios de Mujer Fascinante debe superar todas estas razones por las que un hombre no trabaja en la casa. A menos que tu esposo sea un anciano, sus niveles de salud y energía por lo general van a progresar y por causa de esto, con frecuencia sus ingresos aumentarán también. Por lo que si él no tiene las habilidades para hacer el trabajo por sí mismo, podrá pagar para que otro lo haga.

Deberíamos comprender, sin embargo, que no todos los hombres son hábiles para trabajar en la casa por naturaleza. Algunos son organizados, algunos son artísticos, otros son altamente intelectuales, algunos

Existen cuatro razones principales por las que un hombre no trabaja en la casa. Mujer Fascinante puede superarlas todas

trabajan muy duro en los negocios y carreras fuera de la casa. Esos tipos de hombres con frecuencia prefieren contratar a otros hombres para que hagan el trabajo en la casa. Mi esposo es uno de esos.

Sin embargo, esos son excepciones. La mayoría de los hombres son capaces, aprenden rápido y encuentran mucha satisfacción al hacer labores masculinas en el hogar.

En lo que respecta a la cuarta razón, cuando un hombre comienza a amar a su esposa profundamente y se libera completamente del resentimiento hacia ella, hará cosas asombrosas para complacerla.

Regresemos ahora a la situación de Sonia. No deberíamos pedirle a nuestros esposos que haga los trabajos normales que él sabe claramente que son su responsabilidad, como cortar el césped. Él puede ver que hace falta hacerlo.

En vez de eso, deberíamos poner en práctica los principios de Mujer Fascinante para vencer las cuatro cosas que por lo general lo retienen de hacer cosas en la casa.

Si le insistimos demasiado para que lo haga y al final lo hacemos nosotras mismas por él, no tendrá ningún incentivo para cambiar.

Eso sin dejar de decir que sí necesitamos pedirle que se ocupe de cosas que él no sabe que necesitan ser hechas. Vamos a suponer que el grifo de la lavandería comienza a gotear, ¿cómo se lo hacemos saber y logramos que se ocupe de eso?

Sencillo, se lo pedimos así como una niña pequeña le pediría a su padre en esa situación. Una niña podría decir: *"Papi, mi bicicleta se pinchó. ¿La arreglarías por mí, por favor?"*

Nosotras podríamos decir con una voz melodiosa: *"Mi amor, el grifo de la lavandería está goteando. ¿La arreglarías por mí, por favor?"* o si sabes que él no tiene las habilidades para hacerlo y necesita contratar un plomero, podrías decirle: *"Harías que lo arreglen por mí"*. No se lo digas como una orden sino con un tono de esperanza y determinación, para que así le transmitas que confías en que él se ocupará de ello por ti.

Sin embargo, por la razón de que ellos con frecuencia olvidan reparar cosas que no le están molestando directamente, pon también una nota en algún lugar para que pueda verla todos los días o pon lo que necesita reparación en un lugar donde él pueda verlo constantemente.

No se lo vuelvas a recordar a menos que estés completamente segura que él lo ha olvidado.

Cómo dejar de hacer el trabajo de los hombres

–Ahora, si has estado haciendo trabajo de hombres por muchos años, los hábitos ya los has formado. Es probable que tu esposo tenga pocas ganas de retomar ese trabajo. La mayoría de los hombres son un poquito perezosos por lo que esto es lo que deben hacer.

Primero, deben estar ustedes cumpliendo su rol femenino al 100%, luego díganles algo como esto: *"Mi amor, no me siento muy femenina haciendo esto, es trabajo de un hombre. Tú lo puedes hacer mejor que yo"*

Luego, dejen de hacerlo. No digan más nada acerca de ello. Denle la espalda a ese trabajo para siempre, PASE LO QUE PASE.

No razonen con él, su mente lógica masculina echará por tierra todas y cada una de tus razones. Siempre digan, *"siento"*, los hombres encuentran eso femenino y algo ilógico y no pueden discutir contra eso.

Cómo hacer que tu esposo termine un trabajo que se pospone y pospone

Kathy levantó su mano. –Sí, Kathy.

–¿Y qué pasa cuando sabes que hay un trabajo realmente importante que tu esposo ha estado posponiendo y posponiendo? Algo que ha dicho que hará pero que parece que tendrán que pasar años antes que ponga manos a la obra o que nunca lo hará. Algo como la terraza que mi esposo me prometió dos años atrás. La madera ha estado tirada ahí desde la Navidad pasada.

La profesora sonrió, –bueno, sí, existe una técnica de Mujer Fascinante para entrar en acción en situaciones semejantes. Es un poquito descarada, pero estamos en nuestro derecho como esposas y nuestro esposo sentirá satisfacción cuando el trabajo esté terminado.

Hace falta mucha sangre fría para hacerlo y una habilidad para encontrar el momento oportuno, pero hay una vieja y real historia que ilustra esa técnica. Se trata de la madrastra de Abraham Lincoln.

La verdadera madre de Abraham Lincoln vivía con su esposo Tom Lincoln en una pequeña cabaña de troncos con el piso de tierra.

Ella era una mujer mansa y Lincoln era un poquito holgazán. Nunca se persuadió de construirle un piso de madera. Con el tiempo ella murió. A su debido tiempo Lincoln se casó nuevamente. El nombre de su nueva esposa era Sara. Ella fue una mujer más firme. Cuando Tom Lincoln la trajo a vivir a la cabaña de troncos junto con una carreta llena de sus delicados muebles, ella echó un vistazo al piso sucio y luego le dijo con una voz agradable, *"Ay, Tom. No puedo pensar en traer todos mis delicados muebles a este piso sucio. Las dejaré en la carreta y tú podrás hacerme un piso de madera mañana."*

Sara Lincoln, madrastra de Abraham Lincoln, una mujer muy firme que obtuvo, de su de alguna manera holgazán esposo, un piso de madera

¿Le construyó Tom un piso de Madera para el siguiente día? Sí que lo hizo. ¿Por qué?

Primero: porque ella estaba en su derecho como esposa.

Segundo: ella fue agradable y femenina en su petición.

Tercero: fue una petición clara y simple con un límite de tiempo. Cuarto y más importante, los muebles dejados afuera llevaron a Tom a apurarse.

Podemos usar este ejemplo en situaciones similares para que nuestro esposo termine esos trabajos en los que tiene la tendencia de dejarlos sin hacer una y otra vez. Cuando vamos a tener visitas, es un buen momento para aplicar esta técnica.

Pero, siempre dentro de nuestros derechos, siempre ser femeninas y agradables y siempre respetar la autoridad de nuestro esposo.

Cuando no estás complacida con la elección de tu esposo

¿Alguna otra pregunta?

–Sí, –dijo Helena, –algunas veces mi esposo y yo vamos a las tiendas a comprar algo que él quiere para la casa o para mí y a él le gusta pero a mí no. ¿cómo puedo manejar una situación como esa?

–Buena pregunta Helena. Para responder a eso, volvamos a nuestra niña y al ideal de su padre.

Una niña es sincera y directa. ¿Qué le diría a su padre en esa situación? Ella sencillamente le diría la verdad, ¿no es así? Ella le diría: *"Yo no quiero esa, papi "*

Entonces, todo lo que necesitamos hacer es decir algo como, *"Mi amor, yo no quiero esa"*.

No es necesario darle las razones, nuestro esposo podría comenzar a rebatirlas nuevamente y entonces sentirse ofendido si no estamos de acuerdo con él.

Mientras seamos honestas y agradables, él no se ofenderá. Recuerden que él quiere complacernos.

Cuando somos sinceras y abiertas con él, él está seguro que estamos felices con lo que él hace por nosotras.

Cómo darles un consejo de manera femenina

–Ahora, ustedes deben recordar que en la lección del cuarto secreto, aquel de permitirle liderarnos, les dije que aprenderíamos en este noveno secreto a darles un consejo de manera femenina.

A veces necesitaremos hacerlo, quizás cuando nos pida nuestra opinión en algo o cuando nosotras veamos que él está a punto de cometer un serio error.

Podríamos hablar también cuando creemos que él no está haciendo uso completo de sus habilidades para hacer bien en este mundo.

Recuerden, los hombres esperan que nosotras seamos más nobles que ellos en este sentido. Dios le ha dado a la mujer el poder para motivar a los hombres para que lleguen a cumbres más altas y metas más nobles que lo que ellos alcanzarían de otra manera.

Sin embargo, dar consejos debe ser solo en raras ocasiones. Nuestras palabras tendrán entonces mucho más peso. La mayoría de las veces es mejor no decir nada y dejar que nuestro esposo tenga riendas sueltas en su liderazgo.

Es mejor para nosotras lidiar con las consecuencias de unas pocas malas decisiones que arriesgarnos a herir el sensible orgullo de nuestro esposo y causarle resentimiento.

Entonces, aquí tenemos la manera de dar consejos a nuestro esposo o a cualquier otro hombre incluyendo a nuestros hijos.

Primero: usa siempre palabras no retadoras como: *"Siento..."* o *"Me gusta..."*. No uses palabras como *"Sé..."* o *"Pienso..."*

Segundo: formula lo que tienes que decir con preguntas no retadoras como, "¿Alguna vez has considerado...?" o "¿Piensas que (esto y aquello) podría funcionar?".

A veces una mujer necesita darle un consejo a un hombre pero solo debería hacerlo en raras ocasiones.

Tercero: siempre permítele dominar la conversación. Por ejemplo, no hagas conclusiones de lo que han estado hablando o resumas el tema. Déjalo sentir que él es el líder y que tú eres su consejera. Y por último, tres prohibiciones más:

NO hables como si supieras más que él.

NO ofrezcas demasiadas sugerencias.

NO hagas tantas preguntas.

Obtén tus más sinceros y profundos deseos

Bueno, ese es el secreto Número nueve, chicas, cómo obtener sus necesidades de sus esposos e incrementar su amor por ustedes al mismo tiempo.

Recuerden, sus esposos las amarán más si les permiten engreírlas un poquito.

Su recompensa es tu respuesta infantil, femenina y entusiasta y su sentimiento de hombría al tú mostrarle placer por lo que él ha hecho por ti.

Mujer Fascinante no nos manda que nos convirtamos en sacrificadas alfombras para nuestros esposos. No renunciamos a nada valioso al vivir estos secretos, por el contrario, obtenemos nuestros más profundos y sinceros deseos.

Y lo mejor, disfrutamos una cariñosa y amorosa relación con nuestro hombre que sencillamente profundiza y se enriquece con los años.

Solo tenemos una agradable pequeña tarea para esta semana.

***

TAREAS: SECRETO NÚMERO NUEVE

–Piensa en algo que en realidad quieres y mereces y pídeselo a tu esposo de una manera simple, directa e infantil. Cuando te haya dicho que sí, muéstrale tu agradecimiento de una manera femenina y animada.

Nuestras dos encantadoras visitantes de esta noche son Valerie y Hinemoa. Vamos a escuchar a Valerie primero.

Valerie (Historia Real)

Después de 15 años y tres maravillosos niños, nuestro matrimonio estaba en serios problemas. Mi hermana me habló de Mujer Fascinante y mi primera impresión fue, –Puede que funcione para otras, pero nunca resolverá nuestros problemas–.

Habíamos olvidado hacía mucho tiempo las pequeñas gentilezas que nos habíamos hecho uno al otro durante el noviazgo y los primeros días de nuestro matrimonio. Incluso habíamos hablado del divorcio.

Yo era del tipo doméstico. Ni una sola vez en todos esos años mi esposo me había presentado o se había referido a mí como su esposa, siempre era –la patrona– o aún peor, –la jefa–.

Deseando intentar cualquier cosa para salvar nuestro matrimonio, comencé a aplicar Mujer Fascinante.

Resultados sorprendentes comenzaron a ocurrir. Imaginen cuán estremecida quedé cuando con orgullo me presentó a un conocido diciéndole, –Quiero que conozcas a mi esposa–. Eso fue como música para mis oídos. Ahora, no importa donde vayamos, parece que no se aburre de decir –mi esposa–.

Nuestra casa es un hogar feliz ahora. Los niños son más amables y felices. Mi esposo ha comenzado incluso a traerme chocolates y flores y a decirme que me ama de verdad. El amor está en la cima.

Bendigo el día que escuché acerca de Mujer Fascinante.

Hinemoa (Historia real)

Yo estaba destruyendo a mi esposo y a nuestro matrimonio al tratar de cambiarlo. Estaba tratando tanto de cambiarlo que el amor estaba siendo reemplazado por abuso emocional y físico.

Por supuesto, antes de Mujer Fascinante yo me creía demasiado superior moralmente y orgullosa para considerar que era yo la que estaba mal. A causa de mi orgullo me fue difícil tomar el primer paso pero, ay, cuán gratificante ha sido cada paso. Ahora hay brillo en sus ojos que no lo había visto ahí desde los primeros días de nuestro matrimonio.

Cuán indescriptible regocijo sentí la noche que me tomó en sus brazos y me dijo lo mucho que me amaba. Había pasado mucho tiempo desde que había escuchado esas bellas palabras por última vez.

Por primera vez en años, estoy comenzando a sentirme como la mujer que soñé ser.

–Muchas gracias, Valerie y Hinemoa. Es maravilloso escuchar cuán bien les está yendo a las dos.

Ahora, la próxima semana será nuestra última clase. ¿Quiere alguien traer un pastel para celebrar?

–Haré para todas un bizcocho cremoso, –dijo Bev. –Mmmm, suena delicioso, –dijo la profesora.

–Pero no te dejaremos comer ni un pedacito, Bev, –dijo Cherry riendo, –Nos aseguraremos todas que te va a quedar ese vestido nuevo que tu esposo va a comprar para ti.

–Por supuesto que ella puede comer un pedacito, Cherry,–dijo la profesora. –Puedes correr una milla extra después, ¿verdad, Bev? ¿Cómo te está yendo con tus ejercicios? Te ves en realidad más delgada.

Bev pareció complacida, –¿Pueden creer que he perdido tres kilogramos y todavía estoy comiendo la misma cantidad de comida de siempre? Pero como normalmente en el desayuno y en el almuerzo, para la cena solo como algo ligero.

–Excelente, Bev, –dijo la profesora. –Si de verdad quieres acelerar el proceso, sigue comiendo de la misma manera que ahora pero solo la mitad; así como lo hizo Ángela esta semana para ponerse su vestido. Pero en especial, reduce el consumo de harina blanca y azúcar, engordan de verdad.

–Bueno, tengo que intentarlo.

–Podemos salir a correr algunas veces juntas, Bev, –dijo Cherry.

–Déjame adelgazar un poquito más primero, Cherry, –dijo Bev,–Le voy a pedir a mi esposo un par nuevo de zapatos para correr esta semana. Voy a poner en práctica lo que he estado aprendiendo esta noche.

La profesora sonrió en señal de aprobación a Bev, luego dijo:

–Ahora, para aquellas de ustedes que no han completado todas sus tareas, por favor, hagan un esfuerzo especial para ponerse al día para la próxima semana.

***

Ángela se sintió emocionada mientras Cherry la llevaba de regreso a casa. Le dijo a Cherry, –Si solo hubiese sabido este secreto un poco antes, es tan sencillo. Solo con una sonrisa y un por favor, esa era la manera que solía usar para pedirle a mi padre las cosas. Él hacía cualquier cosa por mí.

–Sí, mi hija incluso me pide a mí de esa manera también, –dijo Cherry, –Y me encanta hacer lo que me pide, mientras sea bueno para ella, por supuesto.

***

Cuando Ángela se despertó a la mañana siguiente tenía claro en mente lo que debía hacer.

Había reflexionado por las dos últimas semanas acerca de la mejor manera de persuadir a Ted para que regresara a la casa con ella.

Había ensayado los argumentos y razones que podía usar pero Ted siempre había rebatido sus argumentos en el pasado, como había dicho acertadamente la profesora.

Estaba pensando poner sus mejores razones en una carta para Ted y dársela pero después de la clase de la noche anterior, podía ver entonces que eso estaba mal.

Todo lo que necesitaba hacer era simplemente pedírselo, así como una niña. Eso completaría también su tarea de la semana.

Ángela decidió que sería audaz y lo haría esa misma noche.

Casi todo el tiempo en la escuela estuvo nerviosa y tenía el estómago revuelto. Ella no había desayunado y no sentía hambre.

Los temores continuaron viniendo a su mente. ¿Qué le respondería Ted esa noche? ¿Y si se reía de ella? ¿Y si estaba de mal humor? ¿Y si se enojaba con ella? ¿Y si lo encontraba con otra mujer? Se preguntaba si podría superar eso.

Finalmente recordó el consolador poder de la oración.

Se sentó en un banco bajo unos árboles en el terreno de la escuela durante el receso de la mañana e hizo una oración silenciosa buscando coraje. Inmediatamente sintió una opresión negativa salir de ella, se sintió mucho más calmada y se impresionó de dejarlo todo en las manos de Dios, pasara lo que pasara.

También sintió que podría seguir ayunando todo el día.

***

Esa noche, después de preparar la comida para David y Tiphony, se puso su vestido rojo, se ató un lazo blanco al cabello y condujo ansiosa y sola al apartamento de Ted.

Vio su furgoneta parqueada en la entrada. La puerta del conductor estaba abierta.

Hizo otra oración sincera en voz alta en el auto para que todo saliera bien.

Luego, dejando su carro en la calle, subió por la entrada. Su corazón latía con fuerza y sus manos estaban sudorosas.

Tan pronto como llegó al apartamento de Ted, él venía saliendo por la puerta delantera, con el overol puesto y con su computadora en su mano. Obviamente estaba sorprendido de verla pero le sonrió y colocó su computadora en la furgoneta. Luego cerró la puerta de la furgoneta y miró con expectación a Ángela.

Ángela tragó, trató de sonreír y luego le dijo con una voz temblorosa, –Ted, ven a casa, por favor, y cuida de mí. Entonces rompió a llorar.

Ted quedó en silencio por unos pocos segundos. Entonces Ángela vio su labio inferior temblar y sus ojos llenarse de lágrimas. Instintivamente ella corrió a sus brazos y él la apretó fuertemente. Ambos estuvieron ahí abrazándose y llorando abiertamente. Luego Ted la levantó en sus brazos y la llevó al apartamento.

–Por supuesto que regresaré, Anyi, –dijo, –por supuesto que regresaré.

Las lágrimas caían todavía de su rostro. –De todas formas, mi refrigerador se ha roto, –añadió con una sonrisa tonta.

Puso a Ángela en el piso y recobró rápidamente su compostura.

–Regresaré mañana en la noche, Anyi,–le sonrió luego y le dijo,– ¿No es ese vestido el que te compré años atrás?

Ángela asintió y se secó los ojos, –Ay, Ted, seré la mejor esposa en todo el mundo. Te lo prometo.

***

Mientras Ángela regresaba a la casa, el nudo en la garganta desapareció y comenzó a sentirse entusiasmada.

Todo parecía tan irreal, como un sueño. Cuando les dijo a los niños que papá iba a regresar, David se puso alborozado y dio volteretas en la alfombra. Tiphony abrazó a su madre y lloró de gozo.

Más tarde en esa noche, después que los niños se habían ido a la cama, Ángela escuchó lo que parecía ser el auto de Ted subiendo por la entrada. Cautelosamente fue a la puerta y se asomó.

De repente, Ted apareció en la oscuridad, cargando dos maletas y sonriendo de oreja a oreja.

–No pude esperar hasta mañana, –dijo.

–¿Es papá?,–gritó David desde su cama. Luego vino corriendo seguido de Tiphony.

–Hola David. Hola Tiphony, –dijo Ted, –Papá, el rey, está en casa.

Los cogió a los dos en brazos y los abrazó con fuerza.

***

CAPÍTULO TRECE

Secreto número diez
Maneja la ira femeninamente

Ángela se sintió como una nueva novia en los días que siguieron. Al principio Ted era reservado pero el viernes en la noche, cuando Ángela lo consoló después de llegar del trabajo, comenzó a hablar con más libertad y a confiar en ella.

Ted pasó todo el sábado poniéndose al día con todas las reparaciones en la casa. Arregló también la cortadora de césped y cortó la hierba. Ángela encontró muchas oportunidades para admirar sus habilidades masculinas. Ted le sonrió tímidamente cada vez que ella lo hizo.

El domingo en la mañana, Ángela se preguntó si debía pedirle a Ted que la llevara a la iglesia con los niños pero pensó que mejor podía esperar un poquito más o esperar hasta que él se ofreciera.

Él no lo propuso, pero sí los llevó a todos a visitar a la mamá de Ángela en la tarde.

El lunes, después del trabajo, Ted trajo su computadora portátil y la impresora a la casa. Más tarde en esa noche, se sentó a la mesa del comedor y comenzó a trabajar en su computadora para hacer las cuentas de su negocio. Para sorpresa de Ángela, parecía bastante hábil y confiado en lo que estaba haciendo.

Cuando ella alabó su habilidad, Ted se entusiasmó mucho y pasó mucho tiempo mostrándole todo lo que podía hacer con el programa de negocios que estaba usando.

Ángela sabía más de computadoras de lo que decía pero aún así estaba impresionada por la manera en que Ted lo había dominado. Sin embargo, decidió no tener nada que ver con el negocio a menos que Ted se lo

pidiera. Se mantendría alejada de asuntos de negocios masculinos para que Ted pudiera encontrar cada día al llegar a casa a una esposa femenina y alegre y ser consolado. Ángela comenzó a encontrar el lado íntimo del matrimonio mejor de lo que había sido por años. Al estar libre de resentimiento, era capaz de responder a Ted libremente. Ni le preocupaba quedar embarazada nuevamente.

Ted siempre había querido tener más niños, pero Ángela se había resistido en el pasado. Temía lo que sus amigas pudieran decir. También quería estar libre para salir a trabajar en caso de ser necesario.

Pero ahora que comprendía su rol femenino completamente, y que había visto el gozo y la realización de la profesora de Mujer Fascinante y de Elsy, con sus familias grandes en sus años de adultez, se dio cuenta cuán corta vista había tenido.

El miércoles por la noche fue la última clase de Mujer Fascinante. Estaba lloviendo. Después de la cena, mientras limpiaba la mesa y los niños estaban tirados en la alfombra haciendo sus tareas, Ted le ofreció llevarla a la clase.

Ángela estuvo a punto de decir: –No te preocupes, yo puedo ir sola–, cuando recordó cómo un hombre disfruta ayudar a una mujer dependiente y agradecida.

Por tanto, en vez de eso, le sonrió y le dijo, –Me encantaría–. Luego se dirigió a donde estaba sentado en su silla leyendo el periódico. Le colocó las manos suavemente alrededor del cuello y le dio un beso en la mejilla. Ted sonrió.

Al Ángela besarlo, sintió los pinchos en su barba. Estuvo a punto de decirle –Necesitas afeitarte–, pero recordó el primer secreto –acéptalo tal y como es– y no dijo nada.

Mientras terminaba de recoger la mesa, se felicitó a sí misma por cuán bien estaba ganando entendimiento de los principios de Mujer Fascinante.

Sintiéndose complacida por lo bien que estaba yendo todo, comenzó a tararear mientras trabajaba. Entonces, cantó en voz alta una canción que le gustaba, *"Mis cosas favoritas"*.

"La lluvia que cae en las rosas, los bigotes en los gaticos.

Brillantes teteras cobrizas, y cálidas manoplas de lana.

Paquetes de papel de estraza, atados con hilos.

Esas son unas pocas de mis cosas favoritas."

Ángela fue a la cocina y todavía estaba cantando cuando llenaba el lavaplatos. De repente, sintió los largos brazos de Ted rodearla desde atrás y abrazarla fuertemente. Luego sintió cómo le levantaba el cabello y le daba un beso por la nuca.

–De veras te amo, Anyi, –le susurró.

Ángela volteó su cabeza y vio los ojos de Ted llenos de afecto y ternura.

Ted volvió al salón y el corazón de Ángela casi estalló de alegría. Un nudo se le hizo en la garganta y lágrimas de regocijo rodaron por sus mejillas.

**

A Ted siempre le había gustado llegar temprano a las citas por lo que llevó a Ángela antes de tiempo. La lluvia se había convertido ahora en una llovizna. Llegaron justo cuando el esposo de la profesora la estaba dejando en el lugar.

Ted no salió y abrió la puerta para su esposa como hizo el esposo de la profesora pero Ángela aún así se sentía orgullosa y femenina porque Ted la había traído.

Ángela entró al edificio y vio a la profesora esperando por ella en el recibidor. Los ojos de la profesora brillaron cuando miró a Ángela con expectación y le preguntó, –¿Es cierto? ¿Regresó?

Ángela asintió conteniendo sus lágrimas, –Sí, regresó a casa.

La profesora apretó la mano de Ángela y juntas bajaron las escaleras. La profesora abrió la puerta del aula y ambas entraron. Se abrazaron por un buen tiempo y ambas lloraron libremente.

–Ay, Ángela, estoy tan orgullosa de ti. Me siento muy feliz por ti, –dijo la profesora y una bella sonrisa brilló por entre sus lágrimas.

Ángela sintió el ahora familiar nudo en la garganta regresar. Se secó ligeramente las lágrimas con una servilleta y se sentó.

Pronto las otras chicas de la clase llegaron.

Bev, quien se veía notablemente más delgada, entró airosa, poniendo en alto el bizcocho cremoso que había prometido hacer. Se veía mucho más confiada de lo normal.

Cuando todas estuvieron sentadas la profesora dijo, –Bueno, ¿cómo les fue con la tarea de la semana pasada de pedirles algo que ustedes necesitaban?

Bev se puso de pie y con un exagerado ademán de indiferencia, caminó al frente de la clase y se levantó el vestido por los tobillos que llevaba puesto. Se miró a los pies y los meneó. Llevaba puestos unos zapatos nuevos para correr.

Todas en la clase la aclamaron y aplaudieron.

–Los conseguiste, –dijo la profesora riendo, –Muy bien de tu parte. Dinos cómo lo lograste.

–Solo se los pedí dulcemente y con una sonrisa. Le dije: –Aden, ¿puedo tener, por favor, un par de zapatos para correr?

–Sip, por supuesto que puedes–, me contestó con una sonrisita. Entonces, yo pretendí estar encantada, lo cual no me fue difícil porque en realidad lo estaba y le dije: –Ay, mi amor, estoy tan emocionada–, y lo besé.

Me dio una sonrisa tan amorosa. Lucía años más joven y tan apuesto, aunque está casi calvo. A la mañana siguiente me dio un cheque firmado y me dijo: –cómprate tú misma un buen par, mamá–, él siempre me dice mamá.

–Bev, tú nunca dejas de maravillarme, –dijo la profesora, –estoy muy, muy orgullosa de ti, de verdad.

Bev se sentó. La profesora miró directamente a Ángela con una sonrisa y dijo,

–Me parece que alguien más tiene una experiencia que compartir con nosotras.

Ángela sonrió y se puso de pie.

Un silencio calló sobre la clase mientras ella contaba su experiencia de pedirle a Ted que regresara y el estremecimiento de tenerlo de regreso.

***

Cherry, Helena y Elsy no pudieron dejar de asentir. Para cuando Ángela terminó de hablar, vio los ojos de cada mujer en la habitación brillando por las lágrimas. Trató de retener las suyas pero falló y se quedó de pie llorando libremente.

Ángela se dio cuenta que no había llorado tanto nunca antes en su vida como desde que había comenzado el curso de Mujer Fascinante.

Cuando regresó a su asiento, Cherry y Elsy se pusieron de pie y la abrazaron con fuerza.

La voz de la profesora estaba llena de emoción mientras les decía a las chicas: –Mujer fascinante nos enseña a disfrutar nuestro rol como mujer, tanto de madre como de compañera para nuestros esposos, pero también nos alienta a desarrollar nuestra espiritualidad. Esto se logra mejor al usar los talentos que Dios nos ha dado para alcanzar a otros, compartir las verdades que Dios nos ha enseñado.

Yo lo hago cuando enseño estas clases de Mujer Fascinante. Quiero compartir con ustedes que el gozo que recibo a veces es sobrecogedor.

Quiero animarles a que desarrollen su espiritualidad al alcanzar a otras. Es tan profundamente gratificante, mucho más que trabajar por dinero.

Tengo tiempo aún para otra experiencia.

Elsy levantó su mano, –¿Puedo decir algunas palabras acerca de cómo Mujer Fascinante ha mejorado mi matrimonio?

–Seguro, Elsy. Ven, pasa al frente.

Elsy (Historia Real)

Siempre había tenido un buen matrimonio, cogí este curso para ganar más confianza en mí misma.

Siempre había aceptado y admirado a mi esposo pero nunca se lo había dicho. Pensé que lo sabía. Fue

difícil para mí comenzar a decirle esas cosas, por lo que comencé a escribírselas en notas.

Luego pasé a decirle cosas positivas. Su respuesta fue tan maravillosa que me di cuenta de su necesidad de oírlas.

Me comenzó a decir las maneras en que lo complacía y esto me dio la confianza en mí que tanto necesitaba.

Su ternura hacia mí es fantástica, me siento como una novia nuevamente.

Lo mejor fue cuando me dijo con lágrimas, –He llegado a darme cuenta que eres la persona más dulce y más femenina del mundo y te amo tan profundamente que no puedo decirte cuánto. Eres mi vida.

–Ay Elsy, –dijo la profesora,–Qué cumplido tan bonito para escribirlo en tu libro de amor.

Ahora, pasemos a nuestro último secreto. Este nos enseña a manejar una emoción que destruye a muchos matrimonios, una emoción que por lo general saca lo peor de nosotras. Esa emoción es la ira, especialmente la ira incontrolada.

Cuando una persona está enojada, puede saber claramente lo que es correcto hacer, pero en el calor de la ira, pueden hacer exactamente lo opuesto.

Kathy levantó su mano,

–¿Sí, Kathy?

–¿De cuál ira estamos hablando? ¿La nuestra o la de nuestros esposos?

–Ambas, Kathy. Este secreto nos enseña cómo manejar la ira, tanto la nuestra como la de nuestros esposos.

Entonces la profesora se volteó y escribió en la pizarra:

***

Secreto Número Diez

Maneja la ira en una manera femenina e infantil

La profesora se volteó a la clase y sonrió. –La mayoría de ustedes se ven un poquito perplejas.

Tomó la Biblia negra grande de la mesa, la abrió en una página y luego dijo, –Marina, tú compartiste con nosotras algunas de las palabras que dijo Jesús en la clase de feminidad. ¿Puedes leerlas para nosotras nuevamente?

Le alcanzó la Biblia a Marina, quien se puso de pie y leyó,

–Jesús llamó a su lado a un pequeño niño y lo sentó en medio de ellos y dijo: "De cierto les digo, a menos que se arrepientan y sean como niños, no entrarán en el reino de Dios"

La profesora volvió a tomar la Biblia y dijo, –En este pasaje Jesús nos está diciendo que seamos como niños pequeños nuevamente. ¿Cuáles son las cualidades de un niño pequeño que Jesús quiere que retomemos?

Marina levantó su mano. –Sí, Marina.

–Los niños pequeños son enseñables.

–Sí, una cualidad muy importante que debemos tener. ¿Alguien más?

–Son humildes y completamente honestos, –dijo Helena.

–Sí, Helena, dos cualidades muy importantes. Los niños son humildes y honestos, especialmente en la forma que demuestran sus emociones. Entonces, esta noche vamos a aprender de los niños pequeños cómo manejar esta emoción, la ira, tanto la nuestra como la de nuestros esposos.

Los hombres respetan a una mujer enérgica

–Primero vernos cómo manejar nuestra propia ira. Necesitamos defender nuestros derechos frente a los hombres a veces. Mujer Fascinante no les enseña a las mujeres a ser frazadas de piso.

Los hombres respetan a una mujer enérgica, una que se va a enojar y a defender sus derechos mientras lo

Un comportamiento lleno de vida y ultra femenino puede distraer a un hombre cuando está demasiado serio o prestándole demasiada atención a otra mujer

haga femeninamente y no de manera retadora. Los hombres encuentran a una mujer enérgica sumamente fascinante.

Cuándo tienes el derecho de estar enojada con tu esposo

–Entonces, ¿cuándo tenemos el derecho de estar enojadas con nuestros esposos?

Sonia levantó su mano.

–Sí, Sonia.

–Supongo que cuando ha cometido un error estúpido, como perder mucho dinero o cuando ha sido holgazán y no ha cortado el césped por semanas.

–Bueno, Sonia, esas dos áreas son de responsabilidad masculina. Tenemos que dejarle elegir por sí mismo lo que hace en esos roles masculinos. Podemos influenciarles, pero no tenemos el derecho y no trae nada bueno, mostrarles ira por esto. Todo esto entra en vivir el primer secreto, "acéptalo tal y como es". Sin embargo, existen límites y nos referiremos a ellos en breve.

Helena levantó su mano. –Sí, Helena.

–¿Y qué cuando nos maltratan?

–Sí, Helena, ahí es cuando podemos mostrar ira hacia ellos, cuando nos maltratan o cuando nos insultan, o nos critican injustamente, incluso si nos hace trabajar demasiado o nos ignora.

No podemos ser felices en nuestro matrimonio si le permitimos a nuestros esposos maltratarnos o no saber valorarnos. No me estoy refiriendo a las cosas pequeñas, es mejor pasar por alto esas o dejarlas que crezcan antes de expresarlas.

Expresa tu ira de manera infantil

–Entonces, ¿cómo expresamos ira en una manera que no provoque la de nuestros esposos?

Vamos a ver cómo una niña expresa su ira. Cherry, dinos cómo tu pequeña expresa su ira.

Cherry rió, –Bueno, algunas veces patea el piso, y tiene esa manera tan bonita de cruzar su bracitos, subir un poco la barbilla y decir ¡já!. Entonces, si nadie le presta la suficiente atención, mueve bruscamente sus rizos y se retira de la habitación con fuertes pisadas, echando un vistazo hacia atrás a ver el efecto que está produciendo su actuar. Tina es de verdad un primor cuando está enojada.

–¡Oye! Respuesta perfecta, Cherry, justo lo que necesitaba escuchar. Sí, esta manera infantil de lidiar con la ira ES linda. Nosotras las mujeres la encontramos bonita, para los hombres es más bonita aún, sea en niñas pequeñas o en mujeres. Eso hace que ellos quieran abrazarnos.

Cuando algunos niños se enojan, agarran una perreta, gritan, chillan, patean y dicen cosas hirientes, ¿qué sucede?

–Provocan nuestra propia ira, –dijo Ángela.

–Sí, exactamente, Ángela tiene razón, nos provocan a ira. Pero cuando un niño o una mujer expresa su ira a la manera infantil y bonita que lo hace la niña de Cherry, no provoca la ira de otra persona, y lo que es más importante, cuando una mujer expresa su ira de esta manera no reta la masculinidad de su esposo.

Pero cuando comenzamos a gritar, o a discutir, o peor aún, a decir palabrotas, provocamos la ira de nuestro esposo. Al instante matamos su cariño por nosotras, sencillamente lo marchitamos así como cuando le echamos herbicida a una bella flor.

¿Por qué sucede esto? Porque cuando le expresamos la ira de esta manera, degradamos su autoridad y su masculinidad.

Él se pone a la defensiva y trata y con frecuencia lo logra, echarnos la culpa por el problema. También caemos del pedestal ante sus ojos.

Por tanto, debemos expresarle siempre nuestra ira de manera femenina y no desafiante, sin dureza y salvajismo, sin perder nuestro encanto femenino, así como lo hace la hija de Cherry.

Cuando muestras tu ira de esta manera, estás lejos de provocar su ira, de hecho, ocurre lo contrario. Él te ve linda y fascinante, te ves adorable a sus ojos, en realidad aumentas su amor por ti

Tienes derecho a mostrar tu ira cuando tu esposo te ha maltratado pero tienes que hacerlo de una manera femenina

–¿Cuáles son algunas formas de hacer esto?, –preguntó Diane.

–Bueno, Diane, existen muchas maneras femeninas de desahogarse sin desafiar la masculinidad de nuestros esposos. Podemos patear el piso, o darles con el puño en su pecho, o ponernos las manos en las caderas y hacer y apretar los labios en un nudo o hacer pucheros, o cruzar los brazos y darle la espalda con nuestra barbilla alzada.

–Con un ¡já!, –dijo Cherry con una risita.

–Sí, los hombres encuentran todas estas cosas fascinantes. Se sienten hombres y protectores. Nos volvemos más adorables a sus ojos.

Cómo hablar con tu esposo cuando estás enojada

Y cuando hablemos podemos decirle cosas como, *"Nunca más te voy a hablar"*.

Podemos incluso decirle apodos si queremos, pero ASEGÚRENSE QUE SEAN MASCUINOS, como "bestia de corazón duro", o "terco y obstinado" o "bestia".

A los hombres no les molesta esos nombres porque realzan su masculinidad, pueden incluso sonreír cuando les decimos cosas como esas.

Pero NUNCA, NUNCA, USEN NOMBRES QUE DEGRADEN LA MASCULINIDAD DE UN HOMBRE, como "inútil" o "pequeño", o "caso perdido", o "estúpido". Esos tipos de nombres provocan un profundo resentimiento en los hombres, pueden destruir permanentemente su amor por ti, especialmente si él piensa que lo dices en serio.

Esto puede ser tan serio que puede conducir directamente a la infidelidad en el matrimonio. Es como si tu esposo te dijera en tu propia cara, "Nunca te he amado".

Exagera tu dolor

–Ahora, cuando le digas a tu esposo cómo te ha maltratado, no tiene nada de malo que exageres un poquito, como los niños lo hacen.

Puedes decir cosas como –qué cruel–, o –qué malo–, o –qué cosa tan horrible me has hecho–.

Tenemos que darle la impresión de que somos una adorable e indefensa niña que ha sido cruelmente maltratada. ¿Entienden lo que les quiero decir?

La imagen "pobre de mí"

–Puedo ver que Elsy está aterrada. No te preocupes Elsy, existen métodos más reservados de mostrar ira para una mujer más tranquila. Existe la imagen "pobre de mí". Esta manera de expresar la ira puede ser muy efectiva con cualquier hombre. Saben, lo ojos caídos con las manos en el rostro, o cualquier otra cosa que sea natural a tu personalidad, quizás solo un tranquilo, "Ay, mi amor".

Las lágrimas genuinas acentúan muchísimo todas estas formas de mostrar nuestra ira. Con frecuencia ablandan el corazón de un hombre.

Por tanto, estos son todas maneras naturales y femeninas de lidiar con la ira y no hieren el orgullo de nuestros esposos ni un poquito. En vez de eso, incentivan su amor por nosotras y despiertan en él un deseo de enmendar el daño.

Las lágrimas genuinas pueden suavizar el corazón de casi cualquier hombre

Libera tu ira tan pronto como se levante

–¿No es mejor sencillamente estar serenas y guardarnos la ira para nosotras mismas?, –preguntó Elsy.

–Sí en asuntos pequeños, Elsy. Podemos desahogar meros enojos con ejercicios enérgicos o quejándonos en voz alta con nosotras mismas cuando nadie puede escucharnos, pero incluso Dios se enoja con asuntos serios.

Una vez que nos llenamos de una ira fuerte, es mejor dejarla ir o sosegarla tan pronto como sea posible. De otra manera puede traer resentimiento y arder por años.

La ira guardada y la falta de perdón, con la cual va por lo general acompañada, pueden conducir a la depresión y a otras enfermedades.

Por esto debemos liberar nuestra ira rápidamente, así como lo hacen los niños pequeños. Ellos explotan y luego de unos minutos están serenos de nuevo. En realidad es muy saludable.

Pero recuerden, no estamos hablando de sencillos enojos. Tenemos que aprender a tomarnos esos con

calma. Por lo general un buen sueño nocturno es todo lo que necesitamos para aclarar esos sentimientos.

Pero cuando nuestro esposo nos maltrata claramente, debemos mostrarle nuestros sentimientos de enojo inmediatamente. No debemos esperar, necesitamos expresarlo enseguida, en una manera infantil.

Al dejarle saber a un hombre tan pronto como nos ha maltratado que lo ha hecho, puede inmediatamente conectar sus acciones con la causa de nuestro dolor. Él no tendrá que recordar lo que pudo habernos hecho o dicho.

A los hombres les gusta que seamos abiertas y directas con ellos, siempre que nos desafiemos su masculinidad o su liderazgo.

Otras maneras de liberar la ira

–Puedo ver por qué no debería mostrarle ira a mi esposo cuando ha errado en alguna de sus responsabilidades masculinas, pero aún así, a veces nos vamos a enojar. ¿Cómo podemos hacer para lidiar con esos sentimientos sin criticarlo?, –dijo Kathy

–Primero que todo con el perdón. Recuerden, nosotras las mujeres cometemos errores también. Podemos usar también la técnica usada en el quinto secreto, la de escribir nuestros pensamientos de ira o podemos liberarnos de esos sentimientos a través del ejercicio vigoroso. Los aeróbicos son buenos, incluso una larga caminata rápida.

Algunas mujeres solo necesitan sentarse en un lugar tranquilo por una hora más o menos. Eso funciona para mí, quizás funcione también para ti, Elsy.

Pero todas somos muy diferentes. Una mujer me dijo que salía en su carro y gritaba con todas las ventanas cerradas.

–Yo le doy puñetazos a la cama, –dijo Kathy con una risita tonta.

–Está bien, Kathy, solo déjala salir, no la sepultes. Cuando liberamos nuestra ira como lo hacen los niños, somos más felices y saludables.

Cuando nuestro esposo falla con demasiada frecuencia en un área de su responsabilidad

–Ahora, pudiera pasar que nuestro esposo ha fallado demasiadas veces en un área de su responsabilidad. Me estoy refiriendo de casos extremos, en los que te ha causado mucho estrés, en los que ES correcto que le muestres tu ira hacia él.

Pero debe ser hecho aún de una manera femenina. Vivian, una de nuestras visitantes, va a compartir más tarde con nosotras cómo usó la ira femenina para hacer que su esposo arreglara el techo que había estado goteando por años.

Cómo lidiar con el maltrato severo

–Como último punto, en caso de maltrato severo tal como la infidelidad, tiene que ser muy difícil para una mujer ser infantil al mostrar su ira pero sigue siendo aún la mejor opción.

Permítanme leerles la experiencia de Belle, una de mis alumnas de un curso anterior.

***

Belle (Historia Real)

Una noche mi esposo estaba con otra mujer. Mientras esperaba en agonía por él a que regresara en las primeras horas de la mañana, tomé la decisión de actuar de una manera infantil.

Cuando llegó, corrí a recibirlo a la puerta, lo rodeé con mis brazos y llorando le dije, –Ay ¿cómo pudiste hacer esto con la pobre de mí?–

Mi esposo fue movido a compasión y me tomó tiernamente en sus brazos. Este fue el comienzo de una nueva vida para nosotros.

***

Cómo lidiar con la ira de nuestro esposo

–Ahora, vamos a pasar a la segunda clase de esta lección sobre cómo manejar la ira de nuestro esposo cuando se dirige a nosotras.

Cherry, lo hiciste muy bien la última vez, dinos cómo actúa tu hija cuando su padre se molesta con ella.

290

Cherry rió nuevamente, –Sucedió el sábado pasado. Tina había estado jugando con su juego de ajedrez durante la semana y había perdido una de sus fichas.

John de verdad le gruñó, pobre chica. Bueno, sus pequeños labios temblaron y miró al piso y se frotó los pies uno con el otro. Las lágrimas comenzaron a caer por sus mejillas. John no pudo estar enojado con ella por mucho tiempo, terminó abrazándola y diciéndole que lo sentía por haberle gruñido.

–Gracias Cherry, –dijo la profesora con visible deleite– otra ilustración perfecta de Mujer Fascinante en acción. Ella fue la exacta representación del desamparo.

Y esa es la manera como debemos reaccionar ante la ira de nuestros esposos, con impotencia y vulnerabilidad. Nuevamente, dejar caer las lágrimas es más efectivo.

¿Han escuchado el proverbio de Salomón? *"Una blanda respuesta quita la ira"*, seguro que sí lo han escuchado; de verdad funciona.

Esas reacciones femeninas son encantadoras para los hombres, los hacen sentir maravillosamente masculinos. Su ira sencillamente se derrite y el amor y la ternura ocupa su lugar.

Escúchalo antes de hablar

–Ahora bien, por lo general es mejor dejar que suelte su ira antes de decirle algo, pero no siempre. Algunos pueden decir cosas hirientes cuando están enojados y mientras más rápido disipemos su ira, mejor será. Necesitamos decidir por nosotras mismas cuándo es el mejor momento para hablar, después de todo los conocemos bien.

–¿Pero y si está equivocado?, –dijo Beth

–Bueno, incluso cuando seamos inocentes, debemos aún escucharlos, antes de hablar, debemos dejar que su ira salga.

Entonces, si SOMOS INOCENTES, sencillamnte le explicamos con delicadeza la verdad sin avergonzarlo, o desafiarlo. Nuevamente, lloren si tienen deseos de hacerlo, pero déjenle saber que ustedes entienden cómo él cometió el error y que ustedes no le guardan rencor.

Por otro lado, si SOMOS CULPABLES y él tiene el derecho de estar enojado, debemos actuar como indefensas y vulnerables, como lo haría una niña pequeña, así como la hija de Cherry.

Entonces, les decimos suavemente algo humilde como, "Tienes razón, eso fue estúpido de mi parte, lo siento. ¿Me perdonas?" ¿Qué sucede? su ira sencillamente desaparece y su amor por nosotras aumenta.

Este aumento del amor puede parecer extraño pero el amor necesita una interacción emocional para desarrollarse y crecer, aunque sea la ira.

Esta manera femenina de manejar la ira que aprendemos en este secreto es sencillamente maravillosa, salva matrimonios, de verdad que sí.

Cuando tu esposo es quisquilloso

Helena habló, –Sí, lo que nos está enseñando me parece bien a mí también pero, ¿qué cuando nuestros esposos son sencillamente quisquilloso con nosotras? Ya sabe cómo se ponen a veces.

–Bueno, Helena, en un hombre siempre se debe a la bondad y a la simpatía, a menos que sea causado por el resentimiento. Si ese es el caso, entonces no estamos poniendo en práctica los cuatro secretos para ellos, o no hemos hecho todas las tareas de las lecciones; son muy importantes.

Cuando tu esposo te ignora o coquetea con otra

Veamos ahora qué hacer si nuestro esposo nos ignora o coquetea con otra mujer.

La mejor manera de manejar la situación es juguetonamente provocarlo. Debemos sonreírle con descaro y actuar de manera ultra femenina y también ser un poquito descaradas para distraerlo. Tócalo de alguna manera, endereza su corbata o alisa su cabello, o siéntate en sus rodillas. Podemos también comenzar a hablar de algo frívolo.

La misma aproximación briosa funciona cuando está demasiado serio o comienza a sermonearnos.

Si parece que lo estamos sacando de quicios podemos enrollar nuestros labios y decirle, "no te vas a enojar con esta pobre chica, ¿verdad?".

En otras palabras, haremos lo que nos salga más natural hacer como lo hacíamos para llamar la atención de nuestros padres o para distraerlo cuando pensábamos que nos iba a regañar.

Esto puede ser demasiado para muchas mujeres serias, pero aún así, funciona y es un comportamiento encantador y fascinante para un hombre.

Bueno, este es el fin de la lección de hoy, chicas, y también el fin de nuestro Curso de Mujer Fascinante.

No hay tareas excepto completar cualquier tarea que no hayan hecho todavía. Por favor, no las dejen de hacer, está comprobado una y otra vez que tienen un poderoso efecto para bien.

Nuestras visitantes de esta noche son Vivian y Joy. Ahora Vivian va a compartir con nosotras su cómica historia de cómo usó la ira femenina para hacer que su esposo arreglara el techo que goteaba.

Luego Joy nos contará como sacó el lado romántico y tierno de su esposo al permitir que su ira saliera usando los principios femeninos que hemos aprendido esta noche.

Vivian (Historia real)

Mujer Fascinante nos deja patear el piso y mover el cabello. ¡Eso es muy divertido!

Lograr que mi esposo hiciera algo para mí estaba cerca de la imposibilidad, o al menos eso pensaba. Ser impaciente e insistir no me había producido ningún resultado. Me convertí en el señor Arreglalotodo en mi casa al cortar el césped, pintar, mover los muebles, etc.

Después de muchos días de lluvia, el techo de la sala goteaba por toda una sección de 10 pies de largo. Por esto, tratando de dejar el rol del hombre, puse ollas, cazuelas y bandejas en línea por todo el piso para recoger el agua que goteaba. Fue difícil para mí no quejarme o insistir, o incluso subirme y arreglarlo yo misma. Me mordí los labios y aguanté mi lengua.

Esa noche me desperté por el ruido. Salté de la cama en la oscuridad y me precipité a la sala. Pisé un lado de una de las cazuelas que recogía el agua de

lluvia que goteaba y me salpiqué con agua fría en mi pierna y por todo mi camisón.

Recordé Mujer Fascinante y me mordí el labio. Salí y al ver que todo estaba bien regresé a la sala donde pisé otra de las cazuelas salpicándome nuevamente agua fría en mi otra pierna y en mi camisón.

Fue el colmo.

Cuidadosamente fui hasta el cuarto y encendí la luz. Allí yacía mi esposo, plácidamente dormido. Después de despertarlo, pateé el piso, sacudí mi cabeza le di con el puño en un hombro y le dije, –Este es por una pierna mojada–, luego lo volví a golpear en el otro hombro y le dije, –Este es por mi otra pierna mojada y mi camisón empapado–.

Sobresaltado me preguntó qué estaba pasando. Con una voz patética y suplicante, casi llorando le dije, –Estoy empapada con agua lluvia del techo roto–, y no le dije nada más. Él estaba demasiado impactado como para decir algo.

En la mañana me despertaron pasos en el techo. Me asomé afuera y allí estaba mi esposo, reparando lo necesario. Cuando entró, le alabé sus músculos y lo fuerte que era y le dije que en realidad no sabía de reparaciones como él. Él sonrió encantado.

Alrededor de una semana después, mientras iba manejando por la calle, vi la camioneta de mi esposo adelantándome. Había estado en la casa y no me encontró. Me obsequió un beso y un regalo, el más bello y maravilloso crisantemo blanco con corazones de satín rojo en el centro de cada flor.

Estaba tan emocionada que no pude decir ni una palabra. Él no me había estado haciendo regalos ni recordando los días especiales. La tarjeta del regalo tenía un bonito mensaje, –Ves, mi amor, yo no olvido. Con amor, Ron–.

Nosotras tenemos la llave a la felicidad.

***

Joy (Historia Real)

Mi matrimonio era como muchos, una tregua armada. Habíamos jurado –en las buenas y en las malas–. Mi esposo nunca usó su anillo y pasaba poco tiempo conmigo o con los dos niños. Me hizo ver bien claro que no me necesitaba para nada. Rara vez hablaba y nunca me tocaba.

Un día solitario le abrí mi corazón a una amiga quien había pasado el curso de Mujer Fascinante. No puedo contar las veces que dijo, –Esa no es la manera de lidiar con ello–. Me enojé con ella pero seguía persistiendo con Mujer Fascinante.

Un poco después mi esposo y yo charlamos con un amigo soltero suyo que deseaba casarse. Mientras yo estaba lavando los platos, mi esposo comenzó a decir cosas como, –Así que quieres casarte. Socio, no sabes la suerte que tienes, mira todos los dolores de cabeza que puede traerte una esposa–.

Al principio lo tomé como una broma pero pronto no me pareció nada divertido. Pensé, –Sé lo que Mujer Fascinante dice acerca de la ira, trataré–.

Me volví, pateé el piso y le dije, –¡Tú, enorme bestia peluda, no te voy a querer más, nunca más!–. Luego salí de la habitación, volteándome para mirar por encima de mi hombro mientras me alejaba. Estaba riendo de oreja a oreja. –¿Escuchaste lo que me dijo?–, le preguntó a su amigo, –¿Escuchaste?–

Me encontré a mí misma sentada en la cama pensando, –Grandioso, ¿y ahora qué? Mi esposo nunca en ocho años de matrimonio se había disculpado. Pero, no pasaron dos minutos, que entró a la habitación, se sentó a mi lado y me dijo, –Lo siento, no quise herir tus sentimientos, ¿me perdonas?.

Me matriculé inmediatamente en el curso.

Dos meses más tarde recibí mi primera tarjeta de cumpleaños de mi esposo. Fue especial, no solo porque se acordó, sino porque había seleccionado una menuda tarjeta que mostraba a un preciosa bestiecita peluda. Decía, "Feliz Cumpleaños, con amor, de tu Bestia Peluda".

En realidad buscó una tarjeta específica.

Hace ya cinco años de eso, han sido los mejores cinco años de mi vida. Mi tercer niño nació por una operación de cesárea. Mi maravilloso esposo, quien en realidad no soporta el dolor o la enfermedad, estuvo conmigo cada minuto que pudo.

El día que salí del hospital las enfermeras me dijeron, todas ellas, que habían elegido a mi esposo como el hombre más tierno y romántico que ellas habían conocido, y lo es.

Mi oración es que cada mujer pueda conocer y aceptar Mujer Fascinante.

–Gracias Joy, de verdad estás haciendo tu parte al compartir las verdades de Mujer Fascinante con otras.

Gracias a ti también Vivian por compartir la divertida y femenina manera en que liberaste tu ira y motivaste a tu esposo a cumplir con su obligación masculina.

La profesora hizo una pausa y sonrió, –Hemos llegado al final de este curso. De verdad fue un placer ser la profesora de todas ustedes. Me ha encantado escuchar sus éxitos, nos hemos convertido ahora en amigas. Vamos a mantenernos en contacto unas con otras y a animarnos mutuamente a poner en práctica estos principios.

Antes de disfrutar el delicioso pastel esponjoso de Bev, quiero compartir con ustedes unas últimas palabras de aliento.

Algunas de ustedes han tenido ya grandes éxitos con Mujer Fascinante, pero eso es solo el comienzo. Para la mayoría de las mujeres les toma alrededor de un año para perfeccionar la puesta en práctica de estos principios. Por favor, no se desanimen si fallan de vez en cuando, Mujer Fascinante es un camino de un solo sentido, tenemos que seguir adelante. Todos sus dolores de cabeza están detrás de ustedes, dejen que pasen dos años para ver la magia actuar completamente.

Algunas de ustedes tendrán dificultad en aceptar algunas partes de estas enseñanzas, especialmente actuar como niñas y ser dependientes de sus esposos, pero esas cualidades son importantes para los hombres, y son parte natural de nuestra naturaleza femenina.

Debemos ser lo suficientemente humildes para aceptar todas las enseñanzas de Mujer Fascinante, ellas han funcionado una y otra vez por años y años.

Perdonen, acepten, admiren, consuelen a sus esposos. Háganlo el número uno en sus vidas. Permítanles tomar el control total sobre el reino del liderazgo, luego relájense, libérense de la preocupación y dejen que su feminidad florezca.

Recuperen el gozo despreocupado de su temprana infancia. Cuando lo hagan, sus esposos estarán fascinados con ustedes, las amarán, apreciarán y querrán mimarlas. Disfruten sus roles de madre y ama de casa. Tómense su tiempo para hacerlo bien. Desarrollen sus talentos y nunca dejen de aprender. Rodéense de amigas agradables y reúnanse con frecuencia de día. Compartan unas con otras sus dificultades, mantengan sus estándares altos y anímense unas a las otras a crecer espiritualmente.

Consuelen y mimen a sus esposos cuando lleguen a casa agotados, refrésquenlos con la feminidad que hay en ustedes, las amarán mucho y profundamente. Querrá ponerte en un pedestal, por así decirlo. Incluso te adorará y te tratará como a una reina.

Siempre, siempre sean femeninas, así como lo fueron cuando eran niñas. La feminidad infantil y el encanto en una mujer de cualquier edad es muy atractiva para un hombre.

Los vestidos, peinados femeninos, adornos para el cabello, una cintura en forma, todas estas cosas son encantadoras para los hombres. Pero incluso esos encantos no se pueden comparar a una cariñosa sonrisa de una mujer y unos dientes agradables.

Muestren felicidad y exuberancia al mostrarles agradecimiento a sus esposos, esto alegra sus corazones. Los gustos de los hombres nunca cambian en esas cosas.

Recuerden que lo opuesto atrae. Hagan lo opuesto a los que los hombres hacen. Te notarán, te sonreirán y se preocuparán excesivamente por ti. A los hombres les encanta estar alrededor de una mujer verdaderamente femenina.

Por último, recuerden a Dios. Oren cada mañana y cada noche y alimenten sus espíritus al leer buenos libros y la Biblia. Separen un tiempo cada día para este desarrollo espiritual, esto traerá tranquilidad a tu vida. Recuerden que sus esposos esperan que ustedes sean mejores personas que ellos, por tanto, mantengan sus estándares altos. Manténganse dignas del lugar en el pedestal en el cual a sus esposos les encanta tenerlas.

Luego, la profesora le dio a Ángela un pequeño libro blanco con una hoja señalada.

–Ángela, tú tienes una voz muy bonita al leer. ¿Quisieras concluir nuestro curso de Mujer Fascinante leyendo estas palabras de Ruth Stafford Peale?

Ella fue la esposa y mujer detrás del gran escritor y pastor, Dr Norman Vincent Peale. Fue ella quien lo inspiró a escribir su famoso clásico, –El poder del pensamiento positivo–.

Ángela se puso de pie, se puso de frente a la clase y leyó:

Ruth Stafford Peale y su esposo Dr Norman Vincent Peale en su 25 aniversario de bodas

–Ningún trabajo, ni hobby, ni actividad sobre la tierra se puede comparar con el drama y la estimulante experiencia de vivir con un hombre, amarlo, dar lo mejor de ti para entender su mecanismo infinitamente complejo y ayudarlo a tararear, cantar y a llegar muy alto, para lo que fue diseñado.

Ted le había dicho a Ángela que lo llamara del vestíbulo esa noche cuando estuviese lista para que él la viniese a recoger.

Cherry se ofreció a llevarla pero ella pensó que era mejor depender de Ted y dejarlo que pasara por ella.

Cuando Ted contestó el teléfono, Ángela estuvo a punto de decirle secamente, –Ya puedes venir a recogerme, Ted–, pero en vez de eso le dijo con una alegre y melodiosa voz, –Estoy lista, mi amor–.

–OK, Anyi, estaré allí en unos minutos. Ángela se dio cuenta de que la voz de Ted se estaba volviendo más profunda, más masculina y más afable. Tenía también una nueva confianza que la estremecía.

Ángela esperó afuera. Había dejado de llover y ahora era una noche clara y apacible. Las estrellas brillaban intensamente.

Ted se detuvo en su furgoneta y, por primera vez desde que se casaron, se inclinó y abrió la puerta de Ángela para ella desde adentro. Ella le dio una sonrisa de agradecimiento. Ángela habló por un corto tiempo mientras regresaban, entonces, sintiéndose satisfecha y amada, suavemente comenzó a cantar:

"La noche más bella del año"

"Cuando estás enamorada, esa es la noche más bella del año.

Las estrellas brillan en el cielo

Y tú puedes casi tocarlas desde aquí"

Ángela sintió la tierna y fuerte mano de Ted tomar su mano. Mientras iban a la casa, una luz de la calle iluminó por breve tiempo el rostro de Ted. Ángela vio que estaba sonriendo.

Fin

Gracias por la compra de este libro. Espero que te haya inspirado a tomar acción usando estos métodos para fortalecer tu matrimonio. Si tienes 5 minutos sería de mucha ayuda que publiques tu opinión en Amazon.com para que mas mujeres puedan aprender estos secretos.
Muchas gracias de nuevo.

(Si encuentra algún error en esta traducción, por favor háganoslo saber en info@fascinatingwomanhood.co.nz por favor)

SECRETO NÚMERO UNO

Acéptalo tal y como es.
Mira a su lado bueno.

No trates de cambiarlo.

Perdónalo por heridas pasadas.

Dale su libertad.

Haz la lista de sus virtudes masculinas.

Discúlpate humildemente por tus errores pasados.

Tareas: Secreto Número Uno

Primera: Haz una lista de todas las virtudes masculinas de tu esposo, léelas cada mañana y cada noche. Sigue haciéndolo hasta que te las hayas aprendido de memoria.

Segunda: Perdónalo en tu corazón por todas las veces que te hirió en el pasado. Pídele ayuda a Dios si es necesario.

Tercera: Dile entonces lo siguiente a tu esposo, tócalo mientras lo hagas:

"Me alegra que seas la clase de hombre que eres. No siempre te he apreciado y he cometido algunos errores tontos. Lo siento, me alegra que no me hayas dejado mangonearte. Me alegra que seas como eres. De ahora en adelante seré una esposa maravillosa para ti."

(Puedes parafrasear esta declaración con palabras que sean más naturales para ti si así lo prefieres, pero no disminuyas su impacto.)

SECRETO NÚMERO DOS

Admira sus cualidades masculinas.
Nunca hieras su sensible orgullo masculino.

La necesidad más grande de un hombre es ser admirado por sus cualidades masculinas.

Su más profunda miseria es ser menospreciado por una mujer.

Tareas: Secreto Número Dos

Primera: Alaba una de las cualidades masculinas de tu esposo antes de que vaya a la cama hoy. Espera su sonrisa.

Segunda: Trata de que tu esposo te hable acerca de sus logros pasados, o de un sueño futuro por al menos cinco minutos haciéndole preguntas que requieran respuestas largas y pensativas, admíralo cuando lo haga. (Mantente honestamente atenta y NO LO INTERRUMPAS CON TUS IDEAS mientras él esté hablando.)

Tercera: Un día sí y uno no, dile a tu esposo sinceramente cuánto lo admiras por una de las virtudes que señalaste como parte de la tarea de la semana pasada. Tócalo y sonríe mientras lo hagas. Continúa haciéndolo hasta que lo hayas alabado sinceramente por todas las virtudes que señalaste.

SECRETO NÚMERO TRES

HAZLO EL NÚMERO UNO EN TU VIDA.
CONSUÉLALO TIERNAMENTE CUANDO ESTÉ CANSADO O DESANIMADO.

APRECIA LA PESADA RESPONSABILIDAD QUE UN HOMBRE SOPORTA.

USA EL GRAN PODER DE LA COMPRENSIÓN.

CONSUÉLALO AMOROSAMENTE CUANDO LLEGUE A CASA AGOTADO.

NO LE PRESENTES LOS PROBLEMAS HASTA DESPUÉS QUE HAYA COMIDO.

TAREAS: SECRETO NÚMERO TRES

PRIMERA: Al menos dos veces durante la semana recibe a tu esposo cuando llegue a la casa con una sonrisa y luciendo tu mejor apariencia femenina. Ten tu casa tranquila y organizada. Hazlo sentir cómodo. Escúchalo si quiere hablar. No hables acerca de tu día o acerca de tus preocupaciones hasta después que haya comido.

SEGUNDA: Dile con tus propias palabras, "Estoy comenzando a darme cuenta de la gran responsabilidad que tienes al proveer para mí y para los niños. En realidad lo aprecio. Debe ser una pesada carga que llevar."

TERCERA: Dile a tu esposo, "Quiero que sepas que eres la persona más importante en mi vida y siempre lo serás." (Debes en realidad querer decir eso y nunca darle una razón para dudarlo en el futuro)

302

SECRETO NÚMERO CUATRO

El rol dado por Dios a tu esposo es el de liderarte y proveer para ti. Permítele hacerlo.

Tu rol es ser su compañera, madre y ama de casa.

Déjalo saber tus puntos de vista, pero apóyalo en su decisión final al 100%.

Déjalo que se preocupe por las finanzas.

Tareas: Secreto Número Cuatro

Primera: confecciona un Certificado de Liderazgo hecho de cartón o haz algún otro símbolo de liderazgo que perdure toda la vida y regálaselo (toda la familia si es posible) a tu esposo. Dile (con verdadera intención en tu corazón) que de ese momento en adelante tú seguirás su liderazgo al 100%.

Segunda: Si estás encargándote de las finanzas o de alguna otra tarea masculina, dile a tu esposo con tus propias palabras, "No quiero más esta responsabilidad. Es una carga para mí. Tú eres un hombre, es mucho más fácil para ti."

SECRETO NÚMERO CINCO

LOS HOMBRES ADMIRAN PROFUNDAMENTE LA SERENIDAD INTERIOR Y LA BONDAD EN SUS ESPOSAS.

TU ESPOSO QUIERE QUE SEAS MEJOR PERSONA QUE ÉL.

LA BONDAD Y LA SERENIDAD INTERIOR DEBEN ESTAR PRESENTES EN UNA MUJER PARA QUE UN HOMBRE LA AME PROFUNDAMENTE.

LA SERENIDAD INTERIOR SE DESARROLLA EN UNA MUJER CUANDO ELLA SE LIBERA DEL ORGULLO Y EL FARISEÍSMO, SIEMPRE DICE Y HACE LO CORRECTO, ESTÁ LIBRE DEL SENTIMIENTO DE CULPA Y ES TIENE UN CORAZÓN PERDONADOR .

TAREAS: SECRETO NÚMERO CINCO

PRIMERA: (Paso Uno, Perdón, ver las páginas 147-152 para más detalles)

Relájate completamente. Divide una hoja de papel en dos columnas. En la parte superior de la columna izquierda escribe tu nombre. En la de la derecha, escribe el nombre de la primera persona de la lista dada abajo (ej, tu padre). Luego, debajo de tu nombre, en la columna izquierda escribe, ***"Ahora yo perdono (nombre de tu padre) por esta ofensa:"***

En la columna de la derecha, justo en frente, escribe el primer pensamiento negativo o recuerdo que salga a tu mente. Sigue escribiendo la nota del perdón y justo al frente cualquier otro pensamiento o recuerdo negativo hasta que ya no te queden más por esa persona, y puedas sonreír y sentir amor dentro de ti por la persona en cuestión. Ora pidiendo ayuda si se te hace difícil perdonarla. Comienza con tu padre, luego tu madre y luego los miembros más cercanos de tu familia. Continúa con cualquier otra de las mencionadas abajo que te hicieron daño de alguna manera.

Padre	Esposo
Madre	Otros hombres
Hermanos	Otras mujeres
Hermanas	Tú misma
Profesores de la escuela	Di

Segunda: (paso dos, arrepentimiento, ver páginas 152-153 para más detalles)

Relájate completamente. Escribe en la parte superior de una hoja de papel, ***"Yo (tu nombre) he dañado a las siguientes personas a lo largo de mi vida."***

Divide el resto de la hoja en dos columnas y luego pon en la columna de la izquierda los nombres de esas personas, vivas o muertas, a las cuales has herido alguna vez. En la columna de la derecha, enfrente de cada nombre, señala resumidamente el hecho. Sigue añadiendo nombres y usando más hojas si es necesario hasta que tu conciencia que totalmente limpia.

Luego, debajo de la lista de los nombres escribe, "Yo (tu nombre) siento mucho todo el daño que le he causado a estas personas y me arrepiento. De ahora en adelante seré especialmente amable con estas personas, todo lo que pueda y vigilaré mi actitud al tratar con la gente." Por último, en los días que le sigan a esta tarea, haz todo lo que esté a tu alcance para enmendar el daño causado a estas personas. Con los que no puedas hacerlo, pídele a Dios que los bendiga.

Tercera: (Paso tres, reprogramando tu mente, ver páginas 153-155 para más detalles) comienza la lista de cinco metas positivas y conmovedoras. Expón tus debilidades como metas claras, positivas y detalladas que quieres alcanzar. Deja la lista al lado de tu cama y léela cada mañana y cada noche. Mientras lo estés haciendo, imagínate a ti misma habiendo ya alcanzado y disfrutando tu meta. Incluye también al menos un mensaje alentador en tu lista.

Ejemplo:

–Ahora disfruto correr 2km cada mañana, cuatro días a la semana.

–Me siento en forma y llena de energía y peso 60kg.

–Cada día y en todos los sentidos estoy mejorando, mejorando y mejorando.

Reescribe tu lista de metas una vez a la semana, quizás en la noche del domingo, redactando nuevamente tus metas y mensajes alentadores y reemplazándoles como quieras.

SECRETO NÚMERO SEIS

EL ROL QUE DIOS TE DIO FUE EL DE SER MADRE Y AMA DE CASA, DISFRÚTALO

LA MATERNIDAD ES EL TRABAJO MÁS NOBLE E IMPORTANTE SOBRE LA TIERRA. DISFRUTA LA MARAVILLOSA SATISFACCIÓN DE CRIAR NIÑOS FELICES Y ESTABLES. LOS HOMBRES RESPETAN LA MATERNIDAD

SACA TIEMPO PARA DISFRUTAR TUS TAREAS HOGAREÑAS.

LA VIDA DOMÉSTICA DE UNA MUJER ES SU PROFESIÓN PARA TODA LA VIDA. HAZLA BIEN.

FOMENTA AMIGAS MUJERES. VISÍTENSE.

HAGAN COSAS JUNTAS, CONFÍEN UNAS EN LAS OTRAS.

DESARROLLEN SUS TALENTOS. PLANEA TUS DÍAS POR ADELANTADO AL USAR UN CALENDARIO.

TAREAS: SECRETO NÚMERO SEIS

PRIMERA: Consigue una agenda de mesa con una página para cada día(o una ayuda similar) y planifica lo que harás en las dos semanas siguientes. Puedes incluir:

Obligaciones domésticas	Reuniones con amigas
Hobbies	Excursiones familiares
Desarrollo de habilidades	Vacaciones
Desarrollo espiritual	Citas con el esposo
Ejercicios	Reuniones
Desarrollo de los niños	Tiempo o excursiones sin los niños
Actividades escolares y festivas	Libros que buscar y leer
Música	Visitas a librerías
Ideas	Cumpleaños y aniversarios
Compras	

SEGUNDA: Si trabajas fuera, haz una lista de todas las ventajas de renunciar a ello. Pídele a tu esposo que la lea y que luego honestamente te diga qué le parece.

SECRETO NÚMERO SIETE

SACA EL MEJOR PARTIDO DE TU CABELLO, TU FIGURA Y TU SALUD

Tu apariencia es importante para un hombre.

La mayoría de los hombres encuentran los estilos de peinados largos altamente atractivos.

Mantén tu peso ideal haciendo ejercicios regularmente y con una dieta sana.

Una tierna sonrisa es una ventaja incalculable para una mujer, ten tus dientes lo mejor posible.

Tareas: Sercreto Número Siete

Primera: Pídele a tu esposo que te diga sinceramente, qué largo de cabello y qué peinados piensa él que te quedan mejor, y hazlo de esa manera para él.

Segunda: Comienza un programa de ejercicios que puedas disfrutar y continuar toda tu vida.

Tercera: Consigue algunos buenos libros de nutrición. Estúdialos cuidadosamente y elabora una dieta balanceada para ti misma, y para tu familia si la acepta.

SECRETO NÚMERO OCHO

LA FEMINIDAD DELEITA A UN HOMBRE Y DEPENDER DE ÉL ENCIENDE SU AMOR.

PARA SER FEMENINAS Y ATRACTIVAS PARA LOS HOMBRES, HAGAN Y PÓNGANSE LO OPUESTO A ELLOS.

APARENTEN INDEFENSIÓN EN ASUNTOS MASCULINOS.

EL ENCANTO INFANTIL EN UNA MUJER DE CUALQUIER EDAD ES SUMAMENTE ATRACTIVO PARA UN HOMBRE.

HABLEN ALEGREMENTE, CON UN TONO MELODIOSO EN SUS VOCES.

TAREAS: SECRETO NÚMERO OCHO

PRIMERA: Dile a tu esposo con tus propias palabras: "querido, quiero ser más femenina para ti, por favor dime la verdad. ¿Qué es lo más poco femenino que ves en mí?". Cuando te lo haya dicho, formula la solución de manera positiva e incorpórala a tu Lista de Metas. Repite la primera tarea como una determinación para año nuevo cada fin de año.

SEGUNDA: Por dos días completos en esta semana, piensa antes de hablar y dile cada frase a tu esposo de una manera positiva y amorosa con una voz melodiosa y una sonrisa. Observa la diferencia en su reacción.

TERCERA: Canta donde él te pueda oír al menos una vez en esta semana.

CUARTA: Pídele a tu esposo que analice honestamente todo tu ropero, incluyendo los zapatos, la ropa de dormir y trajes de baño y que califique cada uno de ellos como femenino o no femenino. Luego desecha, o planea desechar cualquier cosa que él encuentre que no es femenina.

QUINTA: Pídele a tu esposo que escoja lo que él considera que sea un vestido sumamente femenino de un muestrario y haz el vestido tú misma. Pídele ayuda a otra mujer si es necesario. Añade algunos toque femeninos adicionales al vestido que a tu esposo le guste, para hacerlo único para ti personalmente.

SEXTA: Deja de hacer al menos una actividad masculina que has estado haciendo, déjasela a tu esposo. Puedes decirle: "No me siento muy femenina haciendo esto".

SECRETO NÚMERO NUEVE

PARA OBTENER LO QUE NECESITES DE TU ESPOSO, SENCILLAMENTE PÍDELO CON UNA SONRISA, COMO UNA NIÑA SE LO PIDE A SU PADRE.

PÍDELO SENCILLAMENTE CON UNA SONRISA, UNA ACTITUD HUMILDE Y UN POR FAVOR.

TU ESPOSO TE AMARÁ MÁS SI LE PERMITES MIMARTE UN POQUITO.

MUESTRA AGRADECIMIENTO FEMENINO EN UNA MANERA EXUBERANTE, COMO UNA NIÑA.

TAREA: SECRETO NÚMERO NUEVE

Piensa en algo que en realidad quieres y mereces y pídeselo a tu esposo de una manera simple, directa e infantil. Cuando te haya dicho que sí, muéstrale tu agradecimiento de una manera femenina y animada.

SECRETO NÚMERO DIEZ

MANEJA LA IRA DE UNA MANERA FEMENINA E INFANTIL

LOS HOMBRES RESPETAN A UNA MUJER ENÉRGICA.

LIBERA TU IRA TAN PRONTO COMO SURJA, DE MANERA INFANTIL

MUÉSTRALE TU IRA A TU ESPOSO SOLO CUANDO CLARAMENTE TE HA MALTRATADO. EXPRÉSALO DE UNA MANERA FEMENINA, COMO UNA NIÑA, QUE LE PERMITA SENTIRSE HOMBRE Y PROTECTOR.

TABLA DE PROGRESO DE MUJER FASCINANTE

Las mujeres valientes querrán seguramente chequear su progreso al pedirles a sus esposos que honestamente las evalúen cada año, usando esta tabla, o una que ustedes confeccionen. Sin embargo, la mayoría de los hombres se niegan a criticar a las mujeres. A pesar de eso, un problema identificado, ya está resuelta su mitad. Solo pregúntenle de cada cualidad la calificación A, B, C o D de acuerdo a lo que ellos crean.

Personalidad		Habilidad en la casa	
Alegría		Ahorro	
Amabilidad en la voz		Cocina	
Autodisciplina		Limpieza en el hogar	
Bondad, amabilidad		Maternidad	
Compasión		Organización de la casa	
Conocimiento general		Organización en el hogar	
Control de las adicciones		Planchado	
Control del temperamento		Puntualidad	
Conversación agradable		En general	
Disposición para sonreír		**Relaciones**	
Encanto		Aceptación de sus debilidades.	
Feminidad		Apreciación de sus fortalezas	
Fiabilidad		Confianza en sus habilidades	
Limpieza personal		Habilidad para consolarlo	
Paciencia		Habilidad para discernir sus necesidades	
Perdón		Respeto a su autoridad	
Serenidad, tranquilidad, felicidad		Sexo	
Simpatía		Voluntad para alabarlo	
Sinceridad		Voluntad para complacerlo	
Tacto		En general	
Personalidad en general			
Apariencia		Escala evaluativa	
Cabello		Excelente:	A
Figura		Bien:	B
Vestuario		Medio:	C
En conjunto		Mal:	D

Que marque también una de las cualidades de arriba en el área que más le gustaría que tú mejores.

311